21세기 지구에 등장한

새로운 지식

# 21세기 지구에 등장한 새로운 지식

지음 프랑수와 레나르·뱅상 브로크비엘
옮김 이희정

푸른지식

들어가기

# 21세기를 해쳐 나갈 도구, 지식

먼저 잠깐 테스트해보자. 유럽중앙은행, 탄소발자국, 정부 부채, 인간 게놈, 스트리밍. 이 용어들에 익숙할 것이다. 주위에서 이야기하는 것을 듣거나 신문, 텔레비전, 라디오에서 접했을지도 모른다. 하지만 그 뜻이 무엇인지 확실히 아는가?

좀 더 수준을 높여보자. 아까보다 개념이 더 넓은 표현이다. 전 세계 국가를 차례로 위기에 빠뜨리는 '부채 위기', 유럽연합을 지키고자 정기적으로 열리는 '유럽 정상회담', '지속 가능한 발전sustainable development'을 하려면 매우 중요한 '생태적 전환', 서구 세계를 앞설지도 모르는 '신흥 개발국'. 무슨 뜻인지 어렴풋이 알 것 같지만, 정확히 이해하는 데 필요한 지식은 부족하지 않은가?

눈치챘을지도 모르겠지만, 이 책은 꽤 거창한 야심을 품고 있다. 끊임없이 변하는 우리 시대의 모든 문제를 쉽게 이해할 수 있는 열쇠를 많은 사람에게 쥐여주고 싶다는 야심이다. 또한, 다루는 모든 분야에서 명확한 기본 지식을 전달하려고 한다. 그 지식이 21세기를 살아가는 데 필요한 든든한 발판이 되기를 바란다.

이런 생각이 딱히 새로운 것은 아니다. 이미 오래전인 서기 800년경,

뛰어난 군주들이 다스리던 페르시아 제국에서는 새로운 지식을 모아서 간략하게 설명한 책을 내는 것이 유행이었다. 르네상스 시대에는 교양인이 되고자 개념이 무엇인지 깊숙이 파고들었고, 계몽주의 시대에는 지식이 곧 종교였다. 헌책방의 먼지 쌓인 서가에 꽂힌 오래된 자격증 수험서에도 그 시대를 살아가는 데 반드시 필요했던 지식이 담겨 있다. 방식은 약간 고루하고 교과서적이지만, 자격증 시험을 실시하는 목적은 학교를 졸업한 젊은이들에게 나름대로 시대를 헤쳐 나갈 도구를 쥐여 주는 것이 아닐까?

안심해도 된다. 이 책은 그보다 좀 더 열려 있고, 자유롭고 유쾌할 것이다. 딱딱하고 재미없는 교과서 방식을 따르지 않을 것이다. 독자 여러분은 학교에 있는 것이 아니며, 우리는 교실 구석 자리에 앉아서 딴생각하는 독자를 혼낼 생각이 전혀 없다. 목표는 하나뿐이다. 지식을 쉽게 전달하고자 하는 오랜 전통을 새롭게 하는 데 보탬이 되는 것이다. 오늘을 사는 '교양인'이 알아야 할 모든 것을 몇 줄로 요약한 이 책이 모두에게 필요한 '21세기 일반교양 매뉴얼'이 되었으면 좋겠다.

21세기가 시작된 지는 겨우 얼마 되지 않았다. 하지만 정말 많은 것이 바뀌어서 2000년이 벌써 오래전 같기도 하다. 일상을 뒤흔든 신기술 혁명, 쏟아져 나오는 각종 소프트웨어·애플리케이션·가젯gadget들을 자동으로 떠올릴 것이다. 하지만 현재 상황을 이해하려면 변화를 수동적으로 관찰할 것이 아니라 바라보는 방식 자체를 바꾸는 법을 배워야 한다. 집필을 시작하면서부터 끝낼 때까지 이 생각이 우리 머릿속을 떠나지 않았는데, 그만큼 중요하다고 여겼기 때문이다. 1960년대에 나온 소프트웨어로 2000년대에도 계속 생각하려고 하는 것은 시대에 뒤처지는 가장 좋은 방법이다.

오늘날 미술을 생각해보자. (그 수가 점점 더 적어지고 있긴 하지만) 어떤 이들은 "아무것도 모르겠어!"라고 외치는 것 말고 다른 평가는 내리지 않는다. 그들의 문제는 미술의 세부적인 부분과 그리는 방법을 가장 많이 본다는 것이다. 다시 말해 오늘날 작품을 과거의 안경으로 보는 것이다. 그들은 미술 작품이란 미술관 벽에 걸려 있어야 하며, 여러 '거장', '유파', '걸작'을 두루 알아야 한다고 생각한다. 하지만 생각의 틀을 바꾸면 모든 것이 달리 보인다. 9장 '미술과 음악'에서 그 방법을 설명할 것이다. 복잡할 게 전혀 없으며, 모두 즐겁게 읽을 수 있을 것이다.

세계의 구성에 대해서도 생각해보자. 제2차 세계대전이 끝난 직후부터 1990년대 초까지 세계는 미국과 소련 두 강대국이 힘겨루기를 하는 양극 체제였다. 소련이 붕괴하고 그리 오래 지나지는 않았지만, 벌써 두 가지 모델이 등장했다. 1990년대에 사람들은 미국이 독자적으로 세계를 지배한다고 생각했다. 그러나 2001년 9·11 테러, 실패로 끝난 이라크 침공, 경제 위기로 미국은 큰 타격을 입는다. 그 틈을 타 중국, 인도, 아랍 무슬림 세계, 브라질 등이 경쟁자로 속속 부상한다. 서구의 영광이 저무는 것을 아쉬워하거나 슬퍼해야 할까? 새롭게 등장한 경쟁자를 두려워해야 할까? 6장 '역사'와 7장 '지리와 환경'에서는 몇몇 주요 국가의 과거 역사를 간략히 알아보고, 오늘날 그들의 위치와 약점이 무엇인지 살펴보겠다.

어떤 이들은 일반교양을 너무 편협하게 생각한다. 자신들이 대단히

박식하다는 듯 뽐내지만, 지식의 경계가 너무나 협소하다. 그들에게 교양이란 오로지 자신들이 아는 것뿐이다. 아무도 라신Jean Racine의 긴 독백을 읽으려 하지 않고, 50년 전에는 다들 외웠던 키케로의 연설 첫머리를 아는 사람이 없다며 요즘 사람들의 무식을 성토한다. 그리고 5분 후에 경제, 의학, 비디오게임, 정보 통신 등에 관해 말이라도 붙이려 들면 그들은 깔보는 듯한 표정으로 어깨를 으쓱한다. 왜 그러는 걸까? 그런 사람들은 돈이 없는 세상에 사는 걸까? 아파본 적도 없고, 아이들에게 비디오게임기를 한 번도 사준 적이 없으며 인터넷 서핑을 한 번도 한 적이 없는 걸까?

우리는 편견 없이, 위계를 정하거나 분야를 따지지 않고, 경계를 넓혀보려 했다. 영화나 책으로 모두에게 익숙한 '새로운 고전'을 다룬 첫 장에서는 오늘날 걸작 소설, 세계적인 베스트셀러를 다루었다. 그런 작품을 노벨상 수상작과 비교할 생각은 없다. 우리는 심사위원이 아니며, 그저 베스트셀러든 노벨상 수상작이든 모두 이 시대를 구성하는 바탕이라고 말하고 싶다. '교양 있는' 남녀도 베스트셀러를 읽을 수 있으며, 그래도 '노벨상 수상작'을 감상하는 데 아무런 문제가 없다고 말이다.

이런 작업이 무슨 소용이 있느냐고 묻는 이들도 있을 것이다. 인터넷에 접속하거나 도서관에 가면 누구나 언제든 정보를 얻을 수 있는데 말이다. 맞는 얘기다. 오늘날은 인터넷에 연결된 컴퓨터만 있다면, 도서관 대출증만 있다면, 그 옛날 백과사전을 쓴 디드로Denis Diderot나 달랑베르Jean Le Rond d'Alembert보다 훨씬 더 많은 정보를 얻을 수 있다.

하지만 누가 그렇게 하는가? 어떤 시사적인 주제에 대해 알고자 인터넷 화면을 수십 페이지나 뚫어지라 쳐다보거나, 난해한 내용을 담은 책 더미를 뒤질 용기를 내는 사람이 누가 있을까? 바로 여기에 모든 경로를 통해 끊임없이 정보가 들어오고, 그 정보가 눈덩이처럼 커지는 '정보 과다', '정보 비만'인 우리 시대의 역설적인 드라마가 있다.

그런 이유로 우리는 이 책이 유용할 것으로 믿는다. 수개월 동안, 여기서 다루는 모든 주제에 대해 쉽게 쓰려고 아주 끈기 있게 작업했다. 중요해 보이는 정보를 빠짐없이 읽고 수집했고, 어떤 주제에 대해서는 되도록 많은 사람이 쉽게 이해할 수 있도록 설명해달라고 전문가들을 괴롭혔다. 젊은 사람, 나이 든 사람, 여성, 남성 할 것 없이 이 시대를 살아가는 모든 사람이 이 책을 읽었으면 좋겠다.

# 차례

## 3. 계산

수학의 혹



## 4. 경제

세계의 자본화

## 5. 과학



## 6. 역사

# 1.
# 새로운 고전

좀 더 넓은 의미의 '고전'은 모든 사람이 당연히 알 거라 여겨지는 어떤 줄거리, 타이틀, 소설, 희곡 같은 것들이다. 이러한 고전은 교양의 기본 재료 중 하나이며, 사람들 사이를 이어주는 공통의 참고 자료 중 하나다. 『해리 포터』 시리즈의 마법, 영화 《아바타》의 시나리오, 게임 심즈, 전 세계 유명인들의 인명사전인 『후즈후』까지 세계 어디에서 누굴 만나든 대화를 이어가는 데 도움이 될 필수적인 문화 지식을 알아보자.

## 어떤 작품이 고전으로 남을까

라틴어로 '클라시쿠스classicus'라는 형용사는 1계급의 시민을 가리키는 말이었다. 그 말에서 유래된 영어 '클래식classic', 스페인어 '클라시코스clásicos, 이탈리아어 '클라시치classici', 독일어 '클라시쉬klassisch'는 셰익스피어, 세르반테스, 단테, 괴테, 몰리에르 등 그 나라 문학에서 최고 자리에 있는 작가를 가리킨다.

오늘날 작가 중 '고전'의 반열에 오를 이는 후손들이 결정하게 될 것이다. 빅토르 위고(1802~1885)는 살아 있을 때 어마어마한 유명세를 누렸으며 죽은 지 1세기가 훨씬 지났는데도 여전히 유명하다. 반면 빅토르 마르그리트(Victor Marguerite, 1866~1942)는 1, 2차 세계대전 사이에 엄청나게 많이 팔린 책 중 하나인『선머슴 같은 여자*La Garçonne*』를 쓰며 전 세계적인 명성을 누렸지만, 죽은 뒤에는 아무도 그의 이름을 언급하지 않는다.

좀 더 넓은 의미의 '고전'은 모든 사람이 당연히 알 거라 여겨지는 어떤 줄거리, 타이틀, 소설, 희곡 같은 것들이다. 이러한 고전은 교양의 기본 재료 중 하나이며, 사람들 사이를 이어주는 공통의 참고 자료 중 하나다. 프랑스의 풍자 작가 피에르 데프로주(Pierre Desproges, 1939~1988)의 다음 말을 인용해보자.

"교양이 무슨 소용인가? 햄릿을 썼을 때 몰리에르가 로스탕을 읽었던가? 아니다."

햄릿을 쓴 작가가 셰익스피어이고, 프랑스의 유명한 극작가 몰리에르(Molière, 1622~1673)가 『시라노 드베르주라크*Cyrano de Bergerac*』를 쓴 에드몽 로스탕(Edmond Eugène Alexis Rostand, 1868~1918)보다 훨씬 예전에 활동했다는 사실을 아는 사람은 이 농담을 이해하고 웃을 수 있을 것이다. 거기에 덧붙여 '프랑스의 아카데미 영화상'이라고 불리는 세자르상이 셰익스피어의 작품이 아니라 영화 《시라노 드베르주라크》에 수여된 사실을 아는 사람은 농담을 또 다르게 이해할 것이다.

미국 드라마 《위기의 주부들Desperate Housewives》이 100년 후에 텔레비전 시리즈계의 엠마 보바리가 될지, 아니면 코엔 형제Coen Brothers가 영화사에서 그림 형제의 위치를 차지하게 될지 누가 알겠는가. 여기에서 소개할 모든 작품은 너무나 유명해서 누구나 신문을 뒤적이다가 한 번쯤 보거나 버스 정류장에서 누군가 이야기하는 것을 들었을 수도 있다. 읽거나 보지 못한 드라마가 있더라도 우리가 대충이나마 알려 줄 테니 전혀 걱정할 필요 없다.

## 책

이 장을 다 읽고 나서 여러분은 "이게 뭐야!"하고 소리칠지도 모른다. 21세기 초반에 눈에 띄는 책을 알려주겠다고 장담해놓고 왜 꼭 언급해야 할 작품과 작가들은 빼놓았느냐고 따질 수도 있다. 여러분에게 아주 간단한 질문을 하나 하겠다. 우리가 지금부터 다루려는 출판의 세계가 얼마나 넓은지 혹시 아는가?

유네스코에서 실시한 조사에 따르면, 현재 세계 출판계의 삼두마차인 미국, 영국, 중국에서 출간되는 책이 연간 200만 종에 육박한다. 거기에는 물론 『코란』, 『성경』, 『마오 주석 어록』, 『뒤캉 다이어트법』같이 계속 재출간되는 오래된 베스트셀러도 포함된다. 이러한 책을 모조리 살펴보고 중요한 책을 뽑으려면 20~30권쯤 되는 빽빽한 전집으로 내도 모자란다. 그러니 적어도 한 번씩은 들어봤음직한 책 몇 권만 살펴보는 것으로 만족하자. 여기에서 소개하는 책은 어마어마하게 많이 팔렸거나 새로운 장르의 대표적인 작품이다. 이제 책방에서 훑어보듯이 책들을 차례차례 만나보자.

## 1. 베스트셀러

### 해리 포터

영국에서 1997년부터 2007년까지 7권으로 출간되었으며,

전 세계적으로 4억 5,000만 부 이상 팔렸다

이모 부부에게 구박받으며 자라던 열한 살 난 고아 소년 해리 포터는 어느 날 자신이 마법사라는 사실을 알게 된다. 해리는 호그와트 마법학교에서 마법을 배우며 여러 가지 사건을 겪고, 덤블도어 교장, 반 친

구들인 론 위즐리와 헤르미온느 그레인저 등 주요 인물들을 만난다. 해리는 그곳에서 '머글muggles'이라 불리는 평범한 인간의 세상과 전혀 다른 마법사의 세상을 발견한다. 이 '머글'이라는 단어를 비롯해 작가가 만들어낸 수많은 단어도 이 책의 매력 중 하나다. 해리는 호그와트 마법학교에서 일생일대의 싸움을 준비한다. 바로 부모님을 죽인 나쁜 마법사 볼드모트 경과의 대결이다.

매우 독창적이고 유머와 반전이 가득한 이 일곱 권짜리 시리즈는 21세기에도 마법에 관한 책을 쓸 수 있고, 기적이 일어날 수 있다는 사실을 보여주었다. 책에 대한 흥미를 잃었다고 여겼던 모든 세대에 독서 욕구를 불러일으킨 기적, 그리고 영국의 가난한 여성 실업자가 세계에서 가장 유명한 백만장자로 탈바꿈한 기적 말이다. 작가 J. K. 롤링(Joan K. Rawling, 1965~ )은 수년 전부터 세계 부자 순위에서 영국 여왕보다 앞선다.

## 트와일라잇

미국에서 2005년에서 2008년 사이 네 권이 출간되었으며,

전 세계적으로 1억 부 이상 팔렸다

'벨라'라고 불리는 10대 소녀 이자벨라 스완은 이혼한 엄마와 같이 살다가 아빠가 사는 워싱턴 주 북서부의 작은 마을인 포크스로 이사를 한다. 벨라는 전학 간 고등학교에서 묘한 분위기의 컬렌Cullen 남매를 만나고 매료된다. 다른 학생들과 어울리지 않고 자기들끼리만 다니는 컬

렌 남매는 창백하고 아름답다. 벨라는 그중 하나인 에드워드와 사랑에 빠지고, 이내 무시무시한 비밀을 알게 된다. 컬렌 일가가 인간이 아니라 뱀파이어라는 사실을 말이다. 그들은 어떤 일이 벌어질지 알 수 없는 21세기에 오랜 세월 동안 잠자던 루마니아의 관 속을 떠나서 미국의 중산층이 사는 작은 마을에 터를 잡은 것이다. 다행히 에드워드와 컬렌 일가는 동물의 피만으로 연명하는 것을 수련한 '채식주의자' 뱀파이어 가문이다. 하지만 아직도 여전히 산 사람의 신선한 피를 빨고 싶어 하는 다른 뱀파이어들이 어슬렁거린다. 또 다른 갈등도 있다. 둘이 살짝만 입을 맞춰도 에드워드에게 잠재돼 있던 흡혈 본능이 되살아나서 벨라의 목숨을 위협할 정도로 위험해질 수 있다. 이런 상황에서 두 주인공이 순조롭게 사랑할 수 있을까?

독자는 벨라와 에드워드의 사랑이 어떻게 될지 궁금해서 시리즈 네 권을 끝까지 읽게 된다. 세계적인 성공을 거둔 『트와일라잇*Twilight*』은 미국 작가 스테파니 메이어(Stephenie Meyer, 1973~ )의 작품이다. 이 작품을 쓰기 전까지 작가는 모르몬교를 믿는 가정주부였다. 기존의 뱀파이어 팬들은 강렬하고 잔인한 드라큘라와 흡혈귀 신화를 말랑말랑한 청춘물로 만들었다고 『트와일라잇』 시리즈를 거세게 비판했다. 하지만 전 세계의 젊은 남녀 수백만 명이 '금지된 욕망의 연대기'(원래 프랑스어판 제목으로 채택됐지만 사용되지는 않았다)에 매료되었다. 청소년기의 혼란과 불안, 첫사랑의 아픔을 솜씨 있게 녹여낸 우화 같은 소설이기 때문이다.

## 헝거 게임

미국에서 2008년에서 2010년 사이에 출간된 3부작 소설이다.
전 세계적으로 5,000만 부가 팔렸다

미국이 몰락하고 북아메리카에는 '판엠'이라는 독재국가가 건설된다. 이 나라는 열두 개 구역으로 나뉘어 있고, 중앙에 있는 유일하게 부유한 수도 '캐피톨'의 무력 통치를 받으며 나머지 구역 사람들은 두려움과 가난에 시달린다.

판엠은 매년 '헝거 게임'이라는 잔인한 생존 게임을 열어 텔레비전으로 방영하며, 각 구역 출신의 남녀 청소년 두 사람이 게임에 무조건 참가해야 한다. 게임에 참가한 스물네 명의 청소년은 곳곳에 설치된 텔레비전 카메라가 지켜보는 가운데 승리자 단 한 사람이 남을 때까지 죽도록 싸워야 한다. 이야기는 여자 주인공인 캐트니스 에버딘의 1인칭 시점으로 진행된다. 테세우스 신화(소의 머리에 인간의 몸을 한 미노타우로스에게 젊은이들을 보내 희생 제물로 삼았던 신화)와 로마 검투사 경기, 그리고 참가자의 생활을 그대로 보여주는 리얼리티 쇼 《빅 브라더Big Brother》를 교묘하게 뒤섞어 놓은 설정의 이 시리즈는 미국 작가 수잔 콜린스(Suzanne Collins, 1962~ )가 썼다. 텔레비전 청소년 프로그램의 작가였던 콜린스는 현재 청소년 문학의 사상 세 번째 베스트셀러 작가가 되었고, 『헝거 게임』은 곧바로 영화화되었다.

『헝거 게임*Hunger games*』은 1999년 일본에서 출간된 타카미 코순Takami Koushun의 『배틀 로얄』(역시 영화화되었다)과 비교되기도 한다. 세상이 몰락하고 건설된 독재 체제에서 젊은이들이 단 한 사람 살아남을 때까지 싸워야 한다는 설정은 쌍둥이처럼 똑같다. 두 작품 중 어떤 작품이 더 잘 표현했을까? 청소년기를 이해하고 싶다면 두 작품을 모두 읽어보기 바란다.

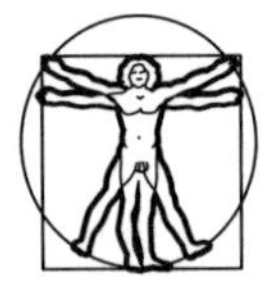

## 다빈치 코드

2003년 미국에서 출간된 소설이다.
전 세계적으로 8,000만 부 이상 팔렸다

루브르박물관에서 끔찍한 사건이 벌어진다. 수석 큐레이터 자크 소니에르가 〈모나리자〉 그림 바로 근처에서 피범벅이 되어 살해당한 채 발견된 것이다. 시신의 팔과 다리는 레오나르도 다빈치의 유명한 〈인체 비례도〉처럼 벌려져 있다. 파리에 체류하던 하버드 대학 기호학 교수인 로버트 랭던이 범인으로 의심받는다. 시신 주위에 랭던의 이름이 적혀 있었기 때문이다. 사실 소니에르는 자신이 품은 무시무시한 비밀에 대한 단서를 랭던 교수가 추적해주기를 바랐던 것이다. 랭던은 소니에르의 손녀 소피 느뵈와 함께 숨 가쁜 추격에 나선다. 소피의 노움으로 랭던은 비밀에 싸인 '시온 수도회'를 알게 되고, 비밀결사 조직 '오푸스 데이' 일원의 음모에 맞서 싸운다. '오푸스 데이'는 랭던이 이 소설의 핵심이 되는 비밀을 파헤치는 것을 막으려고 안간힘을 쓴다. 소설 속에서 가톨릭교회는 이 비밀을 수세기에 걸쳐 지켜왔는데, 그 비밀은 바로 예수 그리스도가 막달라 마리아와 여러 자식을 두었으며 그 후손이 아직도 이어지고 있다는 것이다.

작가 댄 브라운(Dan Brown, 1964~ )은 미국 뉴햄프셔 주에서 수학 교사의 아들로 태어나 소박한 생활을 이어갔지만, 『다빈치 코드*The Davinci Code*』 한 권으로 상상을 초월하는 성공을 거두었다. 이 책이 이끌어낸 부수적인 효과도 있었다. 전 세계 관광객이 루브르박물관과 생쉴피스 성당 등 소설 속에 등장한 여러 장소를 방문하는 '다빈치 투어'에 나선 것이다. 또한 '암호 해독'에 관한 책, 『다빈치 코드』에서 다룬 소재들의 허구성에 대한 책 들 역시 많은 독자의 사랑을 받았다.

## 밀레니엄

2005년에서 2007년 사이 스웨덴에서 출간된 3부작 소설로,
전 세계적으로 5,000만 부 이상 팔렸다

주인공 미카엘 블롬크비스트는 스웨덴의 시사 잡지 『밀레니엄』에서 탐사 보도 전문 기자로 일한다. 그는 부패한 재벌가의 비리를 폭로하는 기사를 써서 명예훼손 소송을 당해 패소한 뒤, 잠시 기자 일을 쉬기로 한다. 그러던 중 한 은퇴한 기업 회장이 그를 자신이 사는 스웨덴 북부 지방에 있는 섬으로 초대한다. 초대한 이유는 표면적으로는 블롬크비

스트 기자에게 회장 가문의 파란만장한 가족사 집필을 의뢰하는 것이었지만, 사실은 비밀리에 40년 전에 일어난 조카딸의 실종 사건을 조사하도록 하는 것이었다. 미카엘은 사건을 조사하던 중에 여주인공 리스베트 살란데르를 만나 도움을 받는다. 리스베트는 전형적인 여주인공에서 벗어난 반사회적이고 염세적인 성격의 양성애자 펑크족이다. 또한, 아직 법정후견인에게 보호받는 입양아이므로 자유롭게 살 수 없다. 하지만 그녀는 천재적인 해커여서 아무리 보안이 철통 같은 컴퓨터도 뚫고 들어가서 정보를 얻을 수 있다.

페이지를 넘길수록 무겁고 음산한 비밀이 줄지어 밝혀지고, 독자는 사회민주주의 국가의 본보기처럼 여겨지는 스웨덴도 옛 나치 협력자, 강간범, 아동성애자, 사이코패스 등 다른 나라들과 똑같은 사회적 부담을 안고 있다는 사실을 알게 된다. 내용이 어둡고 무거워서인지 반응이 늦은 감이 있었지만 『밀레니엄*Millenium*』 3부작은 전 세계적으로 성공을 거두었다. 하지만 정작 작가인 스티그 라르손(Stieg Larsson, 1954~2004)은 작품이 출간되기 1년 전 심장마비로 사망해서 그 사실을 모른다. 작가 역시 탐사 전문 기자로서 극우파와 오랫동안 싸움을 벌였었다.

## 2. 새로운 장르

그리스 철학자 아리스토텔레스가 『시학』에서 비극, 서사시, 그 밖에 자신이 살던 시대의 여러 문학 장르가 지닌 장점을 칭찬한 이래 사람들은 문학을 다양한 장르로 분류해왔다. 최근 유행하는 문학 장르 몇 가지를 살펴보자.

## 자전소설

자신의 경력이나 인생을 돌아보며 쓴 책을 '회고록'이나 '자서전'이라고 한다. 그런데 주인공 이름이 저자와 같고, 저자 자신의 이야기라고 착각할 만큼 비슷한 이야기를 담은 소설은 '자전소설autofition'이라고 한다. 이 용어는 1977년 처음으로 이러한 형식으로 글을 쓴 프랑스 소설가 세르주 두브로브스키Serge Doubrovsky가 만들었다.

1990년대에 들어서 프랑스에서 자전소설이 크게 유행한다. 이 장르의 특징은 그 내용이 사실인지 거짓인지, 실제인지 허구인지 모호한 데 있다. 『근친상간*L'Inceste*』, 『주제는 앙고*Sujet Angot*』 등을 쓴 프랑스의 여성 소설가 크리스틴 앙고(Christine Angot, 1959~ )가 가장 유명하고 대표적이며, 에르베 기베르Hervé Guibert와 카미유 로랑스Camille Laurens 등의 작가도 자전소설을 많이 쓴다.

어느 장르나 그렇듯 추종자는 물론 비판자도 있다. 비판하는 사람들은 자전소설은 헛된 나르시시즘의 극치이며, 소설의 목표란 넓은 세상을 묘사하는 것이지 작가의 좁은 세계를 탐구하며 페이지를 때우는 것이 아니라고 말한다.

'자전소설'이라는 용어는 이처럼 프랑스 문학과 깊은 관련이 있으며, 다른 언어로 정확히 번역하기가 어렵다. 영미 문학계에서는 '팩트fact'와 '픽션fiction'를 합친 '팩션faction'이라는 용어도 사용하지만, '자전소설autofiction'은 보통 '자서전적 소설autobiographical novel'로 번역한다. 그런데 영미 문학계에서 자전소설의 시초는 1990년대 훨씬 이전으로 거슬러 올라간다. 찰스 디킨스가 자신의 어린 시절을 이야기 속에 녹여낸 유명한 소설『데이비드 코퍼필드*David Copperfield*』는 가장 완성된 형태의 자전소설로 꼽힌다.

## 칙릿

'병아리'를 의미하는 영어 단어 '칙chick'은 속어로 '젊은 여성'을 가리킨다. 여기에 영화를 뜻하는 '플릭flick'을 붙인 '칙플릭chickflick'이라는 단어는 오래전부터 여성 관객을 겨냥한 영화라는 뜻으로 사용되었다. 대표적인 영화로는 최루성 멜로 영화《러브 스토리Love Story》가 있다.

1990년대부터 미국인은 문학에도 이런 조어법을 써서 '칙릿chicklit'이라는 단어를 만들었다. '칙릿'은 '여성 독자를 겨냥한 문학'이라는 뜻이다. 엄청나게 성공을 거둔 두 작품 이후로는 서점 진열대를 꽉꽉 채운 새로운 장르의 문학을 가리키는 말이기도 하다. 첫 번째 작품은 뉴욕에 사는 30대 여성 네 명의 자유분방한 일상을 그린 텔레비전 시리즈물《섹스 앤 더 시티Sex and the City》다. 이는 원래 저널리스트 캔디스 부시넬Candace Bushnell이 잡지에 연재하던 동명의 칼럼이 원작이며, 전 세계적으로 선풍적인 인기를 끌었다. 두 번째 작품은 1996년 영국의 저널리스트이자 작가인 헬렌 필딩Helen Fielding이 쓴 소설『브리짓 존스의 일기*Bridget Jone's diary*』다. 두 남자 사이에서 갈팡질팡하고, 열량이 높은 음식을 좋아하며, 좋은 남자 만나기와 금연이 목표인 재기발랄한 런던 여성의 이야기를 담은 소설이다. 미국 작가 로렌 와이스버거Lauren Weisberger의 『악마는 프라다를 입는다*the Devil Wears Prada*』(2003)도 대표적인 칙릿으로 꼽을 수 있다. 이 소설은 독재적이고 변덕스러운 패션 잡지 편집장 밑에서 일하는 젊은 여성 비서의 고생담이다.

칙릿이 사랑받는 이유는 가볍게 읽기 좋고 자조 섞인 유머가 담겨 있기 때문일 것이다. 하지만 강경한 페미니스트는 칙릿에는 특정 사회적 계층의 여성만 나오고, 고리타분한 이야기만 반복한다고 비판한다. 겉보기에는 자유분방한 현대 여성이 품은 유일한 소망이라곤 부자 남편을 만나는 것이기 때문이다. 물론 어느 정도 진일보한 면도 있다. 칙릿이 나오기 전 영미 문학계에서 여성 독자를 겨냥한 대중 장르인 '연애소설'은 매력적인 남자와 이루어질 수 없는 사랑, 저녁놀을 배경으로 열정적인 입맞춤을 하는 장면뿐이었기 때문이다. 그래도 어쨌든 칙릿 속 여자 주인공 역시 여전히 멋진 남자와 결혼하고 싶어 한다. 개성 넘치는 그녀들과 결혼한 남자들은 말과 행동에 좀 더 조심하는 게 좋을 것 같다.

## 그래픽 노블

'그래픽 노블graphic novel'이 뭔지 읽어본 사람은 다 안다. 만화책은 이제 비 오는 오후 하릴없는 어른들이 방에 틀어박혀서 뒤적거리는 1960년대의 『미키 마우스』 수준을 훨씬 넘어섰다. '제9의 예술'이라는 만화는 최근 눈부신 발전을 거듭해 '그래픽 노블'의 수준까지 이르렀다. '그래픽 노블'은 만화의 형태지만 소설처럼 길고 탄탄한 이야기 구조가 있는 '만화 소설'이다. 몇몇 작품은 벌써 20세기 말, 21세기 초 문학의 걸작으로 대접받는다. 세 편의 그래픽 노블을 소개하겠다.

『쥐*Maus*』는 1980년대 말 미국 작가 아트 슈피겔만Art Spiegelman이 지었다. 만화가인 아들과 늙은 아버지가 1970년대 중반 미국에서 나누는 대화에서 시작해 홀로코스트 생존자인 아버지의 회상으로 넘어간다. 작품 속에서 유대인들은 쥐(독일어로 '마우스Maus')로, 나치는 고양이로 묘사한다. 이처럼 낯설게 하고, 거리를 두는 표현 방식이 이 작품의 힘이다. 현대 그래픽 예술의 고전이 된 이 작품의 원화를 전 세계 미술관에서 정기적으로 전시한다.

『지미 코리건*Jimmy Corrigan*』은 미국 작가 크리스 웨어Chris Ware의 2000년 작품이다. 서툴고 의기소침한 주인공 남자가 한 번도 본 적 없는 아버지를 만나면서 미국 북부로 이주해 온 아일랜드 이민자 가문의 여러 세대에 걸친 긴 역사를 조금씩 알아가는 내용이다.

『페르세폴리스*Persepolis*』는 이란 출신의 프랑스 작가 마르잔 사트라피 Marjane Satrapi가 2000~2003년 사이에 내놓은 네 권의 작품으로 역시 자전적인 내용을 담고 있다. 호메이니 혁명*이 일어나고 프랑스로 망명하기 전까지 테헤란에서 보낸 소녀 마르잔의 어린 시절을 감동적이고

* 1979년 이란에서 일어난 혁명으로 이슬람교 시아파 지도자인 호메이니의 지도로 팔레비 왕조를 무너뜨리고 이란 이슬람 공화국을 세웠다.(편집자 주)

유머러스하게 풀어낸다. 2007년 애니메이션 영화로 만들어졌고 칸영화제에서 심사위원상을 받았다.

## 망가

1940~1970년대 사이에 태어난 유럽의 '베이비붐 세대baby boomer'에게 어린 시절을 함께 한 만화책은 『땡땡*Tintin*』(에르제), 『아스테릭스*Astérix*』(고시니, 우데르조), 『럭키 루크*Lucky Luke*』(모리스) 등 프랑스와 벨기에 작가들의 작품이 많았다. 이들 작품 속에는 작가 특유의 유머, 코드, 미의식이 담겨 있었다. 그보다 더 젊은 유럽인들은 1970년대 말에서 1980년대 초까지 텔레비전 어린이 프로그램에서 많이 방영하던 일본 애니메이션을 보고 자라서 자연스럽게 조금씩 다른 세계를 받아들였다. 그러면서 차츰 일본 만화인 '망가Manga, マンガ, 漫畵'에 열광하는 독자가 많아지기 시작한다.

망가라는 용어는 19세기 일본의 유명한 화가 호쿠사이Katsushika Hokusai가 사용하면서 널리 알려졌으며, 처음에는 '부지불식간에 그린 그림', '가벼운 그림'이라는 뜻이었다. 그러다가 제2차 세계대전 후 '망가의 아버지'라고 불리는 데즈카 오사무(Tezuka Osamu, 1928~1989) 덕분에 현재 사용하는 의미로 굳어지게 되었다. 이후 망가는 끊임없이 발전하여 수없이 많은 하위 장르로 뻗어 나갔고, 그 모든 하위 장르에 유명한 작품, 캐릭터와 작가들이 있다. 아동, 소년, 소녀, 성인, 에로, 포르노, 이성애, 동성애, 심지어 서양인을 겨냥한 내용, 남성의 동성애를 소재로 한 여성향(BL, Boy's love) 망가 등이 있다.

가장 인기 있고 대표적인 망가 시리즈 두 편을 소개하겠다.

1985~1995년 일본에서 발간된 『드래곤볼』(토리야마 아키라, Toriyama Akira)은 원숭이 꼬리가 달린 소년 손오공이 우주에 흩어져 있는 드래곤볼을 모으려고 모험을 떠나는 이야기다. 수정 구슬인 드래곤볼을 일곱 개 모으면 용이 나타나 소원을 들어준다.

키시모토 마사시Kishimoto Masashi의 작품인 『나루토』는 현재 세계에서 가장 많이 팔린 망가다. 소년 나루토는 엄청난 힘을 지닌 괴물인 '미수'를 몸속에 봉인한 '인주력'이어서 마을에서 따돌림과 멸시를 당한다. 나루토는 닌자가 되기를 꿈꾸며 수많은 시련을 극복하여 마침내 꿈을 이룬다. 첫 권은 1999년에 나왔고 2012년 61권이 출간되었다.*

일본 만화책을 처음 본다면 책을 읽는 방향이 반대라는 점을 알아둘 것. 모르고 펼쳐 들었다간 첫 장이라고 생각한 부분이 마지막 장일 수도 있다.

## 성애소설

2001년 프랑스의 유명한 현대미술 잡지의 편집장인 카트린 밀레 Catherine Millet가 자신의 내밀한 사생활을 낱낱이 공개했다. 『카트린 M의 성생활*La Vie Sexuelle de Catherine M*』이라는 책에서 자위, 집단 성교, 공

* 2015년 4월 1일 일본의 만화 주간지 『코믹챔프』에 700화를 마지막으로 종결.(옮긴이 주)

터나 주차장 등의 장소에서 다양한 파트너들과 하는 섹스 등에 관한 사신의 취향을 관찰자적 시각에서 건조하고 자세하게 묘사한 것이다. 사람들은 충격을 받았고, 문학적 논쟁도 벌어졌다. 어떤 비평가는 작가의 스타일이 외과 의사처럼 냉정하고 꼼꼼하다며 찬사를 보냈고, 또 어떤 비평가는 얼음처럼 냉담하다고 평가했다. 아무튼, 이 작품은 전 세계적인 성공을 거두어, 33개국에 번역되어 250만 부 넘게 팔렸다.

2011년 영국의 한 텔레비전 프로듀서가 E. L. 제임스E. L. James라는 필명으로 『그레이의 50가지 그림자*Fifty Shades of Grey*』라는 소설을 썼다. 내용은 젊고 순결한 여자 주인공이 잘생긴 남자 주인공 크리스찬 그레이와 위험한 계약을 맺고 가학·피학성애SM의 세계에 입문한다는 것이다.

이 소설은 원래 『트와일라잇』의 애독자였던 작가가 해당 작품을 에로틱하게 바꿔 쓴 '팬픽션Fan Fiction'이었다. 『그레이의 50가지 그림자』가 뜻밖의 대성공을 거두게 된 이유는 미국 주부들의 열렬한 반응과 입소문에 있었다. 전자책이 보편화되어 여성 독자가 굳이 다른 이의 시선을 의식하며 서점에 갈 필요 없이 쉽게 책을 다운로드할 수 있었던 것도 성공의 원인이었다. 미국 언론은 이 새로운 장르에 '엄마들의 포르노mommy porn'라는 이름을 붙였다. 아이들이 알게 되면 당황스럽겠지만, 이제 엄마들은 아이들이 방과 후 야구 수업을 끝내고 나오기를 기다리는 동안 간식으로 줄 쿠키 대신 다른 것을 생각하게 되었다.

## 3. 새로운 인기 작가들

위대한 작가는 어느 나라에나 있다. 세계의 인기 작가 중 몇 명을 만나보자.

## 조너선 프랜즌
## 미국

조너선 프랜즌(Jonathan Franzen, 1959~)은미국 일리노이 주에서 미국인 어머니와 스웨덴인 아버지 사이에서 태어나고 자랐으며, 독일의 베를린에서 유학한 적이 있다. 2001년 『인생수정*Corrections*』이라는 작품으로 전 세계적으로 유명해졌다. 이 작품은 알프레드 램버트라는 노인과 그의 아내, 장성한 세 자녀의 이야기를 담은 다소 우울한 내용의 소설이다. 셋 중 장남인 개리는 겉으로 보기에는 성공을 거두었지만, 신경증으로 고생한다. 둘째 드니즈는 내면에 자신만의 성을 쌓고 갇혀 지낸다. 그리고 막내아들 칩은 원고를 끊임없이 고치지만, 결코 책으로 펴내지 못한다.

2010년에 출간한 『자유*Freedom*』는 한 가정의 이야기를 통해 지난 30년간의 미국 역사를 조망하는 거대한 프레스코 벽화 같은 소설이다. 이 작품으로 프랜즌은 유명 주간지 타임지의 1면 전면에 '위대한 미국 소설가'라는 설명이 달린 사진과 함께 실리는 영예를 누린다.

## 알라 알아스와니
## 이집트

어떻게 글을 쓰기 시작했는지는 거의 알려지지 않았다. 알라 알아스와니(Alaa al Aswani, 1957~)는 고향인 이집트 카이로에서 지금도 여전히 치과 의사로 일한다. 그의 직업은 작품을 쓰는 데 도움이 된다. 환자들이 들려준 이야기를 소재로 사용하기도 하기 때문이다. 그는 2002년 『야쿠비얀 빌딩*Yacoubian building*』이라는 걸작을 내놓는다. 제목이 알려주듯,

이 소설은 한 건물에 관한 이야기다. 카이로 한복판에 있는 낡은 건물 야쿠비얀 빌딩은 지금은 낡았지만 과거의 영광을 잊지 못하는 이집트를 많이 닮았다. 돈이 되면 무슨 짓이든 하는 투기꾼, 사회구조에 환멸을 느껴 이슬람 극단주의에 빠지는 순수한 청년, 생계를 유지하려면 어쩔 수 없이 남자에게 몸을 더럽혀야 하는 젊은 여성, 군인을 사랑하는 동성애자 기자 등 이 건물에 사는 모든 주민의 이야기가 씨실과 날실처럼 교차하며 펼쳐진다.

출간되자마자 엄청난 성공을 거둔『야쿠비얀 빌딩』은 아랍 세계 전체에 충격을 던졌다. 누구나 이해할 수 있는 간결한 언어로 아랍 세계를 좀먹는 부패, 극단적 이슬람 원리주의의 압력, 성적 금기 등 터부를 깨려고 했기 때문이다. 알아스와니는 등장인물을 사실적으로 묘사하면서 도덕적으로 판단하지 않고 시종일관 공정한 시선을 유지한다. 이러한 점에서 그는 20세기 가장 위대한 이집트 소설가이자 노벨상 수상자인 나기브 마푸즈(Naguib Mahfouz, 1911~2006)에 비견된다. 프랑스어, 영어, 스페인어에 능통하고 늘 열린 마음으로 세상을 대하는 알아스와니는 열렬한 민주주의자이기도 하다.

### 미셸 우엘벡
### 프랑스

미셸 우엘벡(Michel Houellebecq, 1958~)의 책을 한 권도 안 읽었더라도 프랑스인이라면 그에 대해 두세 가지 사실은 안다. 너무 빨라서 알아들을 수 없는 말투로 텔레비전에서 인터뷰하는 모습, 세 손가락으로 담배를 잡는 이상한 습관, 매춘 예찬자이며 도발하기 좋아하는 악취미가 있다는 것 등.

2001년 미셸 우엘벡은 이슬람교를 “가장 바보 같은 종교”라고 했다. 또 외계인과 교감한다고 믿는 종교 라엘리언 무브먼트raelian movement를 지지하기도 했다. 하지만 그렇다 해도 그가 현존하는 프랑스 작가 중 손꼽히는 대가라는 사실에는 변함없다.

1956년 혹은 1958년에(작가 자신이 출생년도를 분명하게 밝히지 않는다) 레위니옹 섬에서 태어났으며, 1994년 『투쟁 영역의 확장*Extension du domaine de la lutte*』이라는 소설을 내면서 이름을 알리기 시작했다. 이 책은 자본주의 사회의 직장에서 우울증에 걸린 한 직장인의 불행한 정신세계를 그린 슬픈 초상이다. 이어지는 작품들은 또 다른 주제를 다룬다. 『소립자*Les Particules élémentaires*』(1998)에서는 1950년대 말에 태어난 이복형제의 운명을 교차해서 보여주며 1960~1970년대 혁명 세대의 일그러진 후일담을 그렸다. 『플랫폼*Plateforme*』(2001)은 사랑에 무감각한 한 남자가 태국의 매춘부들에게서 행복을 구하는 긴 과정에 관한 이야기다. 『지도와 영토*La Carte et le Territoire*』(2010, 공쿠르상 수상)에서는 한 현대 예술가의 여정을 그린다.

우엘벡의 소설들을 찬찬히 읽다 보면 작가가 한결같이 관심을 기울이는 주제를 알 수 있다. 그는 단순하고 유려한 이야기 속에 남자 주인공들이 사랑, 성, 시간에 대해 느끼는 불편한 감정과 사회의 진보, 남녀 관계, 서구의 (암울한) 미래에 대한 풍부하고 폭넓은 사유를 절묘하게 녹여낸다.

## 한한
## 중국

한한(Han Han, 韓寒, 1982~)이 21세기 중국의 거물급 작가가 될 수 있을까? 단언하기에는 아직 이르다. 1982년생인 만큼 앞으로 작품 활동을 할 시간이 충분하기 때문이다. 현대 중국 사회의 발전을 알고 싶다면 한한의 이름을 빼놓을 수 없다.

상하이에서 태어난 한한은 자신이 열등생이었다고 농담 섞인 말투로 종종 이야기한다. 교육이 전부인 나라에서 열등생이란 아무것도 아닌 존재나 다름없다. 1999년 출간한 『삼중문三重門』에서 그는 중국의 교육 시스템과 학부모의 광기 어린 교육열, 수준 낮은 교사 등을 신랄하게 비판한다.

이 작품이 베스트셀러에 오르고 한한은 인기 작가가 되었다. 젊은 여성들이 좋아할 만한 수려한 외모와 가수, 카레이싱 선수 등 다양한 이력도 인기를 끄는 데 한몫을 담당했다. 기존의 중국 지식인들은 그가 냉소적이고 깊이가 얕다고 평가하지만, 젊은이들은 개방적이고 새로운 중국의 상징이라며 한한에게 열광한다. 정부에 순응적인 기존의 언론 매체에 숨이 막혔던 젊은이들은 한한이 블로그를 통해 전하는 다양한 주제에 대한 자유로운 의견에 열렬한 관심을 보인다. 한한은 세계에서 가장 많은 사람이 보는 블로그를 운영하기도 한다.

## 노벨 문학상

노벨 문학상이 어느 작가에 수여되었는지 알아보면 21세기 문학의 지형도가 대충은 그려진다. 2000년부터 노벨 문학상 수상 작가는 다음과 같다.

| 연도 | 작가 | 국가 |
| --- | --- | --- |
| 2000년 | 가오싱젠Gāo Xíngjiàn(高行健) | 프랑스(중국 태생) |
| 2001년 | V.S.나이폴Vidiadhar Surajprasad Naipaul | 영국(트리니다드 토바고 태생) |
| 2002년 | 임레 케르테스Imre Kertész | 헝가리 |
| 2003년 | J.M.쿠체John Maxwell Coetzee | 남아프리카공화국 |
| 2004년 | 엘프리데 옐리네크Elfriede Jelinek | 오스트리아 |
| 2005년 | 해럴드 핀터Harold Pinter | 영국 |
| 2006년 | 오르한 파묵Orhan Pamuk | 터키 |
| 2007년 | 도리스 레싱Doris Lessing | 영국 |
| 2008년 | J.M.르 클레지오Jean Marie Gustave Le Clézio | 프랑스 |
| 2009년 | 헤르타 뮐러Herta Müller | 독일 |
| 2010년 | 마리오 바르가스 요사Mario Vargas Llosa | 스페인 |
| 2011년 | 토마스 트란스트뢰메르Tomas Tranströmer | 스웨덴 |
| 2012년 | 모옌Mò Yán(莫言) | 중국 |
| 2013년 | 앨리스 먼로Alice Munro | 캐나다 |
| 2014년 | 파트릭 모디아노Patrick Modiano | 프랑스 |

## 21세기를 대표하는 에세이는?
## 『문명의 충돌』

1990년대 초, 소련이 붕괴하자 국제 관계 전문가들은 여러 가지 의견을 활발히 내놓았다. 자본주의와 공산주의가 더는 대립하지 않는 상황에서 앞으로 세계를 지배하는 것은 무엇일까? 미국의 미래정치학자 프랜시스 후쿠야마(Francis Fukuyama, 1952~ )는 1989년부터 이에 관한 글을 쓰기 시작해서 1992년 『역사의 종말*the End of History and the Last Man*』이라는 책을 냈다. 요약하자면 공산주의의 죽음은 자본주의와 시장경제, 자유민주주의의 승리를 의미하며 역사가 끝날 때까지 전 세계에 자본주의 체제가 정착할 것이라는 내용이다.

또 다른 정치학계의 거장인 미국의 새뮤얼 헌팅턴(Samuel Huntington, 1927~2008)은 1993년 한 학술지에 게재한 긴 논문에서 후쿠야마에 반내하는 수장을 폈다. 헌팅턴에 따르면 이데올로기와 경제적 대립의 시대가 끝났을지는 몰라도 다른 대립은 계속 남아 있을 터였다. 그것은 세계를 나누는 아주 오래된 사회·사상·문화의 구조인 '문명'의 차이에 따른 충돌이다. 헌팅턴은 세계의 문명을 중화, 일본, 힌두교, 불교, 서구, 이슬람, 라틴아메리카, 아프리카, 정교회, 이렇게 아홉 가지로 꼽았다. 그는 모든 문명 사이에서 충돌은 계속 커질 것이라고 예견했으며, 1996년 출간한 책의 제목도 『문명의 충돌*The Clash of Civilizations and the Remaking of World Order*』이라고 붙였다.

이 책은 처음부터 수많은 논쟁과 반발을 불러일으켰지만, 이런 논쟁은 주로 상아탑 안의 지식인 사이에서만 머물렀다. 하지만 2001년 9월

11일에 일어난 테러로 상황은 완전히 바뀌었다. 갑작스럽게 『문명의 충돌』을 어디에서나 거론하고, 진지하게 검토하고 연구하기 시작한다. 그리하여 이 책이 논쟁의 중심에 서게 된다. 저자가 원래 주장한 '모든 문명의 충돌'은 '이슬람과 서구 문명의 대립'으로 뜻이 축소되고, 너 나 할 것 없이 그에 관한 의견을 내놓는다. 특히 이슬람 원리주의자와 서구의 인종차별주의자들은 이슬람과 서구 간의 대립을 바라는 듯한 태도를 보이고, 민주주의자들은 의심에 찬 시선을 보낸다. 저자가 원래 이야기했던 '모든 문명의 충돌'은 이슬람과 서구 문명의 대립으로 뜻이 축소되었다. 너 나 할 것 없이 그에 관한 의견을 내놓는다. 그중에서도 특히 이슬람 원리주의자와 서구 인종차별주의자는 양자 간의 대립을 바라고, 민주주의자는 의심스러운 시선을 보낸다.

헌팅턴의 이론이 너무 편협하다고 비판하는 사람도 있다. 오랜 세월에 걸쳐 형성된 '문명들'은 영원히 바뀌지 않을 것이며, 그 문명권에 사는 사람들은 모두 같은 방식으로 생각하고 살아간다는 전제가 그 이론의 바탕에 깔렸기 때문이다.

9·11 테러가 발생하고 10년 후 헌팅턴의 개념을 뒤흔드는 또 다른 사건이 일어났다. 바로 '아랍의 봄Arab Spring'이다. 튀니지와 이집트에서 오랜 세월 국민을 압제하던 독재 정권을 타도하려는 혁명이 시작되었고, 그 여파는 전 아랍 세계에 미쳤다. 아랍 세계의 다양한 정치적 흐름, 이슬람 원리주의자와 민주주의자가 격렬하게 대립하는 현상은 문명이 모든 것을 설명해주기는 어렵다는 사실을 보여준다. 같은 이슬람 문명권에서도 다양한 흐름이 서로 부딪치며, 이는 다른 문명권에서도 마찬가지다.

# 영상물

100년 남짓 전에 영화가 발명되면서 사람들은 화면을 통해 펼쳐지는 이야기를 구경할 수 있다는 것을 알게 되었다. 그 후로 화면의 종류는 매우 다양해졌다. 컴컴한 영화관은 물론 텔레비전, 컴퓨터, 태블릿, 휴대전화 등의 화면으로 다양한 영상물을 볼 수 있다.

## 1. 드라마

요즘 서구에서는 딜런Dylan, 로넌Ronan, 리자Lisa, 오리아나Oriana 같은 이름을 가진 사람을 가끔 볼 수 있다. 그들의 부모는 '미드(미국 드라마)'의 열렬한 팬임이 거의 확실하다. 브라질 방송사인 티브이글로보TV Globo에서 제작한 감정 과잉에 반전의 연속인 가족 드라마를 매일 보는 시청자가 20억 명으로 추산된다. 주로 브라질에서 만드는 '텔레노벨라telenovela*'는 전 세계에서 큰 인기를 끌며 방영된다.

인도와 이슬람 세계에서는 텔레비전용으로 각색한 종교적인 신화에 관한 드라마를 많이 봤었는데, 10년 전부터는 고부 갈등을 다룬 가족 드라마가 인기를 끌고 있다.

해마다 이슬람 세계에서 가장 중요한 라마단 기간에 400여 개의 채널이 매달려서 방영하는 '라마단 드라마'는 그야말로 사회적 현상이 되

---

* 스페인어 'televisión(텔레비전)'과 'novela(소설)'의 합성어다. 직역하면 텔레비전 소설이라는 뜻으로 스페인, 포르투갈 및 중남미 국가에서 제작되는 일일 연속극을 말한다. 중남미 국가에서 가장 인기 있는 텔레비전 프로그램 장르로 드라마 형식의 텔레비전 영상을 통해 장편소설을 감상하는 셈이다.(편집자 주)

었다. 터키 드라마 《누르Noor*》는 이슬람 세계를 휩쓸었다.

아시아에는 케이K드라마, 제이J드라마, 티T드라마가 있는데, 각각 한국, 일본, 대만 드라마를 말한다. 이쪽 드라마는 감성적, 비극적, 희극적, 가족적, 학구적, 역사적이거나 혹은 이 모든 내용이 한꺼번에 들어가 있다. 대부분 아시아 드라마는 청소년이나 젊은이를 공략한다. 유럽에서는 2000년대부터 미국 드라마 시리즈가 큰 인기를 끌고 있다.

## 미국 드라마 시리즈

가장 인기 있는 시리즈 몇 편씩 주제별로 소개하겠다. 도무지 끝이 보이지 않는 작품도 있지만, 줄거리를 십자말풀이 설명처럼 한두 문장으로 요약해보았다.

**의학**

|  |  |
| --- | --- |
| 그레이 아나토미<br>Grey's Anatomy | 수인공인 여성 의사 그레이와 주변 인물들의 얽히고설킨 일과 사랑 이야기. |
| 닥터하우스<br>House, M.D. | 괴팍한 천재 의사 하우스가 온갖 의학적 수수께끼를 풀어간다. |

**수사물**

|  |  |
| --- | --- |
| NCIS<br>Naval Criminal Investigative Service | 깁스 반장이 이끄는 특수 수사팀이 미 해군과 해병대에서 일어나는 범죄 사건을 조사한다. |
| CSI<br>Crime Scene Investigation | 과학수사대 CSI는 사실을 중시하고 범죄 현장을 주의 깊게 관찰한다. 단서는 거짓말을 하지 않기 때문이다. |

* 《누르(Noor)》(원제는 《Gümüş》)는 2005~2007년 8,500만 명의 시청자를 끌어모으며 이슬람 세계를 휩쓴 터키 드라마다.

### 매력적인 악당들

| | |
|---|---|
| 소프라노스<br>The Sopranos | 마피아 두목 토니 소프라노가 공황장애 때문에 정신과 치료를 시작한다. |
| 프리즌 브레이크<br>Prison Break | 한 남자가 음모에 연루돼 억울하게 감옥에 갇힌 형과 함께 탈출하고자 일부러 감옥에 갇힌다. |

### 별난 사람들

| | |
|---|---|
| 섹스 앤 더 시티<br>Sex and the City | 뉴욕에 사는 독신 여성 캐리, 샬롯, 사만다, 미란다가 펼치는 사랑과 우정. |
| 위기의 주부들<br>Desperate Housewives | 교외의 중산층 동네 위스티리어 레인에 사는 중년 주부들이 엮어나가는 평범하지 않은 일상. |
| 식스 핏 언더<br>Six Feet Under | 아버지가 죽으면서 그 뒤를 잇게 되는 한 장의사 집안의 이야기. |

### 정치

| | |
|---|---|
| 더 와이어<br>The Wire | 볼티모어의 경찰 특수팀이 거대한 마약 조직을 수사하는 이야기다. |
| 24 | 잭 바우어가 테러리스트의 위협에서 자신의 가족과 대통령 후보인 상원의원을 지켜내고자 동분서주하는데, 시리즈를 거듭할수록 위협은 더욱 커진다. |

### 청소년

| | |
|---|---|
| 가십걸<br>Gossip Girl | 뉴욕 최상류층 10대 청소년들의 생활을 그린 이야기. |
| 글리<br>Glee | 고등학교 합창반을 둘러싼 여러 이야기.<br>이 드라마의 주인공을 뽑는 텔레비전 리얼리티 쇼를 오가며 인기리에 방영되고 있다. 2000년대의 뮤지컬 드라마 《페임Fame》이라 할 수 있다. |
| 스킨스<br>Skins | 10대 청소년들의 삶과 우정을 그린 성장 드라마. |

### 수상한 능력자들

| | |
|---|---|
| 덱스터<br>Dexter | 덱스터는 낮에는 법의학자이고 밤에는 연쇄살인범이다. |
| 멘탈리스트<br>Mentalist | 뛰어난 직관력으로 범인을 찾아나가는 사이먼 베이커의 활약을 그린 범죄 심리 수사물. |

## 미국 드라마 용어

아크(스토리아크, story arc)

여러 에피소드나 시즌 전체에 걸쳐서 진행되는 이야기를 의미한다. 문학에도 똑같은 이야기 구조가 있다. 디드로의 『운명론자 자크*Jacques le fataliste*』에 등장하는 노름 때문에 아내를 잃은 성마른 성주 데글랑의 이야기가 그렇다.

클리프행어cliffhanger

긴박함이 절정에 다다랐을 때 광고를 끼워 넣거나, 에피소드 혹은 시즌을 끝내는 작법이다. 그렇게 해서 시청자가 다음 편을 보지 않고는 못 배기게 하는 것이다.

크로스오버cross-over

서로 다른 시리즈의 등장인물이 작품을 바꿔서 출연하는 것을 의미한다. 예를 들어 《앨리 맥빌Ally Mcbeal》의 주요 등장인물인 변호사들이 한 에피소드에서 《더 프랙티스The Practice》의 인물들을 고용하는 이야기가 그렇다.

파일럿pilot

시리즈의 첫 번째 에피소드. 그 속에 전체 시리즈의 분위기, 주제, 주요 등장인물이 다 나온다. 시험 삼아 방영해보고 반응이 좋으면 시리즈를 계속 이어가고 아니면 중단한다.

시즌season

미국 드라마 시즌은 9월에서 시작해 5~6월에 끝난다. 시즌 프리미어season premiere는 첫 에피소드, 시즌 피날레season finale는 마지막 에피소드를 말한다.

스핀오프spin-off

어떤 시리즈에서 파생된 시리즈를 말한다. 원작의 설정과 인물을 바탕으로 새로운 이야기를 만들어낸다. 《CSI》가 대표적인 스핀오프 시리즈인데, 원래 라스베이거스에서 일하던 특수 수사팀 요원들이 마이애미로 전근을 가서 새로운 이야기를 엮어가는 식이다.

시트콤sitcom, situation comedy

주로 이른 저녁에 방영되는 코미디 드라마 시리즈로 녹음된 웃음소리가 중간중간 나온다.

소프soap

부유하고 잘 차려입은 사람들이 주로 많이 나오는 멜로물. 초창기 '소프 오페라'는 낮 시간대에 라디오로 방송되었으며, 비누 회사들의 광고로 제작되는 경우가 많아서 '소프soap(비누)'라는 단어가 붙었다. 지금은 저녁 식사 시간대에 많이 방영되며 여전히 중간중간 광고가 나온다. 대표작으로는 전 세계적인 성공을 거둔 미국의 《댈러스Dallas》가 있다. 영국은 《이스트엔더스EastEnders》, 독일은 《다이애나의 꿈Alles was zählt》, 프랑스는 《더 아름다운 삶Plus belle la vie》이 인기를 끌었다.

## 리얼리티 쇼

18세기 극작가 마리보Pierre Carlet de Chamblain de Marivaux는 『논쟁*La Dispute*』이라는 작품을 써서 파란을 일으킨다. 이 작품은 세상과 단절된 채 살아가던 두 소년과 두 소녀가 욕망과 변심으로 혼란을 겪는다는 이야기다. 관객은 무대에서 펼쳐지는 이러한 경험의 결과를 목격하게 된다.

21세기로 접어들면서 네덜란드의 텔레비전 프로그램 제작사 엔데몰Endemol은 《빅 브라더Big Brother》라는 리얼리티 쇼를 만들어서 큰 인기를 끈다. 젊은이들이 외딴집에서 지내며 일거수일투족을 24시간 카메라에 내보이는 내용이었는데, 그들은 투표를 통해 프로그램에 남거나 축출되었다. 이처럼 리얼리티 쇼는 예전 마리보의 연극처럼 매 시즌 새로운 논쟁을 불러일으키며 시청자들을 끌어모은다.

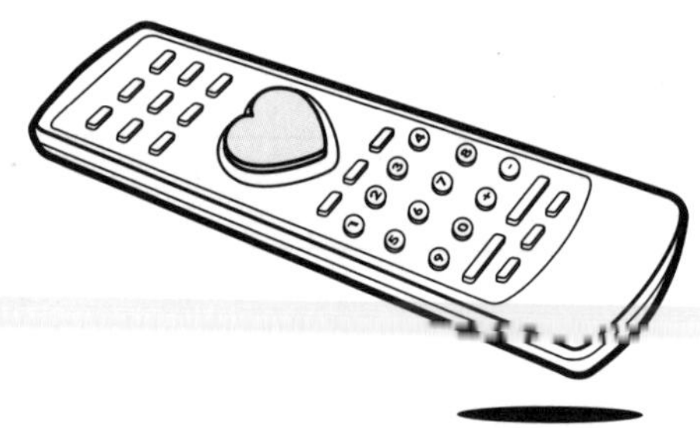

## 2. 영화

2001년 9월 11일 뉴욕에서 쌍둥이 빌딩이 무너지는 장면을 본 사람들은 재난 영화 장면이 실시간으로 펼쳐지는 느낌을 받았다. 이처럼 현실이 허구를 넘어서는 상황이 오자 할리우드 제작사들의 창조력에 빨간불이 켜졌다. 설상가상으로 기하급수적으로 늘어난 예산, 상영관 확보 전쟁, 전 세계 개봉 날짜를 잡기 위한 골치 아픈 머리싸움, 다양한 부가상품 개발 등으로 한계에 부딪힌 시스템 때문에 마비가 될 지경이었다.

그리하여 영감 부족에 시달리는 블록버스터blockbuster 영화들은 누구나 동의할 수 있는 안전한 길을 택한다. 대중은 끊임없이 쏟아져 나오는 고대 사극(《알렉산더》, 《트로이》), 슈퍼히어로(《스파이더맨》, 《배트맨》)와 좀비, 옛날 히트작의 리메이크작들을 봐야 한다. 리메이크는 이제 새로운 영화 문법으로 자리 잡았다.

프리퀄prequel

오리지널 영화보다 시간상으로 앞선 이야기를 그린 영화.
1999 ~ 2005년 제작된 《스타워즈Star Wars》의 두 번째 3부작이 대표적이다. 이 3부작은 오리지널 3부작보다 32년 전으로 돌아가서 다스베이더의 젊은 시절과 루크와 레이아의 출생을 다룬다.

속편sequel

영화의 후속편으로 전편의 주연배우들이 재등장해서 그 이후의 이야기를 그린다. 전편의 인기에 편승해 첫 주에 짭짤한 흥행 수익을 올릴 수 있고, 부가 상품으로 수익을 낼 수도 있어서 《101 달마시안 2-102마리 달마시안102 Dalmatians》처럼 재미없는 속편 영화도 나올 수 있다.

### 대체 역사alternative history

상상 속에서는 얼마든지 실제와 다른 역사가 가능하다. 지금 우리가 아는 것과는 다른 사건이 과거에 일어났다면 무슨 일이 벌어질까? 역사에 대한 비판적인 관점을 표현하고자 문학에서는 이런 기법을 이용하기도 하는데, 여러 해 전부터 영화에서도 폭넓게 다루어지고 있다.

《왓치맨Watchman》(2009)은 미국의 역사를 어두운 방향으로 새롭게 썼으며, 《바스터즈 : 거친 녀석들Inglorious Barterds》(2009)에서는 유대계 미국인들이 히틀러를 암살한다. 《브이 포 벤데타V for Vendetta》(2005)에서는 무정부주의가 승리한다. 이 영화에 나오는 유명한 가이 포크스 가면을 국제 해커 그룹 '어나니머스Anonymous(60쪽 참조)'가 사용한다.

### 리부트reboot

원래는 컴퓨터를 끄고 다시 시작하는 것을 의미하는데, 영화계에서는 원작의 콘셉트와 캐릭터만 가져와서 완전히 새로운 이야기로 다시 시작한 영화를 의미한다. 《배트맨 비긴즈Batman begins》(2005), 《슈퍼맨 리턴즈Superman returns》(2006)는 각각 배트맨과 슈퍼맨의 새로운 시작을 그린 리부트 영화다.

# 슈퍼히어로

2000년대에는 슈퍼히어로가 대거 돌아왔다. 그들은 항우울제를 삼키며 한 시대를 지나온 것처럼 보인다. 스파이더맨과 배트맨은 책임감과 죄책감에 짓눌려 사는 것 같다. 그들은 사기를 잃었지만, 초능력은 아직 간직하고 있다.

| 초능력 | 슈퍼히어로 |
|---|---|
| 초인적인 힘 | 슈퍼맨, 콜로서스(《엑스맨》의 등장인물), 헐크 |
| 비행 | 슈퍼맨 |
| 초감각 | 슈퍼맨, 데어데블, 스파이더맨 |
| 순간 이동 | 나이트 크롤러(《엑스맨》) |
| 재생 | 울버린(《엑스맨》) |
| 변신 | 헐크 |
| 집착 능력 | 스파이더맨 |
| 텔레파시 | 자비에 교수(《엑스맨》) |
| 불사신 | 닥터 맨해튼(《왓치맨》) |
| 몸이 늘어나는 능력 | 미스터 판타스틱(《판타스틱 포》) |
| 투명 능력 | 인비저블 우먼(《판타스틱 포》) |
| 초능력 없음 | 배트맨(하지만 여러 가지 도구와 조수가 있음) |

21세기 첫 10년 동안 나온 걸작 영화를 꼽으라면, 아무래도 취향에 따라 달라질 수밖에 없을 것이다. 그래도 많은 사람이 꼽은 각기 다른 장르의 걸작 영화 다섯 편을 소개해보겠다.

**매트릭스**

사이버펑크, 래리*와 앤디 워쇼스키 감독,

미국, 1999년작

우리가 사는 세상은 그림자놀이에 지나지 않을지도 모른다. 뭔가 떠오르는 것이 있지 않은가? 이제는 남매가 된 워쇼스키Wachowski 형제의 3부작 영화 《매트릭스Matrix》는 플라톤의 동굴론을 재해석할 뿐만 아니라 우리 사회에서 정보 통신이 어느 정도의 위치를 차지하는가, 인공지능의 한계는 어디까지인가 등의 문제를 제기한다. 이 시리즈는 또한 미국적인 상상의 세계를 뒤흔들어 놓기도 했다.

1999년에 나온 1편에서 젊은 해커 네오(키아누 리브스)는 비밀 조직과 접촉한 이후 세상이 인공두뇌를 가진 컴퓨터에 지배당하고 있으며, 사람들은 '매트릭스'라는 프로그램이 만든 가상현실 속에서 살아간다는 사실을 알게 된다.

* 래리 워쇼스키는 성전환 후 리나 워쇼스키로 개명했다.(편집자 주)

사이버펑크적인 주제, 음모 이론, 놀라운 카메라 효과를 내세운 《매트릭스》는 전 세계적인 성공을 거두며 강렬한 미학적 충격을 던져주었다. 이 영화는 정점인 동시에 전환점이었다.

2003년에 나온 후속편은 아찔한 추락 장면으로 시작한다. 여주인공인 트리니티(캐리 앤 모스)가 빌딩 꼭대기에서 허공으로 몸을 던지는데, 쌍둥이 빌딩이 무너졌을 때 미국이 겪은 트라우마를 연상케 하는 장면이다. 세상은 변했다. 지구 한복판에는 기계에 저항하는 인간들이 사는 도시인 시온이 존재한다. 1편에서는 형이상학적인 의문을 제기했지만, 2, 3편은 전쟁을 다룬 영화로 변한다. 로봇 부대가 시온을 공격하지만, 악의 축은 너무나 커져서 네오를 비롯한 누구도 그들을 막을 수 없다.

## 브로크백 마운틴

아메리칸 웨스턴, 이안 감독,

미국, 2006년작

《브로크백 마운틴Brokeback Mountain》은 미국 서부를 배경으로 한 여느 웨스턴 영화와는 달리 보수파들이 질색하는 영화다. 잭(제이크 질런홀)과 에니스(히스 레저)는 브로크백 마운틴의 양떼 방목장에서 여름 한 철 양치기로 고용돼 함께 일한다. 처음에는 동료애로 시작하지만, 그들은 점차 서로에게 사랑을 느낀다. 어느 날 밤, 텐트 안에 있던 에니스는 바깥에서 추위에 떠는 잭을 불러들이고 두 사람은 사랑을 나눈다. 방목 철이 끝나고 도시로 가면서 두 사람은 "곧 보자See you around."라는 말과 함께 헤어지고 각자 결혼해서 아이도 낳는다. 그리고 4년 후 다시 만난 그들은 서로 얼마나 그리워했는지를 한눈에 깨닫는다. 두 사람은 1년에 한 번씩 함께 브로크백 마운틴에 낚시를 가기로 한다.

애니 프루Annie Proulx의 단편소설을 각색한 이 영화에서 이안(李安, Lee Ang) 감독은 묵직한 톤으로 감상이 넘치는 드라마를 그려낸다. 그저 매년 여름휴가마다 벌이는 불장난으로 보일 수도 있지만, 두 사람의 감정은 훨씬 더 깊다. 동성애를 혐오하는 사회적 분위기 때문에 에니스는 자신의 감정을 한사코 인정하지 않으려 하고, 그런 모습이 두 사람의 사랑을 더욱 애틋하게 한다. 영화가 개봉되자 미국의 진보주의자들은 그 속에 담긴 메시지에 갈채를 보냈다. 이 영화가 대중적인 성공을 거둔 것은 사람들의 사고방식이 많이 진화했다는 것을 보여준다. 하지만 이야기의 배경이 된 미국 북부의 와이오밍 주는 동성 결혼을 공식적으로 금지하는 지역 중 하나다.

## 영웅 판타지

"골룸, 골룸!" 절대 반지를 차지한 골룸은 "내 거야, 내 보물, 내 소중한 것!"이라고 외친다. 소설 『반지의 제왕*The Lord of the rings*』은 상상의 세계에서 영웅들이 펼치는 여러 가지 모험을 그린 '영웅 판타지Heroic fantasy'의 보물 같은 작품이며, 2001년 피터 잭슨Peter Jackson 감독의 영화로 재탄생했다. 3부작 아홉 시간의 대작은 판타지 영화의 최고봉이며, 호빗족 빌보, 엘프족, 오크족 등을 탄생시킨 원작자 J. R. R. 톨킨(John Ronald Reuel Tolkien, 1892~1973)의 수백만 팬을 열광시켰다.

영화는 운명의 산을 향해 가는 호빗족 프로도(일라이자 우드)의 고생스러운 여정을 그린다. 이 영화의 특별한 미학은 갑옷이 나오는 전통적인 서양 진쟁담과 숨 막히는 특수 효과의 절묘한 결합에서 나온다.

최근에는 『왕좌의 게임*Game of Thrones*』이 이 분야의 역사를 다시 쓰고 있다. 조지 R. R. 마틴George R. R. Martin이 쓴 소설은 어둡고 사실적인 방식으로 철의 왕좌를 차지하려는 여러 유력 가문의 싸움을 그린다. 이 대하 판타지 소설은 텔레비전 시리즈와 비디오게임으로 만들어지기도 했다.

## 피아니스트

역사, 로만 폴란스키 감독,

프랑스·영국·독일·폴란드, 2002년작

1939년 9월, 유대계 피아니스트 블라디슬로프 스필만(에이드리언 브로디)이 폴란드의 라디오 프로그램에서 피아노를 연주하던 도중 방송국이 폭격을 당한다. 폴란드에 침공한 독일군은 주인공과 가족, 친척들의 일상을 하루아침에 지옥으로 바꾸어 놓는다.

스필만은 나치가 유대인에게 가하는 모욕과 즉결 처형을 무기력하게 바라본다. 그는 가족과 함께 바르샤바 게토에 수용되었다가 죽음의 기차에 오르던 도중에 우연히 탈출한다. 그리고 사람들의 도움을 받아가며 은신처에서 끈질기게 목숨을 이어나간다. 스필만을 현실과 연결해 주는 쇼팽의 야상곡은 심금을 울린다. 물 흐르듯 유려하고 가벼운 연주는 전쟁과 저항에 서투른 피아니스트가 인간성의 한 조각을 유지하고자 하는 절실한 몸부림이다.

《피아니스트The Pianist》를 찍은 로만 폴란스키Roman Polanski 감독은 어린 시절 폴란드의 크라쿠프 게토에서 지내며 어머니를 아우슈비츠 수용소의 가스실에서 잃은 경험이 있다. 감독은 지나친 비애감, 감상, 할리우드식 영웅주의를 지우고, 무거운 주제와 비극적인 순간을 훌륭하게 재구성한 배우에게서 감정적인 거리를 시종일관 유지한다.

## 노인을 위한 나라는 없다

스릴러, 조엘과 에단 코엔 형제 감독,

미국, 2008년작

무기가 없는 냉혹한 연쇄살인마, 이유를 모른 채 계속 도망 다니는 인물들, 무척 단순하지만 당황스러운 대사들. 《노인을 위한 나라는 없다 No Country for Old Men》는 21세기의 첫 10년 동안 가장 뛰어나고, 가장 혼란스러운 스릴러 영화다. 이 영화에는 암울한 분위기, 놀랄 만큼 잘 표현된 긴박감과 영상미가 담겨 있다.

원작은 코맥 매카시(Cormac McCarthy, 1933~)의 소설이다. 텍사스 주와 멕시코의 경계에서 베트남 참전 용사 르웰린 모스(조쉬 브롤린)는 우연히 마피아가 관련된 듯한 참혹한 학살 현장에 맞닥뜨린다. 그리고 돈다발이 가득 찬 트렁크 하나를 발견하고, 위치 추적 장치가 붙어 있는데도 까맣게 모른 채 가져간다. 가방을 찾으려는 안톤 시거(하비에르 바르뎀)라는 살인마가 그를 뒤쫓으며 가는 곳마다 산소통을 이용해서 사람을 죽인다. "뻑", "뻑"하는 소리가 마치 도살장에서 동물을 죽일 때 나는 소리 같다.

피살자들, 도망치는 참전 용사, 연쇄살인마 사이에 은퇴를 앞둔 보안관 에드 톰 벨(토미 리 존스)이 끼어들어 사건을 조사해나간다. 모든 등장인물이 사냥꾼인 동시에 흔적을 남기지 않으려는 사냥감이다. 코엔 Coen 형제는 아이러니의 보물 창고를 만들었다.

## 아바타

판타지, 제임스 카메론 감독,

미국, 2009년작

생태주의적인 이야기를 하고자 첨단 기술을 아낌없이 쏟아부었다. 2154년, 지구는 몇 광년 떨어진 판도라 행성에서 자원을 채굴해서 고갈된 에너지 자원을 대체할 계획을 세운다. 판도라 행성에는 원시림이 있고, 그곳에는 아메리카 원주민과 흡사한 나비족이 산다. 인류는 푸른빛 피부를 지닌 나비족의 외형에 인류의 DNA를 주입해서 조종할 수 있는 생명체 '아바타'를 만들기로 하고, 하반신이 마비된 전직 해병대원인 제이크 설리(샘 워싱턴)를 이 프로그램에 참여시킨다.

제이크는 자신의 아바타를 통해 숲 속을 자유롭게 걸어 다닐 수 있게 되고, 임무 수행 중인 자신의 목숨을 구해준 네이티리(조 샐다나)라는 나비족 여전사와 사랑에 빠진다. 그는 무지개 색깔의 새들, 형광을 띠는 이끼 등 독특하고 아름다운 자연에 점차 매료되고, 결국 나비족의 편에 서서 판도라를 위해 싸운다.

제임스 카메론James Cameron 감독은 영화 《아바타Avatar》의 80퍼센트를 삼차원3D 영상으로 만드는 기술적 쾌거를 이루며, 전작 《타이타닉Titanic》(21억 달러)을 뛰어넘는 27억 달러의 전 세계 흥행 수익을 올린다.

### 파운드 푸티지

영화에서 이야기를 풀어나가는 새로운 방식으로 1999년 영화 《블레어 위치The Blair Witch project》로 대중화되었다. '발견된 영상'이라는 뜻의 '파운드 푸티지found footage'는 수수께끼같이 실종된 한 인물이 갖고 있었던 카메라에서 나온 듯한 영상이라는 설정의 실험 영화를 의미한다. 영화에 나오는 이색적인 사건이 실제라고 주장하는 일종의 '가짜 다큐멘터리fake documentary'다. 저예산, 주관적인 카메라 시점, 유동 카메라, 거친 효과 등은 《알.이.씨REC》(2007), 《파라노말 액티비티Paranormal Activity》(2007), 《클로버필드Cloverfield》(2008) 같은 영화에서도 볼 수 있다.

## 3. 비디오게임

전 세계 사람들이 가장 많이 내려받은 게임인 앵그리버드Angry Birds부터 시작해야 할까? 앵그리버드는 초록색 돼지들에게 새를 쏘아서 알을 모으는 무척이나 단순한 게임이다. 아니면 심즈Sims는 어떤가? 어떤 동네에 가족을 살게 해서 관찰하고, '시몰리온'이라는 게임 속 화폐를 줘서 그들의 삶에 직접 끼어드는 '인생 시뮬레이션 게임' 말이다.

가정용 게임기(콘솔)가 어디까지 진화했는지를 이야기하는 것이 좋을까? 이제 게임기로 텔레비전이나 노트북 컴퓨터에서처럼 인터넷 서핑이나 영화 감상도 할 수 있고, 멀티 로그인도 할 수 있다.

게임의 세계에 입문하려면 꼭 알아야 할 게임이 무엇이냐고 주위의 '게임 도사'들에게 물었더니 잠시 머뭇거리기는 했지만, 무척 즐거워하며 신중하게 게임 다섯 개를 골라주었다.

## 피파

"이건 테스트." 피파FIFA친구들 사이에서 게임을 할 줄 아는지 모르는지 알아보는 기준이 되는 게임이다. 사실적인 경기장 위에서 국제축구연맹에 등록된 모든 팀과 선수를 골라서 경기할 수 있다.

## 위

"스포츠긴 한데 그게 다는 아니다." 위wii는 게임기에 사람의 동작을 인식시켜 복싱, 테니스, 댄스, 비행 시뮬레이션, 아케이드 게임 등을 직접 즐길 수 있다.

## 와우

"불, 얼음, 아니면 암흑?" '워크래프트의 세계WOW, World of Warcraft'에서는 선택해야 한다. 종족, 외모, 사회적 지위, 직업, 능력치 등을 선택하여 여러 가지 임무를 수행하거나 원형경기장에서 상대와 전투한다. 하지만 적을 효과적으로 물리치려면 온라인으로 게임을 하는 다른 이용자들과 함께 길드를 만드는 것이 좋다. 그래서 와우 같은 게임을 '대규모 다중 사용자 온라인 롤플레잉 게임MMORPG, massively multiplayer online role-playing game'이라고 한다.

### 지티에이

"소심한 사람들에게는 지티에이GTA, Grand Theft Auto." 게임을 하는 플레이어는 마피아에 고용된 건달이며 두목이 되는 방법을 찾는다. 게임 내 가상공간에서 플레이어가 어디든 자유롭게 가고 마음대로 할 수 있는 '샌드박스sand box' 방식의 게임이다.

### 콜 오브 듀티

"전쟁과 똑같은 게임." 콜 오브 듀티Call of Duty의 가상공간 속에서 플레이어는 손에 총을 쥐고 정신없이 앞으로 나간다. 주관적 시점의 '1인칭 슈팅 게임FPS, first-person shooter'으로 온라인에서 전 세계 플레이어들과 대결을 벌이며 순위를 매길 수도 있다.

## 기타

버스 정류장에서 옆 사람들과 문학과 영화 이야기를 실컷 했는데도 버스가 아직 도착하지 않았다. 걱정할 것 없다. 오늘날 가장 화제가 되는 인물, 건축물 등을 언급하며 이야기를 계속 이어나가 보자.

### 1. 인물

벌써 21세기를 대표하는 세계적인 인물들이 꼽히고 있다. 2008년 사상 최초의 아프리카계 미국인 대통령으로 선출된 버락 오바마Barack Obama의 이름을 모르는 사람은 거의 없을 것이다. 포르투갈 축구 선수 크리스티아누 호날두Cristiano Ronaldo, 기상천외한 옷차림으로 유명한 미국

가수 레이디 가가Lady GaGa도 그렇다. 유럽인이라면 2005년부터 독일을 이끌고 있는 앙겔라 메르켈Angela Merkel 총리의 이름 정도는 다들 알 것이다. 2007~2012년 프랑스 대통령을 역임한 니콜라 사르코지Nicolas Sarkozy, 영국의 빅토리아(걸그룹 '스파이스 걸스(Spice girls)'의 전 멤버)와 축구 선수 데이비드 베컴Victoria and David Beckham 부부 역시 무척 유명하다.

이렇게 전 세계적인 유명인은 아니지만, 모든 사람이 한 번씩은 이름을 들어본 인물도 있다. '누군지 이야기는 언뜻 듣긴 했는데 즉각 떠오르지 않는 인물' 중 몇몇을 알아보자.

어나니머스

그들은 누구이고 어디에 있는가? 몇 명인가? 정확히 아는 사람은 없다. 그들의 이름이 의미하듯, 어나니머스Anonymous는 자신들이 효율적으로 활동하면서 목표를 이루고자 익명으로 남기를 원한다. 이들은 전 세계 여러 곳에서 활동하는 해커 그룹이며, 인터넷을 검열하는 국가나 자신의 이익을 위해 정보를 통제하는 기업을 적으로 간주하고 해킹하거나 홈페이지를 초토화한다. 사이언톨로지Scientology 교회와 싸우기도 했다. 어나니머스의 이름을 내걸고 실제 시위에 나설 때는 영화 《브이 포 벤데타》에 나온 수염 난 가이 포크스 가면을 쓴다. 가이 포크스Guy Fawkes는 17세기 초 영국에서 왕실과 의회를 폭파하려는 '화약 음모 사건'을 주동했던 무정부주의자다.

## 모하메드 부아지지

1984년에 태어나서 2011년 1월 4일에 사망

모하메드Mohamed Bouazizi는 짧은 생애의 대부분을 수천 명의 다른 튀니지 청년들과 똑같이 살았다. 고등학교를 마친 후 가족의 생계를 책임지기 위해 길거리에서 과일과 채소를 팔면서 하루하루를 살았다. 독재의 여파는 길거리 상인들의 일상에도 영향을 미쳐, 부패한 경찰과 공무원들에 돈을 뜯기고 괴롭힘을 당했다. 부아지지는 견디다 못해 자신의 사정을 알리고자 극단적인 방법을 택하기로 한다. 2010년 12월 그는 분신자살을 시도한다. 부아지지의 분신은 고향 동네 시디 부지드Sidi Bouzid에 반정부 시위의 불씨를 당겼고, 시위는 곧 전국으로 번져나간다. 잇따른 시위로 독재자 벤 알리Ben Ali 대통령은 2011년 1월 14일 물러난다. '재스민 혁명Jasmine Revolution'이라고도 불리는 아랍 민주화 운동의 시작이었다.

## 레리 페이지와 세르게이 브린

각각 1972년생, 1973년생으로 미국인

브린은 어렸을 때 구소련에서 미국에 이민

컴퓨터 사용자에게 정보 혁명을 일으킨 가장 유명한 기업가를 꼽으라고 하면 애플의 창업자 스티브 잡스(Steve Jobs, 1955~2011)와 페이스북을 만든 마크 저커버그(Mark Zuckerberg, 1984~ ), 두 사람을 떠올릴 것이다. 하지만 그런 말을 하는 사람도 맥 컴퓨터나 페이스북 계정이 없을 수 있다.

그러나 레리 페이지Larry Page와 세르게이 브린Sergey Brin이 개발하고 발전시킨 시스템을 이용하지 않는 사람은 거의 없다. 1998년 스탠퍼드 대학원에 재학 중이던 두 사람은 '구글Google'이라는 회사를 차리고 세계에서 가장 많이 이용되는 검색엔진을 만들었다. 레리 페이지가 만든 '페이지랭크pagerank'라는 알고리즘이 바탕이 되었는데, 이는 웹페이지의 인기도에 따라 상대적 중요성을 부여하는 방법이다. 페이지와 브린은 2000년대 초 세계에서 가장 돈이 많은 사람의 순위에 이름을 올린다.

## 안나 폴리트콥스카야

러시아인, 1958년 뉴욕에서 태어나서

2006년 모스크바에서 암살당함

안나 폴리트콥스카야Anna Politkovskaïa는 러시아의 기자이자 인권운동가다. 푸틴 정권의 부패와 마피아식 폭력, 러시아가 체첸에 가한 범죄를 취재하고 알리다가 모스크바에 있는 자신의 아파트 계단에서 총을 맞고 암살당했다. 그녀는 러시아에서 진실을 알리는 싸움의 대가가 얼마나 참담한지를 보여주며 언론 자유의 순교자가 되었고, 푸틴 정권에 대항한 반정부 운동의 상징이 되었다. 푸틴 정부는 겉으로는 민주주의를 표방하면서 실제로는 독재를 펼치는 '민주 독재' 정권으로 불리기도 한다.

## 라탄 타타

1937년 인도의 뭄바이에서 출생

가족 소유의 거대 기업 '타타Tata'의 회장인 라탄 타타Ratan Tata는 인도에서 가장 존경받는 기업인이다. 타타그룹은 자동차와 철강, 화학, 에너지 같은 중공업은 물론 차(茶) 회사까지 보유하고 있다. 라탄 타타는 2008년 '세계에서 가장 저렴한 자동차'인 타타나노를 내놓아 전 세계적인 명성을 얻기도 했다. 그외 인도의 기업인 중에 유명한 사람으로 미탈철강그룹을 이끄는 락슈미 미탈Lakshmi Mittal을 꼽을 수 있다.

## 로베르토 사비아노

1979년 출생, 이탈리아인

지금은 그의 이름을 잊은 사람이 많을 것이다. 사비아노Roberto Saviano는 2006년 출간한 『고모라*Gomorra*』라는 책으로 유럽에서는 물론 전 세계적으로 유명해졌다. 이 책은 나폴리를 근거지로 삼은 마피아 조직 '카모라'의 범죄를 낱낱이 파헤친 장편 르포 소설이다. 카모라가 마약, 유독 폐기물, 무기 등 여러 가지 다양한 물품을 어떻게 밀매하는지, 더러운 돈으로 전 세계를 어떻게 오염했는지를 생생히 고발한다. 작가로서는 드물게 책에 이러한 범죄와 연관된 범죄자의 이름을 대부분 실명으로 썼다. 그래서 사비아노는 살해 위협에 시달리고 경찰의 보호를 받으며 도망자의 삶을 살아야 했고, 21세기의 살만 루슈디Salman Rushdie라고 평가받기도 했다. 유명 작가 움베르토 에코Umberto Eco를 비롯한 많은 이탈리아인이 사비아노를 국가적 영웅이라고 치켜세웠다. 사비아노는 탐욕스러운 마피아 조직 '시스템'과의 싸움을 끈질기고 용감하게 계속해나가고 있다.

**노벨 평화상 수상자**

노벨상이 제정된 첫해인 1901년부터 수여되기 시작한 노벨 평화상은 평화 증진, 군축 등에 이바지한 인물이 받는다. 21세기 초부터 현재까지 수상자는 다음과 같다.

2000년 **김대중**
대한민국 대통령
인권 증진과 남북한 화해에 공헌함.

2001년 **코피 아난**
Kofi Annan, 유엔 사무총장
유엔 수장으로서 세계 평화에 공헌함.

2002년 **지미 카터**
Jimmy Carter, 전직 미국 대통령
전 세계 민주주의 증진에 공헌함.

2003년 **시린 에바디**
Shirin Ebadi, 이란 최초의 여성 판사(1974년)
여성과 아동의 인권 증진을 위해 노력함.

2004년 **왕가리 무타 마타이**
Wangari Muta Maathai, 케냐의 환경 운동가
'그린벨트 운동'을 시작함.

2005년 **무함마드 엘바라데이와 국제원자력기구**
IAEA, International Atomic Energy Agency
Mohamed El Baradei, IAEA 사무총장
핵 확산을 저지하려고 노력함.

2006년 **무함마드 유누스와 그라민 은행**
Grameen Bank Muhammad Yunus,
방글라데시의 경제학자
서민을 위한 무담보 소액 대출 운동을 전개함.

| | |
|---|---|
| 2007년 **앨 고어와 기후변화에 관한 정부간협의체**<br>IPCC, Intergovernmental Panel on Climate Change<br>Al Gore, 전직 미국 부통령 | 기후변화의 폐해에 대한 정보를 널리 알림. |
| 2008년 **마르티 아티사리**<br>Martti Ahtisaari, 전직 핀란드 대통령 | 국제 분쟁을 해결하고자 노력함. |
| 2009년 **버락 오바마**<br>미국 대통령 | 민족 간 평화를 증진하고자 노력함. |
| 2010년 **류샤오보**<br>Liu Xiaobo, 劉曉波, 중국 작가 | 중국의 인권 운동을 이끈 공로를 인정받음. |
| 2011년 **엘런 존슨 설리프**<br>Ellen Johnson Sirleaf, 라이베리아 대통령<br>**리마 보위**<br>Leymah Gbowee, 라이베리아 평화 운동가<br>**타우와쿨 카르만**<br>Tawakkul Karmān, 예멘 인권 운동가 | 아프리카의 평화와 인권을 증진하고자 노력함. |
| 2012년 **유럽연합** | 평화 증진에 이바지한 공로를 인정받음. |
| 2013년 **화학무기금지기구**<br>OPCW, Organization for the Prohibition of Chemical Weapons | 화학무기 확산을 저지한 공로를 인정받음. |
| 2014년 **말랄라 유사프자이**<br>Malala Yousafzai, 파키스탄 인권 운동가 | 모든 어린이의 교육권을 위해 투쟁한 공로를 인정받음. |

## 2. 건축물

역사가 헤로도토스를 비롯한 고대 그리스인은 알렉산드리아 등대, 로도스 섬의 거상, 마우솔로스의 영묘, 아르테미스 신전, 바빌론의 공중정원, 올림피아의 제우스상, 쿠푸 왕의 피라미드를 일곱 개의 경이로운 건축물(7대 불가사의)로 꼽았다. 그중에 유일하게 쿠푸 왕의 피라미드만 오늘날까지 남아 있다. 이제 소개하는 다섯 개의 건축물이 '불가사의'의 명맥을 이을 수 있을까?

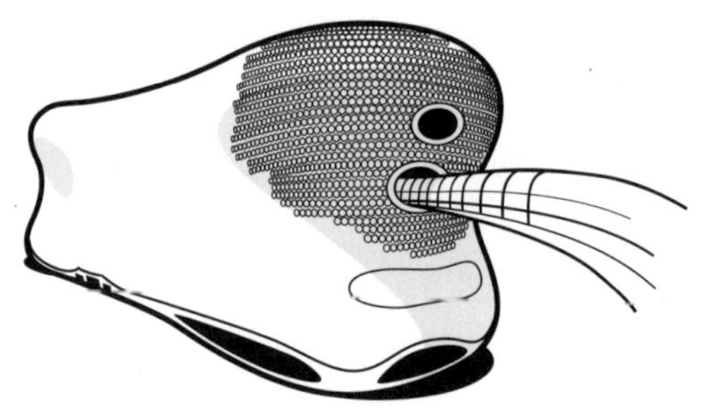

### 셀프리지 빌딩

영국 버밍엄, 1999~2003년

'블로비텍처blobitecture'의 걸작이다. 21세기의 새로운 건축 조류인 블로비텍처는 뾰족한 모서리와 엄밀한 기하학을 싫어하고 둥근 모양, 구슬, 날개, 곤충의 눈 같은 모양을 선호한다. 2003년 완공된 셀프리지 빌딩Selfridges Building은 영국 버밍엄 중심가에 있으며, 건축회사 '퓨처 시스템즈Future Systems'에서 설계했다. 짙푸른 색의 콘크리트 건물로 양극 처리를 한 알루미늄 원판 1만 5,000개를 붙여서 마치 거대한 파충류 같은 인상을 준다. 하얀 플라스틱으로 둘러싸인 유선형 에스컬레이터가 있는 내부 역시 무척 매혹적이다. 백화점으로 사용되고 있다.

## 중국중앙방송국 본사 빌딩

중국 베이징, 2004~2009년

거대한 에이A, 아니면 거대한 엠M일까? 베이징 사람들이 농담 삼아 부르듯 '큰 바지'라고 봐야 할까? 중국중앙방송국CCTV, China Central Television의 새로운 사옥은 타워 두 개가 꼭대기에서 맞붙은 형태이며, 모든 면이 비대칭적이어서 어느 각도에서 봐도 모양이 다르다. 네덜란드의 건축 거장 렘 콜하스Rem Koolhaas가 디자인에 참여했다. 시공하면서 수많은 기술적 난관에 부딪혔으며, 주요 부분 두 개를 연결할 때 특히 어려웠다. 접합하려면 재료가 덜 팽창해야 했으므로 외부 기온이 내려갈 때까지 기다려야 하기도 했다. 현재 이 건물은 베이징 동쪽 상업지구에 있으며, 연결된 두 개의 타워에는 방송 제작 시설과 사무실은 물론 다양한 문화 공간이 있다.

## 팜주메이라

페르시아 만, 2001~2007년

팜아일랜드Palm Island는 아랍에미리트 두바이에서 시작한 대규모 인공섬 개발 계획으로 만들어졌다. 그 일부인 팜주메이라Palm Jumeirah는 세계를 강타한 경제 위기 직전인 2007년 12월에 첫 입주민을 맞았다. 여전히 공사가 진행 중인 곳도 있는데 제대로 마무리할 수 있을까? 팜주메이라의 부유한 입주민들은 가까이에 있는 세계에서 가장 높은 건물인 부르즈 칼리파Burj Khalifa로 이사하는 것이 나을지도 모른다. 야자수 모양으로 지어진 팜아일랜드는 여러 가지 단점이 있다. 방파제 때문에 막힌 물이 고여서 습지대가 생길 수도 있다. 또한, 계획도를 보고 구매한 집주인들은 애초 예상보다 좁은 공간을 분양받았는데 개발 업체에서 정원의 크기를 줄여서 수지를 맞추려고 했기 때문이다. 여기서 끝이 아니다. 지질학자들은 팜아일랜드가 1년에 5밀리미터씩 가라앉을 것이라고 예상한다.

## 싼샤 댐

중국 후베이 성, 1994~2009년

그리스인이 신에 도전한 인간인 프로메테우스 신화를 만들었다면, 중국인은 중국 한복판인 후베이 성에 거대한 싼샤(三峽) 댐을 만들었다. 싼샤 댐의 건설은 모든 개념과 상식에 대한 도전이었다. 우선 양쯔 강의 흐름을 바꾸어야 했고, 200만 명에 가까운 주민이 이주해야 했다. 길이 2.3킬로미터가 조금 넘고 400억 세제곱미터의 저수량을 유지하는 댐을 지으려고 수개월 동안 콘크리트를 붓는 작업을 해야 했다. 댐에 물을 가두는 작업은 2006~2009년에 단계적으로 이루어졌다. 현재 싼샤 댐은 스물여섯 개의 터빈으로 전기를 생산하는 세계 최대의 수력발전소다. 그리고 아마 세계 최대의 환경 재앙 근원지일 것이다.

## 미요 대교

프랑스 미요, 2001~2004년

프랑스인은 다리 건축에 일가견이 있다. 프랑스 전역에 26만 6,000개쯤의 다리가 있다. 그중 레 섬Île de Ré의 연륙교, 노르망디교, 그리고 21세기에 지은 미요 대교Millau Viaduct가 규모로 무척 유명하다. 2004년 12월에 완공된 고가 다리인 미요 대교는 클레르몽페랑Clermont-Ferrand과 베지에Béziers를 잇고, 더 넓게는 파리와 지중해 연안 지방을 연결한다. 프랑스의 교량 전문 건축가 미셸 비를로죄Michel Virlogeux와 영국 건축가 노먼 포스터Norman Foster가 설계했다. 타른Tarn 강을 가로지르는 미요 대교는 일곱 개의 철탑과 매우 얇은 금속 상판으로 이루어져 있으며, 길이 2,460미터로 살짝 휘어져 있고 평균 높이가 270미터다. 원래 미요 시내의 차량 정체를 해소하고자 다리 건축을 계획했다. 하지만 운전자들은 여전히 멈춰 선다. 사용자가 많아서가 아니라 세계에서 가장 높은 다리가 만들어내는 멋진 풍경을 감상하려고 말이다.

## 잔 칼망 테스트

1875년 아를에서 태어난 프랑스 여성 잔 칼망Jeanne Calment은 122세의 나이로 1997년 사망해 세계 최장수 기록을 세웠다. 역사상 가장 오래 산 사람으로서 그녀는 많은 것을 보았다. 칼망 할머니가 사망한 후 새로운 것들이 얼마나 많이 나왔을까?

## 칼망이 본 것

| | |
|---|---|
| 전화기 | A. G. 벨, 1876년 |
| 백열전구 | T. 에디슨, 1879년 |
| 튀니지 보호 통치 | 바르도 협약, 1881년 |
| 코카콜라 | J. 팸버튼(Pemberton), 1886년 |
| 에펠탑 | G. 에펠, 1889년 |
| 엑스(X)선 | W. 뢴트겐, 1895년 |
| 영화 | 뤼미에르 형제, 1895년 |
| 아스피린 | F. 바이어(Bayer), 1899년 |
| 『잃어버린 시간을 찾아서』 | M. 프루스트, 1913~1927년 |
| 티셔츠 | 1911년, 뉴욕에서 제일 처음 입기 시작 |
| 상대성이론 | A. 아인슈타인, 1916년 |
| 즉석 사진 촬영소 | 1936년 |
| 유럽 통합을 알리는 쉬망 선언 | 1950년 5월 9일 |
| 포켓판 책 | 프랑스에서는 1953년 |
| 디스켓 | 아이비엠(IBM), 1967년 |
| 마이크로컴퓨터 | 프랑스 미크랄(Micral), 1973년 |
| 콤팩트디스크 | 1978년 |
| 포스트잇 | 1981년 |
| 지피에스(GPS) | 1995년 |
| 복제 양 돌리 | 1996년 |

## 칼망이 보지 못한 것

| | |
|---|---|
| 스마트폰 | 2007년 |
| 태블릿 컴퓨터 | 2010년 |
| 아랍 혁명 | 2010년~2012년 |
| 타우린 없는 레드불 | 2008년 |
| 쌍둥이 빌딩 테러 | 2001년 9월 11일 |
| 공항 알몸 투시 전신 스캐너 | 2010년 |
| 삼차원 입체(3D) 영화《아바타》 | J. 캐머런, 2009년 |
| 비아그라 | 1998년 |
| 위키피디아 | 2001년 |
| 크록스 샌들 | 2003년 |
| 『소립자』 | M. 우엘벡, 1998년 |
| 페이스북 | 2004년 |
| 유로화 | 2002년 |
| 전자책 리더 킨들(kindle) | 2008년 |
| 클라우드 컴퓨팅 | 2000년 |
| 유에스비(USB) | 2001년 |
| 엠피스리(MP3) | 1998년 |
| 트위터 | 2006년 |
| 구글 | 1998년 |
| 레이디 가가, 〈더 페임(The Fame)〉 | 2008년 |

# 2.
# 언어

인류가 사용해온 매개 언어는 매우 다양하다. 유럽인들은 중세에서 르네상스 시대까지 라틴어로 의사소통했으며, 고전 아랍어는 모로코에서 이란까지 아랍 세계의 공용어다. 이처럼 기존 언어를 매개 언어로 사용하기도 했지만, 서로 다른 언어를 쓰는 사람들이 자주 접촉하면서 각자의 언어를 꿰맞춰서 새로운 언어를 만들기도 했다.

# 인류는 어떻게 의사소통을 해왔나

언어학자들은 '글로비시globish*'같은 언어를 매개 언어라고 부른다. 한 지역의 토착민이나 같은 민족끼리 사용하는 고유 언어와는 달리, 매개 언어는 각기 다른 지역이나 민족 집단에 속하는 사람들이 서로 의사소통할 수 있게 해준다.

인류가 사용해온 매개 언어는 매우 다양하다. 유럽인들은 중세에서 르네상스 시대까지 라틴어로 의사소통했으며, 고전 아랍어는 모로코에서 이란까지 아랍 세계의 공용어다. 이처럼 기존 언어를 매개 언어로 사용하기도 했지만, 서로 다른 언어를 쓰는 사람들이 자주 접촉하면서 각자의 언어를 꿰맞춰서 새로운 언어를 만들기도 했다. 아프리카 동부에서 사용하는 스와힐리어는 반투어와 아라비아어, 페르시아어가 혼합된 언어다. 지중해의 항구를 오가던 다양한 국적의 선원, 노예, 상인들은 프랑스어, 이탈리아어, 스페인어, 터키어, 아랍어가 섞인 '사비르어'라는 공통어*lingua franca*로 의사소통했다. 사비르어는 19세기까지 통용되었다.

오늘날 매개 언어로 영어를 꼽는 사람이 단연 많다. 그러나 실제로 전 세계에서 통용되는 매개 언어는 새로운 기술에서 유래된 단어가 혼합되고 문법이 훨씬 단순해진 '글로비시'다. 몇 가지 예를 들어보겠다.

# 인터넷 용어

영어로 '버즈buzz'는 '윙윙거리는 소리'를 의미하고, '트윗tweet'은 '새가 짹짹거리는 소리'를 의미한다. 우리는 신기술과 관련한 용어가 원어로는 어떤 의미인지 잘 알지 못한 채 사용하곤 한다. '거미줄'이라는 뜻의 웹web을 프랑스에서는 같은 뜻의 '투알toile'이라는 말로 번역해서 쓴다.** '챗chat'은 '수다 떨다'는 뜻인 '채터chatter'라는 동사에서 왔다. 그런데 다른 인터넷 용어들도 이처럼 단순할까?

## 1. 버그

버그bug는 벌레를 뜻한다. 컴퓨터를 고장 내는 벌레인 셈이다. 사용자의 실수나 프로그램 디자인이 잘못된 경우 바이러스가 컴퓨터 고장을 일으킬 수 있다. 버그를 찾아내 수정하는 것을 '디버깅debugging'이라고 부른다. 이 표현은 실제로 하버드 대학교의 컴퓨터 속에 들어가서 작동을 멈추게 한 나방 한 마리를 끄집어낸 데서 유래했다.

## 2. 긱

컴퓨터 괴짜computer geek를 뜻한다. 예전에는 북유럽에서 '게크Gek', '지크Gicque' 혹은 '질Gille'이라는 단어로 사용되면서 카니발에서 살아있는 닭

---

* 다국적기업인 IBM의 직원이었던 프랑스인 장 폴 네리에르가 고안한 것으로, 의사소통을 위한 쉽고 간결한 영어를 의미한다. 글로벌(global)과 영어(English)의 합성어다.(편집자주)

** 한국에서는 그물이라는 뜻의 '망(網)'으로 쓰기도 한다.

이나 벌레 등을 물어뜯으며 공연하는 사람을 가리켰다. 벨기에와 프랑스에서는 축제에서 아직도 '지크의 원무rondes de Gicques'를 추기도 한다.

## 3. 고드윈의 법칙

1990년대 인터넷이 막 시작되던 시기에 미국의 변호사 마이크 고드윈Mike Godwin이 이렇게 주장했다. "온라인 토론이 길어질수록 상대방을 나치나 히틀러에 비교할 확률이 100퍼센트에 가까워진다." 예전에는 이런 생각을 '레둑티오 아드 히틀러룸(reductio ad hitlerum, 모든 것이 히틀러로 환원됨)'이라고 불렀다. 요즘은 인터넷상에서 짧게 논쟁할 때 누군가 히틀러의 이름을 거론하면 '고드윈 포인트'를 얻었다고 말하기도 한다.

## 4. 해커

해커hacker는 원래 컴퓨터 프로그래밍에 열중하는 개발자를 의미하는 좋은 뜻이었지만, 요즘은 타인의 컴퓨터 보안 시스템에 불법으로 접속해 컴퓨터를 고장 내거나 정보를 빼내는 사람을 가리킨다. 그러한 행위를 악의적으로 하는 사람을 '크래커cracker'라고 하기도 한다.

## 5. 해시태그

해시hash는 키보드 자판의 '우물 정자(#)'를, 태그tag는 '꼬리표' 혹은 '키워드'를 가리킨다. 해시태그는 소셜 네트워크 서비스인 트위터에서 '특정 단어'를 넣으면 연관된 글, 사진 등을 모아서 볼 수 있는 기능을 말한다. 원래는 검색을 편리하게 하고자 도입된 기능이지만, 특정 주제에 대한 지지와 관심을 드러내는 수단으로 활용되기도 한다.

# 약어

약어는 유행처럼 바뀐다. 요즘 많이 입에 오르내리는 것이 무엇인지, 어떤 방식으로 이야기하는지 알려준다. 약어 한 글자, 한 글자가 무엇을 뜻하는지 제대로 알지 못하면 뜻을 짐작조차 할 수 없다. 요즘 가장 유행하는 영어 약어 몇 개를 소개하겠다.

OMG *Oh My God, Oh My Gosh* 이런 세상에!

WTF *What the fuck* 젠장, 이건 무슨 헛소리냐?

IMHO *In My Humble Opinion* 제 소견으로는

PRW *Parents Are Watching* 부모님이 보고 계셔.

GG *Good Game* 좋은 게임이었다.

BFF *Best Friends Forever* 언제까지나 최고의 친구

LMFAO *Laughing My Fucking Ass Off* 배꼽 빠지게 웃었어.

IRL *In Real Life* 실생활에서는

ASL *Age Sex Location* 나이, 성별, 사는 곳

RIP *Rest In Peace* 편히 잠들길

TL; DR *Too Long Didn't Read* 너무 길어서 못 읽겠어.

## 6. 인터넷 밈

인터넷을 통해 사람들 사이에 끝없이 전파되는 이미지, 정보, 영상 등을 말한다. 오르간을 치는 새끼 고양이, 시위대에 물대포를 쏘는 경찰, 영화배우 척 노리스의 무술 자세 등을 예로 들 수 있다. '밈meme'이란 용어는 리처드 도킨스가 1976년 그의 저서 『이기적 유전자*The Selfish Gene*』에서 문화 정보의 확산을 설명하려고 도입했으며, '모방'을 뜻하는 그리스어의 '미메메mimeme'에서 따왔다.*

## 7. 스팸

원래 스팸spam은 다진 고기로 만든 통조림 상표인데, 오늘날에는 주로 광고 목적으로 다수의 사용자에게 발송되는 메일이나 휴대전화, 메시지 등을 가리킨다. 메일이나 메시지에 거짓 정보나 괴담을 담은 가짜 바이러스를 혹스hoax라고 하고, 인터넷에 뜨는 감상적인 이야기를 글러지glurge라고 한다.

## 8. 스트리밍

스트리밍은 '흐름'이라는 뜻의 '스트림stream'이라는 단어에서 왔다. 인터넷에서 영상, 음성, 애니메이션 같은 파일을 내려받을 필요 없이 실시간으로 전송하는 기술이다.

## ㅇㅇㄱㅅ?

요즘 청소년들은 다들 손가락으로 빠르게 문자를 보내며 정보를 검색하는 '엄지족'이다. 통신 언어는 끝도 없이 새로 생겨나고 있다. 신조어를 만들 때는 몇 가지 간단한 규칙이 있다.**

- 축어 : '지못미'는 '지켜주지 못해 미안해', '완소'는 '완전 소중한', '놀토'는 '노는 토요일'의 줄임말
- 초성만 쓰기 : 'ㅇㅇ'은 '응응', 'ㅈㅅ'은 '죄송', 'ㄱㅅ'는 '감사'를 의미
- 언어 섞기 : '냉무'는 '내용'의 줄임말 '냉'과 한자 '없을 무無'를 이어 써서 '내용 없음'을 뜻함, '우왕굳'은 감탄의 말 '우와'와 좋다는 의미의 영어 '굳good'를 합친 말로 '우와, 좋다'는 의미
- 영어 음역 : '레알'은 'Real'을 그대로 읽은 것으로 '정말, 진짜'의 의미, '베프'는 'Best Friend'를 음역하여 첫 자만 따온 말.

---

* 원문에는 '이 용어는 고대 그리스어인 '미메메(mimeme)'와 프랑스어 '멤(même)'을 섞은 말이다.'라고 나오는데, 좀 더 정확한 어원은 리처드 도킨스의 책에서 따온 것이다.(옮긴이 주)

** 원서의 프랑스 사례 대신 한국에서 자주 사용되는 비슷한 사례를 넣었다.(편집자 주)

# 기술 용어

인터넷과 관련한 기술 용어는 그냥 봐도 무슨 뜻인지 알 수 있는 것이 있고, 알쏭달쏭한 것도 있다. 많이 사용되는 용어를 알아보자.

애플리케이션application : '응용 소프트웨어'라고도 하며, 보통 '앱app'이라고 줄여 쓴다. 인터넷 서버에 특정한 요청을 하고 얻어낸 답을 실행하는 프로그램을 말한다. 예를 들어, 철도 앱을 통해 기차 시간을 알아보고 표를 예매할 수 있다. 주로 그래픽 인터페이스(graphic interface, 화면상에 표시된 메뉴나 아이콘)로 이루어진다.

빅데이터big data : 인터넷 활동(트위터, 메일, 지피에스GPS 신호, 은행 거래, 블로그 포스팅 등……)을 끊임없이 하다가 보면 엄청난 양의 정보가 쌓인다. 이렇게 방대한 정보를 전문가들이 분석하여 건강, 보안, 마케팅, 환경 등 다양한 분야에서 이용한다.

클라우드cloud : 클라우드 컴퓨팅cloud computing (102쪽)과 사운드클라우드 soundcloud (308쪽) 설명을 참조할 것.

크라우드 펀딩crowdfunding : 21세기 협동조합이다. '군중'을 뜻하는 영어 단어 '크라우드crowd'와 '돈을 모으다'라는 뜻의 '펀딩funding'을 합친 말이다. 돈이 없는 예술가나 사회 활동가들이 다수의 인터넷 사용자에게 투자를 받는 방식을 말한다. 예를 들어 재능 있는 젊은 음악가가 자작곡을 인터넷에 올리고 투자를 받아서 앨범 제작에 필요한 자금을 모으는 것이다. 영화, 패션, 창업, 과학 연구 등 다양한 분야에서 이러한 방식을 활용한다.

지아이에프GIF, Graphic Interchange Format 애니메이션: 지아이에프(혹은 지프)는 이미지 전송을 빠르게 하려고 압축해서 저장하는 방식이다. '지아이에프 애니메이션'은 한 개의 파일에 여러 개의 이미지를 저장할 수 있는 기능을 이용해 애니메이션 효과를 내는 것이다. 만들고 전달하기가 쉽고, 효과도 좋아서 많이 사용된다. 지아이에프 애니메이션을 이용해 움직이는 나뭇가지, 달리는 말 등의 이미지를 만들 수 있다.

개인용 휴대 단말기PDA, Personal Digital Assistant: 새로운 유형의 다양한 휴대용 컴퓨터 가운데 가장 다루기 쉬운 기기는 개인용 휴대 단말기다. 스마트폰의 사촌 격으로 펜으로 조작하는 것이 특징이다. 넷북netbook은 값이 싼 미니 노트북 컴퓨터, 태블릿tablet은 손가락이나 미니 펜으로 화면을 터치해서 다양한 멀티미디어를 이용할 수 있는 소형 휴대형 컴퓨터, 패블릿phablet은 태블릿 기능이 포함된 스마트폰을 가리키는 신조어다.

팝업pop-up: 보고 있는 웹사이트 창을 막으면서 갑자기 생성되는 창을 말한다. 주로 알림 문구나 광고가 담겨 있다. 쿠키cookie는 인터넷 사용자와 사이트 사이에 오가는 정보를 기록한 작은 프로그램이다. 이 프로그램으로 사용자가 누군지, 어떤 작업을 했는지를 알 수 있다.

증강 현실AR, Augmented Reality: 우리가 눈으로 보는 현실 세계에 3차원의 가상 이미지를 겹쳐서 영상으로 보여주는 기술을 말한다.

소셜 네트워크 서비스SNS, Social Network Service: 인터넷을 기반으로 온라인의 가상공간에서 이용자들이 메시지(페이스북Facebook, 트위터Twitter, 바두Badoo)나 이미지(인스타그램Instagram, 핀터레스트Pinterest)를 주고받으며 서로의 관심사나 소속에 따른 관계망을 구축하도록 해주는 서비스를 말한다. 이제 사회의 변화는 인터넷과 전 세계 가입자가 10억 명이 넘는 페이스북을 통해 이루어진다.

웹 2.0: 인터넷 사용자들이 특별한 기술적 지식이 없어도 데이터를 이용하고 생산할 수 있는 인터넷 환경을 말한다. 인터넷만 있다면 누구나 쉽게 정보를 이용하고, 소통하고, 정보 생산에 직접 참여할 수 있다. 웹 2.0에서 가장 중요한 것은 공유·참여·개방이며, 이를 통해 소셜 네트워크 서비스가 급성장할 수 있었다.

위키wiki: 하와이 말로 '빨리'라는 뜻이다. 여러 사용자가 협업collaboration하는 형식으로 글을 쓰고 수정하면서 콘텐츠를 만들어가는 방식을 말한다. '위키피디아wikipedia' 백과가 대표적인 위키 서비스다.

내부 고발자whistleblower: 부정행위를 가만히 보지 않고 호루라기를 불어서 알리는 사람을 말한다. 내부 고발자는 선한 의도에서 내부 고발을 한다는 점에서 단순 '밀고자'와는 다르다. 자신이 알아낸 사실이 사회에 위협이 된다고 판단했을 때 밝히기로 결심하는 것이다. 미국 중앙정보국CIA과 국가안보국NSA에서 일했던 에드워드 스노든Edward Snowden이 대표적이다. 그는 국가안보국의 정보 수집 프로그램인 프리즘Prism이 개인의 사생활을 침해한다는 사실을 폭로하고 망명길에 올랐다.

# 세계의 단어

매년 새로운 단어가 각종 사전에 추가되는데, 2000년 이후로 대략 약 50개국의 외래어가 새로 쓰이고 있다. 이 중 영어가 4분의 1 정도를 차지하지만 그 밖의 다른 언어들도 21세기의 언어를 풍요롭게 해준다. 그 중 몇 가지를 알아보자.

가조Gadjo
집시어, '집시가 아닌 사람'

기공Qi gong
중국어, '기를 다스리는 법을 수련함.'

나와틀Nahuatl
아즈텍어, '조화로운 말'

도조Dojo
일본어, '무술을 가리키는 도장'

말로솔Malossol
러시아어, '약간 짠'

메크투브Mektoub
아랍어, '그렇게 쓰여 있다.'

모히토Mojito
쿠바어, 칵테일의 일종

바르다프Bardaf
벨기에어, '쾅, 쨍그랑'

방줴Wengé
아프리카어, '아프리카 음향복'

부르카Burqa
파슈토어, '베일'

부부젤라Vuvuzela
줄루어, '시끄럽게 하다'

샤페이Sharpei
중국어, '모래처럼 거친 피부'(쭈글쭈글한 피부가 특징인 견종)

쓰나미Tsunami
일본어, '지진 해일'

아유르베딕Ayurvedic
산스크리트어, '생명의 힘'

아이드Aïd
아랍어, '축제'

웍Wok
광둥어, '볶음 팬'

우무라Umrah
아랍어, '소순례'

추로Churro
스페인어, '튀겨서 설탕을 친 간식'(추로스)

치쿤구니아Chikungunya
미콘데이, '움츠러들나'(치쿤구니아 열병)

카포에이라Capoeira
브라질어, '브라질의 전통 무술'

탈리반Taliban
아프간어, '학생'

파트와Fatwa
아랍어, '판례'

펑쉐이(Feng shui)
중국어, '풍수'

피타Pita
그리스어, '납작한 빵'

플라메케슈Flammekueche
알자스어, '타르트 플랑베'(넓적한 피자처럼 생긴 전통 음식)

후무스Houmos
터키어, '병아리콩'

## 1. 유엔 공식 언어

1945년 설립된 유엔UN의 공식 언어는 6개 국어(영어, 아랍어(1973년부터), 스페인어, 프랑스어, 중국어, 러시아어)인데, 사무국에서 사용하는 언어는 영어와 프랑스어다.

유엔 통계에 따르면 스페인어(4억 5,000만~5억 명)는 세계에서 두 번째로 사용자가 가장 많은 언어이며, 영어(3억 3,500만 명)가 그 뒤를 잇고 있다. 세계에서 사용자가 가장 많은 언어는 중국어(12억 명)다. 아랍어, 힌디어, 벵골어도 높은 순위를 차지한다. 포르투갈어가 논란이 되고 있는데 포르투갈어 사용자는 자신의 언어를 모든 대륙에서 사용한다고 주장하며 유엔 공식 언어가 되기를 바란다. 2억 4,000만 명의 사용자와 브라질의 인구 증가율이 이런 주장에 힘을 실어준다.

2000년, 유엔의 193개 회원국은 '밀레니엄 개발 목표MDG, Millenium Development Goals'를 채택했는데, 그중에 교육에 관한 항목도 있다. 회원국들은 2015년까지 모든 어린이가 초등교육을 받을 수 있도록 노력해 나갈 것을 결의했다.

## 2. 중국어

중국어는 전 세계에서 가장 많이 사용되는 언어이며 앞으로도 그럴 것으로 전망된다. 유럽인들은 중국어에 대해서 아는 바가 거의 없지만, 몇 년 사이 중국어 교육이 눈에 띄게 퍼지고 있으므로 앞으로는 점점 나아질 것이다. 중국어 문법에는 유럽어에 있는 성, 수, 동사변화, 어미 변화가 없다.

표준 중국어를 만다린어, 혹은 북경어라고 하는데 한자를 글자로 사용하고 알파벳으로 발음을 표기하는 병음을 쓴다('만다린어'를 한자로 '官話(관화)'라고 쓰고, 병음으로 'Guānhuà'라고 표기).

중국어는 하나의 음절이 뜻과 음을 지니는 한 단어인 단음절어다. 말소리의 높낮이인 '성조'에 따라 뜻이 달라지며, 네 가지 성조가 있다.

- 妈 *mā*, 어머니 (1성, 평음)
- 麻 *má*, 마(식물) (2성, 올라가는 음)
- 马 *mǎ*, 말 (3성, 아래로 내렸다가 위로 올라가는 음)
- 骂 *mà*, 욕하다 (4성, 음성을 아래로 내리는 음)

중국어를 배울 때 가장 어려운 점은 발음과 3,000개의 상용한자를 익히는 것이다. 여기선 세 가지 기본 표현을 배우는 데 만족하자.

- 你好 *nǐhǎo*, 니하오 : 안녕하세요.
  你 *nǐ* 니 : 당신(인칭대명사)
  好 *hǎo* 하오 : 잘(부사)

- 谢谢 *xièxie*, 시에시에 : 고맙습니다.
  谢 *xiè* 시에 : 고맙다(동사)

- 再见 *zàijiàn* 자이지엔 : 또 뵙겠습니다. 안녕히 계세요.
  再 *zài* 자이 : 또 (부사)
  见 *jiàn* 지엔 : 보다 (동사)

### 릿스피크

릿스피크(leet speak 인터넷 속어)는 영어 '엘리트 스피크elite speak'에서 유래되었다. 원래 '릿leet'은 컴퓨터광들이 '0은 o, 3은 E, 4는 A, V14GR4는 비아그라' 이렇게 모양이 비슷한 알파벳과 숫자를 조합해서 단어를 암호처럼 만드는 방식을 의미했다.

이런 방식은 인터넷 사용자들에게 큰 인기를 끌어 인터넷 세상뿐 아니라 광고에까지 사용되었다. '릿버전'의 구글과 페이스북도 있다. 릿스피크를 해독하지 못하는 사용자는 NOOb(뉴비]newbie 신참, 풋내기)다.

프랑스어 단어 중에 중국어에서 직접 유래된 외래어는 거의 없다. 그나마 '리치litchi', '진셍jinseng(인삼)', '카올린kaolin(고령토)' 등을 꼽을 수 있지만, 중국인과 대화할 때 사용하면 거의 알아듣지 못할 것이다. 페르시아가 원산지인 '붓순나무bagiane(원어로 bajiu)', 일본어에서 온 '콩soja(원어로 shiyu), 말레이어에서 영어를 거쳤다가 프랑스어로 들어온 '케첩ketchup(원어로 koechiap)' 등이 프랑스어 어휘를 풍부하게 해주었다.

## 3. 이모티콘

'정보 사회의 마침표'라고 할 수 있는 이모티콘emoticon, 혹은 스마일리smiley는 메시지의 느낌을 전달하려고 사용한다.

:-) 기쁨

:-( 슬픔

;-) 동의의 표시

:-o 놀람

:-/ 의심

이모티콘의 기원은 컴퓨터가 발명되기 훨씬 이전으로 거슬러 올라간다. 정말 이모티콘인지 단순한 실수인지는 알 수 없지만, 타자로 친 에이브러햄 링컨의 연설 원고에서 ' ;) ' 가 발견되기도 했다.

1908년대부터 편지에서 이모티콘이 조금씩 사용되기 시작하다가, 2000년대에 이메일과 문자 메시지 서비스와 함께 사용이 폭발적으로 늘어났다. 이모티콘이 군더더기에 불과하다고 달갑지 않아 하는 이들도 있다. 물론 우스운 이야기에 웃는 이모티콘 ' :-) '을 굳이 붙일 필요는 없다. 하지만 글로는 표현하기 힘든 감정을 표현하거나, 그리 편하지 않은 상대에게 친근감을 표시할 때 이모티콘은 분명히 효과가 있다. 일본에는 무척 복삽하게 만들었지만, 어떤 뜻인지 알아보기 쉬운 이모티콘이 많다.

| | | |
|---|---|---|
| (@ _ @) | (o_~) | (è_é) |
| (^_^) | \(^o^)/ | (−_−)zzz |
| ( • _ • ?) | ( • x • ) | (; ′ Д`) |

# 3.
# 계산

수학자는 시대의 건축가라 해도 과언이 아니다. 지금 우리가 사는 세상이 수학을 바탕으로 만들어졌기 때문이다. 정보 통신은 물론 다양한 학문의 기본이 바로 수학이다. 의학에서는 인구 대비 암 발생률과 그 메커니즘을 이해하고자 통계를 이용한다. 금융계에서는 거래에 최적화한 프로그램을 만들려고 알고리즘을 이용한다. 천문학은 우주가 어떻게 구성되었는지 이해하고자 수학을 가장 어려운 단계까지 밀고 나간다.

# 수학의 혹

'수학의 혹La bosse de maths'은 19세기에 만들어진 개념이다. 골상학(두개골 모양을 연구하는 학문)을 신봉하는 몇몇 사이비 과학자들이 두개골 모양과 사람의 인지능력 사이에 연관성이 있으며, 두개골의 돌기가 계산에 재능이 있음을 나타내는 징표일 수 있다고 주장했다. 골상학자들과 그들의 애매모호한 이론은 사라졌지만, '수학의 혹'이라는 표현은 프랑스어에 남아서 수학에 재능이 있는 사람을 의미하게 되었다.

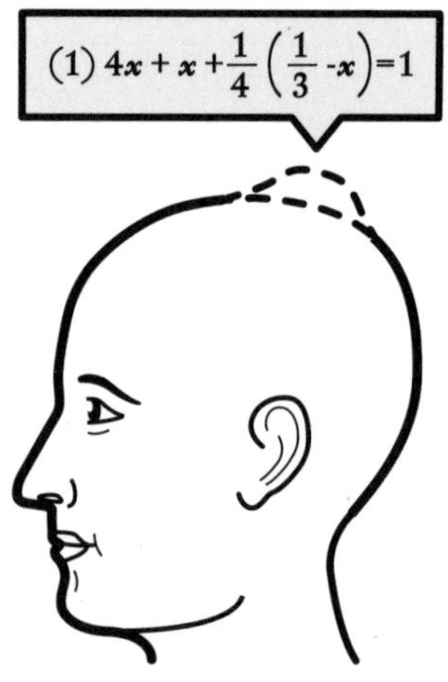


수학자는 시대의 건축가라 해도 과언이 아니다. 지금 우리가 사는 세상이 수학을 바탕으로 만들어졌기 때문이다. 정보 통신은 물론 다양한 학문의 기본이 바로 수학이다. 의학에서는 인구 대비 암 발생률과 그 메커니즘을 이해하고자 통계를 이용한다. 금융계에서는 거래에 최적화한 프로그램을 만들려고 알고리즘을 이용한다. 천문학은 우주가 어떻게 구성되었는지 이해하고자 수학을 가장 어려운 단계까지 밀고 나간다. 포커 챔피언들도 수학을 잘해야 한다. 통계와 조합적 분석을 이용해서 전략을 개발하기 때문이다.

유클리드(Euclide, 고대 그리스의 수학자, 기하학의 아버지)와 알 콰리즈미(Al-Khwārizmī, 중세 페르시아의 수학자, 대수학의 아버지)가 만들어낸 수학의 아름다움 앞에서 사람들의 의견이 갈린다. 어떤 이들은 숫자는 구구단 이후로 까맣게 잊었으며 보기만 해도 울화통이 터진다고 할 것이다. 계산기가 있는데 계산을 직접 하는 게 무슨 소용이 있을까? 어떤 이들은 학교 다닐 때 연습장을 까맣게 채우며 방정식 문제를 푸는 것을 너무나 좋아했을 것이다. 숫자를 좋아하는 사람들은 이 장의 마지막 부분을 놓치지 말 것.

## 계산기

계산기는 모든 휴대전화와 컴퓨터에 기본으로 장착되어 있을 정도로 무척 친숙하다. 계산기 덕분에 우리는 복잡한 계산도 거침없이 해낼 수 있다. 그런데 사실 우리가 이용하는 기능은 계산기 능력의 10퍼센트밖에 되지 않는다. 괜히 엉뚱한 버튼을 눌렀다가 실수할까 봐 걱정해서일 것이다. [MR] 버튼을 누르면 무슨 일이 벌어질까? 계산 결과가 몽땅 지워지는 것은 아닐까? 정말 그럴지 살펴보자. 계산기를 잘 사용하려면 자판에 있는 버튼 몇 개의 사용법부터 알아두고 익숙해지도록 해야 한다.

## 1. 0부터 시작

가장 간단한 것부터 시작해보겠다. [C]clear는 화면에 있는 숫자들을 지우고 0으로 만든다. [C]를 두 번 누르거나 [AC]all clear를 누르면 진행 중이던 작업을 모조리 지울 수 있다. [CE]cancel entry(컴퓨터 자판의 '엔터[↵]' 키나 [Del]키와 같음)는 마지막 숫자만 지울 수 있어서 오타를 수정할 때 유용하다.

## 2. 점

소수점은 소수의 부분과 정수의 부분을 구분 짓는 점이다. 영국, 스위스, 아일랜드, 리히텐슈타인 공국을 제외한 유럽에서는 소수점을 '쉼표[,]'로 사용하며, 미국과 대부분 아시아 국가에서는 '마침표[.]'로 사용한다. 계산기 화면에 0.5를 나타나게 하고 싶으면, [0]은 필요 없이 [.] 혹은 [,] [5]라고만 누르면 된다.

공식적인 문서나 계산서, 영수증 등에는 점을 어떻게 찍는 게 좋을까? 나라마다 다르다. 앵글로색슨 문화에서는 점을 천 단위를 구분할 때 사용한다.

1,000.00=천

2003년부터 국제도량형국International Bureau of Weights and Measures에서 천 단위를 구분할 때 점이나 쉼표의 사용보다 띄어쓰기를 권장한다.

1 000=천

국제도량형국에서는 소수점은 나라에 상관없이 점이나 쉼표를 사용하는 것을 인정한다. 요약하자면 천 단위는 띄어 쓰고, 소수점은 점이나 쉼표를 사용할 것.

## 3. 메모리

원칙은 매우 단순하다. [M]은 '메모리memory'로 계산 값을 기억하는 기능이며, [M+] 버튼은 메모리값에서 계산 결과를 더하는 기능이다. [M-] 버튼은 메모리값에서 계산 결과를 빼는 것이며, [MC]는 '메모리 클리어memory clear'로 메모리를 지우는 기능이다. [MR]은 '메모리 리드 memory read'로 메모리값을 읽는 기능이다.

주 5일 근무에 하루 평균 8시간씩 일하고, 연중 휴가가 5주인 경우에 1년에 몇 시간을 일했는지 계산해보자.

(365 × 8 × 5 / 7) - (8 × 5 × 5)

(1년×8시간×주 5일/일주일) – (휴가)

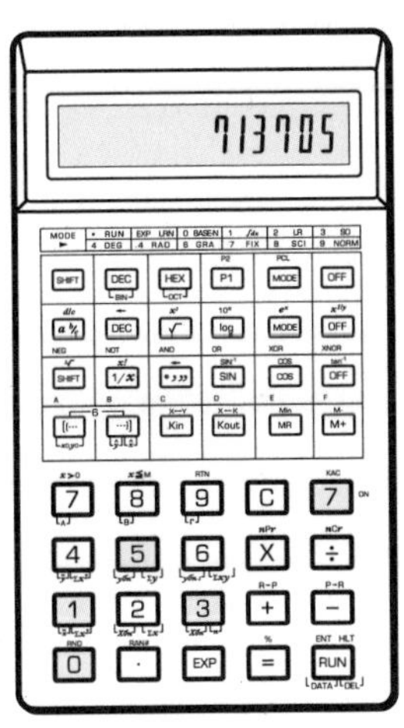

우선 계산기의 메모리 값을 지우고 [MC], 숨을 크게 들이쉰 다음 버튼을 하나씩 누른다.

[8] [×] [3] [6] [5] [×] [5] [÷] [7]

[=] [M+] [8] [×] [5] [×] [5]

[=] [M-] [MR]

[MR]을 누르면 나오는 값은 1885.71이다.

(0.71에 60을 곱하면 42분이 나온다. 따라서 총 근로 시간은 1,885시간 42분이다.)

## 4. 퍼센트

퍼센트는 어떤 양이 전체의 양에 비해 100분의 몇이 되는지를 나타내는 단위이며, 백분율이라고도 한다. 퍼센트는 경제(이자율, 과세율, 부가가치세율)나 통계에서 많이 사용한다. 계산기를 이용해 퍼센트로 표시된 것을 숫자로 바꾸고 숫자를 퍼센트로 환산하는 법을 알아보자.

2011년 유로 디즈니랜드에 1,560만 명이 입장했고, 그중 62만 4,000명이 이탈리아인이고 스페인인이 9퍼센트였다.

퍼센트로 표시된 스페인인 입장객 수를 계산기로 계산하려면,
[1][5][6][0][0][0][0][0][×][9][%]를 누르면 되고
답이 140만 4,000명으로 나온다.

이탈리아인 입장객 수를 퍼센트로 환산하고 싶다면,
[6][2][4][0][0][0][÷][1][5][6][0][0][0][0][0][×][1][0][0][=]
답은 4퍼센트다.

덧붙이기: 유로 디즈니랜드 입장객이 이중국적을 가졌을 가능성이 있으므로 정확한 통계가 아닐 수도 있다.

## 5. 제곱, 제곱근

같은 수나 식을 두 번 거듭하여 곱한 것을 제곱이라고 한다. 또 어떤 수 x를 제곱하여 a라는 수를 얻는다면, x를 a의 '제곱근'이라고 한다. 즉, 4의 제곱은 16이고, 16의 제곱근은 4이다.

제곱과 제곱근에 관한 문제 하나를 풀어보자.

문제: 컴퓨터 모니터의 크기를 '몇 인치'로 구분하는데, 그 길이는 어떻게 재는 걸까?

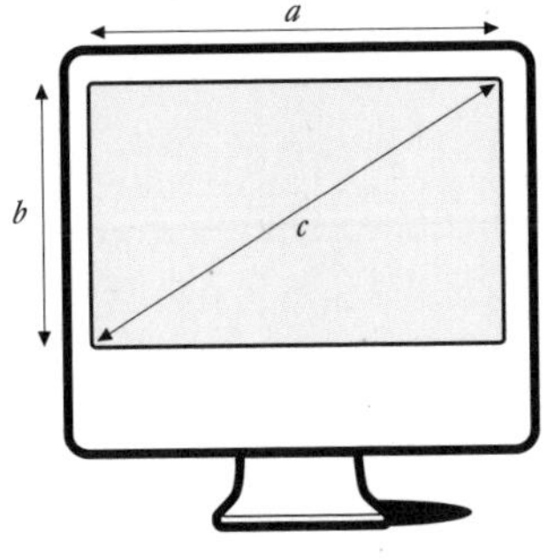


자를 들고 모니터의 가로와 세로 길이를 재어보자. 가로(a)는 22.14센티미터, 세로(b)는 12.45센티미터다. 대각선(c)의 길이는 얼마일까?

"직각삼각형의 직각을 이루는 두 변이 각각 a와 b이고 빗변이 c일 때, a의 제곱과 b의 제곱은 c의 제곱과 같다($a^2+b^2=c^2$)"는 유명한 피타고라스의 정리가 떠오를 것이다.

빗변의 제곱은,
내가 착각하지 않았다면,
다른 두 변의 제곱을 더한 값과
같다.*

모니터의 가로와 세로 길이를 가지고 대각선의 길이를 알려면, 계산기에 다음과 같이 누르면 된다.

* 스텔라 바뤽(Stella Baruk)이 『기초 수학 사전*Dictionnaire de mathématiques élémentaires*』(쇠이유(Seuil) 출판사, 1992년)에서 인용한 프랑 노엥(Franc-Nohain)이 쓴 4행시

[22][.][14][$x^2$][+][1][2][.][4][5][$x^2$][=]

이렇게 해서 얻은 빗변의 제곱값은 645.16이다. 645.16의 제곱근이 모니터 대각선의 길이인데, [√]을 누르면 25.4센티미터가 나오며, 인치로 환산하려면 2.54로 나누면 된다. 그러면 정확히 10인치가 나온다.

## 파이

파이(π)는 원주(원의 둘레)와 지름의 비율(원주율)을 나타내는 수학기호다. 기하학에서 무척 유용하게 사용되지만, 특히 '3.1415926535897……' 이렇게 무한히 계속되는 무리수로 유명하다.

2010년 이래 소수점 이하 5조 자리까지 계산할 수 있게 되었다. 일본의 회사원 곤도 시게루와 미국 대학원생 알렉산더 리가 서로 협력하여* 이런 대기록을 세웠는데, 그 전 해에 프랑스에서는 2조 3,000억 자리까지 계산했었다.

이렇게 방대한 파이값을 굳이 구하는 이유는 무엇일까? 컴퓨터의 성능을 실험하고, 통계적인 계산에서 규칙성을 찾아내기 위해서다.

---

* 일본 나가노 현 이다 시의 회사원 곤도 시게루(56)가 16일 자택 컴퓨터로 원주율을 소수점 이하 10조 자리까지 계산해 지난해 8월 자신이 세운 기네스 세계 기록인 5조 자리 계산을 경신했다. 곤도 시게루는 직접 조립한 48테라바이트(TB) 하드디스크 용량의 컴퓨터로 지난해 10월부터 계산을 시작했다. 인터넷을 통해 알게 된 미국 대학원생 알렉산더 리(23)의 계산 프로그램을 이용해 서로 협력하며 약 1년에 걸쳐 신기록을 달성했다. –『서울신문』, 2011년 10월 17일(옮긴이 주)

## 공학용 계산기

공학용 계산기는 쉽게 찾아볼 수 있다. 휴대전화에도 있고, 모든 컴퓨터*에 기본적으로 들어가 있고, 온라인이나 검색 사이트에도 있다.

공학용 계산기에는 괄호, 거듭제곱, 분수 등의 기능이 있어 복잡한 계산을 할 수 있다. [sin]와 [ln]을 누르면 각각 삼각함수와 로그 계산(데시벨 계산 등)을 할 수 있다. 계산기의 프로그래머 모드를 사용하면 이진법 변환이나 비트의 '시프트 연산' 등 프로그래머에게 유용한 계산을 척척 해낼 수 있다.

포커 선수들도 통계 기능이 강화된 특수한 계산기를 사용한다. 계산기를 두드려서 승리, 패배, 무승부 확률을 가늠하고 손에 쥔 다섯 장의 카드가 가장 좋은 조합(스트레이트, 플러시, 트리플 등)이 될 확률을 높일 수 있는 법을 연구한다.

## 위대한 계산가들

계산을 아주 복잡하고 정교한 수준까지 할 수 있는 컴퓨터는 위대한 수학자들 덕분에 발명될 수 있었다. 오늘날 기하급수적으로 발전한 컴퓨터의 성능과 메모리 덕분에 수학자들은 가장 어려운 수학적인 수수께끼들을 풀어낼 수 있다.

수학은 이제 보통 사람은 범접하기 어려울 정도로 복잡한 수준에 도

* PC에는 시작 → 검색 → 계산기. 맥(Mac)에서는 애플리케이션(응용 프로그램) → 계산기 앱 실행.

달했다. 까마득히 높아 보이는 봉우리에 올라보려고 안간힘을 쓰지 말고, 몇몇 중요한 개념만 슬쩍 살펴보자.

## 1. 알고리즘

알고리즘algorism은 어떤 문제를 해결하고 결과를 얻어내려고 실행하는 일련의 작업, 절차, 방법을 말한다. 문제를 논리적으로 계산하는 과정을 기계적으로 표시한 것이며, 수학자 알 콰리즈미의 이름에서 유래되었다.* 요즘에는 컴퓨터 프로그래밍의 기초로 일정한 순서에 따라 명령어를 배열해서 답을 얻어내는 과정을 주로 말한다. 명령문을 사용하여 컴퓨터 프로그램을 작성하는 일을 '코딩coding'이라고 한다.

알고리즘은 정보화와 함께 눈부시게 발전했고, 이와 더불어 컴퓨터로 인간으로서는 꿈도 꿀 수 없을 만큼 방대하고 연속적인 작업(검색, 분류 등)을 할 수 있게 되었다. 알고리즘을 이야기할 때 흔히 '복잡도complexity (수행 시간이 얼마나 빠른지(시간 복잡도), 공간을 얼마나 차지하는지(공간 복잡도)에 관한 정도)'와 '성능'을 언급한다. 구글은 검색 알고리즘의 뛰어난 성능 덕분에 시장을 석권할 수 있었다.

통신망(인터넷, 사회관계망, 교통망)에 관한 문제를 해결하고자 고안된 알고리즘은 '그래프 이론graph theory'을 적용하는데, 이는 꼭짓점과 그 점들을 잇는 선에 관한 수학 이론이다. 두 점 사이에 선을 연결할 수 있고, 한 지점에서 다른 지점까지 가는 경로를 연구할 수도 있다. 그래프 이론과 알고리즘이 결합해서 프로그래머들이 한 지점으로 가는 최난 경

---

* 원문에는 단어의 유래에 대한 내용이 없으나 추가한다.(옮긴이 주)

## 스몰 월드 네트워크

'스몰 월드 네트워크Small World Network'란 통상적으로 6단계의 친구나 아는 사람의 인맥을 거치면 세상 모든 사람과 연결된다는 이론이다. 사회관계망이 늘어나면서 거치는 인맥의 단계 수는 해마다 줄어들고 있다.

로를 알아낼 수도 있게 되었다.

최근에는 '에이시오ACO'라는 새로운 알고리즘이 a에서 b지점으로 가는 경로에 관한 문제를 해결하기에 매우 적합한 것으로 밝혀졌다. 이 알고리즘을 통해 수학자들이 공상에 빠진 괴짜가 아니라 세상에서 가장 귀중한 관찰을 할 줄 안다는 사실이 증명되었다. '에이시오'란 '개미 군집 최적화Ant Colony Optimization'의 약자다. 즉 개미가 먹이가 있는 곳과 개미집 사이를 오가는 방식을 모방해서 만든 알고리즘이라는 뜻이다. 오늘날 수학 연구는 수많은 학제(學際) 간 교류를 통해 이루어지는데, '에이시오'는 생물학의 영향을 받았다.

## 구골

'구골googol'이라는 단어는 아홉 살 어린이가 만들었다고 한다. 1938년 미국 수학자 에드워드 카스너Edward Kasner는 엄청나게 큰 수와 무한대의 차이를 나타내고 싶었고, 큰 수를 지칭하는 이름을 고민하던 중 조카가 "구골"이라고 중얼거리는 것을 들었다. 아이가 이 단어를 특허 냈다면 오늘날 억만장자가 되었을 것이다. 우리가 매일 사용하는 검색엔진 '구글Google'의 이름이 '구골'에서 나왔기 때문이다. 방대하지만 무한하지는 않은 인터넷 정보를 찾는 데 가장 효과적인 검색엔진이라는 뜻에서 붙인 이름이다.

구골은 10의 100제곱, 즉 1 뒤에 0이 100개 달린 숫자다.

10,000,000,000,000,000,000,000,000,000,000,000,000,000,000,000,000,000,000,000,000,000,000,000,000,000,000,000,000,000,000,000,000,000,000

좀 더 보기 쉽게, 1구골 = $10^{100}$이라고 쓴다. 어느 정도의 수인지 가늠하기 위해 예를 들자면, 우주를 구성하는 분자의 수는 1구골보다 훨씬 적은 $10^{80}$개다.

## 앨런 튜링

앨런 튜링(Alan Turing, 1912~1954)은 영국의 수학자로 인공지능에 관한 연구를 처음으로 시작하고 컴퓨터의 전신인 기계장치를 발명했다. 적군의 암호를 해독하여 나치 침략을 막고 제2차 세계대전 승리에 공헌한 공로로 처칠 수상에게 훈장을 받았다.

튜링의 연구로 수학의 새로운 지평이 열렸고, '튜링 기계'는 알고리즘의 복잡도와 계산에 관한 문제를 해결하고자 여전히 널리 사용되는 모델이다.

누구보다 천재적인 인물이었지만, 튜링은 보수적이고 꽉 막힌 사회의 희생양이기도 했다. 당시 범죄로 치부되던 동성애자임이 공개적으로 밝혀지면서 그는 재판을 받았고 화학적 거세를 선고받는다. 1954년, 튜링은 시안화물에 담갔던 사과를 먹고 자살한다. 애플사의 유명한 로고가 튜링의 사과에서 나왔다는 이야기도 있다. 하지만 로고를 만든 디자이너 롭 야노프Rob Janoff는 그 소문을 공식적으로 부인하고 만유인력을 발견한 뉴턴의 사과에서 영감을 받았다고 밝혔다.

오늘날 앨런 튜링은 '컴퓨터의 아버지'로 추앙받는다. 2012년 튜링 탄생 100주년을 기념하여 전 세계 유명 대학교에서 수많은 학회와 행사가 개최되었다.

### 클라우드 컴퓨팅

유에스비USB 메모리가 등장하면서 이제 몇 기가바이트의 정보라도 쉽게 옮겨 담아서 호주머니 속에 넣고 다니는 것이 일상이 되었다. 2000년대 초부터는 정보 저장에 새로운 단계가 펼쳐졌다. 인터넷상의 서버에 정보를 저장하고, 이에 대한 일정한 요금을 내면 각종 IT 기기로 인터넷을 통해 어디서나 이용할 수 있게 되었다. 이를 '클라우드 컴퓨팅cloud computing'이라고 한다.

## 2. 메모리

휴대용 컴퓨터 하드 디스크의 메모리가 500기가바이트인데, 이는 어느 정도일까? 1바이트는 8비트이며, '비트bit'는 컴퓨터가 처리하는 정보량의 최소 단위로 이진수(0,1)로 표현한다.

| | | 바이트 | 킬로바이트 | 메가바이트 |
|---|---|---|---|---|
| 1KB | 킬로바이트 | 1000B | 1KB | 0.001MB |
| 1MB | 메가바이트 | 1000 000B | 1000KB | 1MB |
| 1GB* | 기가바이트 | 1000 000 000B | 1000 000KB | 1000MB |
| 1TB | 테라바이트 | 1000 000 000 000B | 1000 000 000KB | 1000 000MB |

기가바이트는 80억 비트이며, 500기가바이트는 4조 비트다. 어느 정도의 정보를 담을 수 있는지를 알아보자.

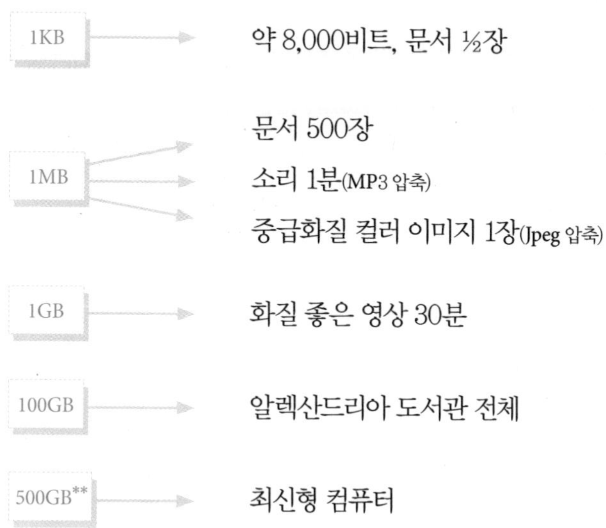


## 3. 도전의 의미

20세기 초 독일의 수학자 다비트 힐베르트David Hilbert는 20세기에 풀어야 할 가장 중요한 수학 문제Hilbert's problems 리스트를 제안했다. 100년 넘게 지난 지금 그중 반 이상이 풀렸다. 2002년 미국의 클레이 수학연구소CMI, Clay Mathematics Institute는 아직 남은 문제의 해결에 공헌하는 사람들에게 '밀레니엄상'을 수여하기로 했다. 밀레니엄 문제Millenium problems, 혹은 세계 7대 수학 난제라고 하는 이 문제 중에 오

---

* 컴퓨터 엔지니어들이 주로 사용하는 '기비바이트(Gibibyte, GIB, 기가 이진 바이트)와 혼동하지 말 것. 1기비바이트는 10억 7,374만 1,824바이트다.

** 500기가바이트는 컴퓨터 메모리 총용량이며, 램(RAM, Radom access memory)은 보통 4기가바이트다. (옮긴이주)

직 '푸앵카레의 추측Poincaré Conjecture' 하나만 풀렸다.

이는 복잡한 위상수학 문제로 우주의 모양을 추측하는 데 도움이 된다. 러시아의 그리고리 페렐만Grigori Perelman이 증명을 해냈고 2006년 수학계의 노벨상이라는 필즈상, 2010년 클레이연구소의 밀레니엄상과 상금 100만 달러 수상자로 선정되었다. 하지만 페렐만은 국제 수학계와 그다지 연대감을 느끼지 못하겠다는 이유로 두 상 모두 거부했다. 그는 집에서 은둔하며 지낸다. 어쩌면 스도쿠를 하며 시간을 보내는지도 모른다.

## 일본 수학 게임

스도쿠sudoku는 '외로운 숫자(수독, 數獨)'라는 뜻이며 규칙은 간단한다. 가로세로 9칸씩 총 81칸으로 이루어진 정사각형의 가로줄과 세로줄에 숫자를 겹치지 않게 써넣는 것이다. 그리고 칸 몇 개를 미리 채워 놓아 점차 난도를 높여간다.

후토시키(futoshiki, 不等式)라는 게임도 있다. 스도쿠만큼 규칙이 간단하면서도 중독성이 있다. 가로세로 5칸의 세로와 가로 줄에 '보다 크다[>]', '보다 적다[<]' 기호에 맞는 숫자를 겹치지 않게 넣는 것이다.

노노그램nonogram은 '그리들러griddler' 혹은 '픽크로스picross'라고도 하는 게임이다. 수학 논리 수수께끼를 풀어가면서 바둑판 모양의 칸을 하나씩 까맣게 칠해간다. 예를 들어 2와 5가 의미하는 것은, 가로세로 중 한 줄에 연속으로 두 칸을 칠하고 다른 줄에 다섯 칸을 칠하라는 것이다. 해당 숫자만큼 칠하고 나면 1칸 이상을 띄어야 한다. 모든 칸이 적힌 숫자대로 정확하게 배치되어야 한다.

아래의 게임을 다하면 그림 하나가 완성될 것이다.(정답은 353쪽)

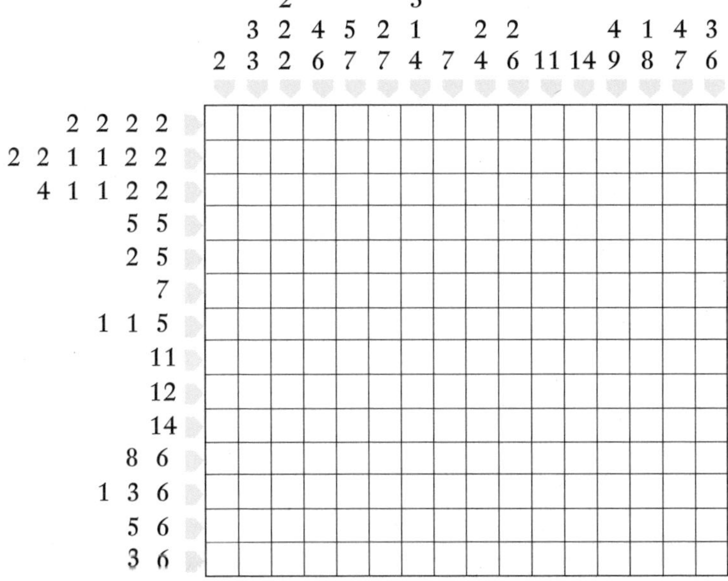

# 4. 경제

경제의 기능이 막연하고 추상적인 것 같지만, 사실 모든 사람의 일상에 구석구석 영향을 미친다. 금융과 통화를 둘러싼 문제는 복잡하고 어려운 용어 때문에 전문가나 논할 일인 것만 같다. 하지만 경제 문제에 관심을 두지 않는 것은 어리석은 짓이다. 경제는 전쟁이나 군사 문제와 같다. 경제학자에게만 맡기기에는 너무 중요한 문제라는 것이다.

# 세계의 자본화

제2차 세계대전 이후 가장 각광을 받는 직업은 엔지니어였다. 앞서가는 기술과 놀라운 설계도로 전쟁으로 폐허가 된 세상을 재건할 직업으로 여겨졌다. 1980년대에는 광고업 종사자와 마케팅 전문가가 인기 직업의 자리에 올랐다. 광고 문안과 여러 판매 기법이 주목을 끈다는 것은 게임의 규칙이 바뀌었다는 것을 의미한다. 물건 자체보다 판매 기술이 더 중요해진 것이다.

2000년대 들어서면서 주식 투자가, 트레이더, 금융 전문가들이 가장 선망하는 직업이 되었다. 숫자가 경제를 지배하고 이끄는 최고의 규칙이 된 것 같다.

이러한 체제를 옹호하는 사람들은 말한다. 자본주의의 목표가 돈을 버는 것이라면, 금융 전문가의 임무는 고객에게 돈을 벌게 해주는 것이다. 따라서 수익이 나는 시스템을 갖추도록 요구하는 것은 비난할 일이 아니다.

하지만 문제는 다른 데 있다. 자본주의의 논리에서 돈은 경제가 돌아가게 하는 수단에 불과하다. 그런데 사람들은 거꾸로 경제가 돈을 돌아가게 하는 수단이라고 믿게 되었다. 그러나 지나치게 높은 수익, 초단기 이익 추구는 자본주의 체제를 질식시킨다.

경제는 다양한 요구에 답해야 한다. 경제의 목표는 모든 사람을 위한 부를 창출하는 데 있다. 또한, 한 나라가 보편적으로 부유해지는 데 공헌해야 하고 환경을 중시하며 기술적·사회적 진보를 이루게 할 수 있어야 한다. 경제가 오로지 자본의 논리로 돌아가면 매우 위험한 불균형 상태에 이르게 된다.

2007~2008년 세계경제를 붕괴 직전까지 몰고 간 금융 위기로 오래된 논쟁에 다시금 불이 붙었다. 자본주의는 스스로 회복할 수 있을까?

'신자유주의자'라고 불리는 시장 옹호주의자들은 자본주의는 당연히 회복할 수 있다고 주장한다. 이전에 일어났던 모든 경제 위기처럼 이번 위기도 유익한 점이 있을 것이며, 자본주의 체제의 문제점을 스스로 고치는 데 도움을 줄 것이라고 주장한다. 투자자들이 모든 것을 잃을 뻔했으므로 적어도 이제 좀 더 주의를 기울이게 될 것이라는 이야기도 덧붙인다.

시장 반대주의자, 반자본주의자, 반세계화주의자는 이런 주장이 파렴치하다고 목소리를 높인다. 경제 위기는 우발적인 사고가 아니며, 자본주의 체제 자체가 폭주기관차가 되었으므로 근본적으로 바꾸어야 한다는 것이다.

바꿀 필요까지는 없다고 주장하는 사람도 있다. 여러 가지 부작용이 있다고 해서 자본주의를 완전히 끝낼 것까지는 없고 법을 통해 규제하는 것이 낫다는 의견이다. 2008년 이래로 세계 주요국의 지도자들이 이러한 태도를 보인다.

경제의 기능이 막연하고 추상적인 것 같지만, 사실 모든 사람의 일상에 구석구석 영향을 미친다. 금융과 통화를 둘러싼 문제는 복잡하고 어려운 용어 때문에 전문가나 논할 일인 것만 같다. 하지만 경제 문제에 관심을 두지 않는 것은 어리석은 짓이다. 경제는 전쟁이나 군사 문제와 같다. 경제학자에게만 맡기기에는 너무 중요한 문제라는 것이다. 기본적인 구조만 제대로 파악하면 어려운 문제는 거의 없다. 조금 노력하기만 하면 된다. 그것이 지금부터 우리가 해야 할 일이다.

## 유로에 관한 모든 것

유럽 단일 화폐를 만들자는 구상은 1960년대에 처음으로 시작되어 1992년 마스트리히트Maastricht 조약에서 구체적으로 결정되었다. 1999년 1월 1일 첫 번째 지각변동이 일어났다. 독일 마르크화, 오스트리아 실링화, 벨기에 프랑화, 스페인 페세타화, 핀란드 마르크화, 프랑스 프랑화, 아일랜드 파운드화, 이탈리아 리라화, 룩셈부르크 프랑화, 네덜란드 플로린화, 포르투갈의 이스쿠도화의 환율이 고정되고 '유로화€'라는 새로운 화폐로 하나가 된 것이다. 그로부터 3년 후인 2002년 1월 1일부터 유로화 동전과 지폐를 유통하기 시작했다. 2011년 현재 약 2억 3,000만 명의 유럽인이 유로화를 사용한다. 유로화는 어떻게 기능하고 있을까?

## 유로화에는 어떤 그림이 있을까

모든 유로화 동전의 앞면은 똑같은 문양이고 뒷면은 각 회원국의 상징(프랑스는 마리안*, 아일랜드는 켈트 하프, 포르투갈은 중세의 왕실 직인 등), 왕(벨기에는 알베르 2세, 스페인은 후안 카를로스 국왕), 유명인(이탈리아는 단테, 스페인은 세르반테스) 등을 새겨 넣었다. 지폐에는 시대를 상징하는 건축 양식의 문과 다리를 그려 넣었다.

| 5유로 | 10유로 | 20유로 | 50유로 | 100유로 | 200유로 | 500유로 |
|---|---|---|---|---|---|---|
| 고전 | 로마네스크 | 고딕 | 르네상스 | 바로크 | 아르누보 | 근대 |

지폐와 동전을 계속해서 사용하게 될까? 점차 현금fiduciary money보다는 카드나 수표 같은 신용화폐scriptural money를 선호하는 추세다.

20유로 고딕 / 50유로 르네상스 / 200유로 아르누보

* 프랑스 공화국을 의인화한 인물로 자유, 평등, 박애로 상징되는 프랑스의 가치를 나타낸다.(편집자 주)

## 1. 새로운 화폐 출현

세계의 모든 화폐처럼 유로화도 상거래의 대금을 결제하고, 재화의 가치를 평가하고, 저축과 대출을 하는 데 사용한다. 하지만 다른 화폐와는 달리 유로화는 한 국가 내에서가 아니라 국경을 넘어 여러 나라에서 통용된다. 원래 유로화가 구상된 목적이 사용국의 결속력을 강화하는 것이기 때문이다.

유로화를 사용하는 국가나 지역을 '유로화 지역eurozone'이라고 하는데, 회원국은 재정 적자와 국가 부채를 일정 수준으로 유지해야 한다(129쪽 참조)는 기준을 충족해야 한다. 이러한 기준을 경제 수렴 기준economic convergence criteria, 혹은 마스트리흐트 기준이라고 부른다.

여느 화폐처럼 유로화 역시 중앙은행이 발행하고 통제하며 유럽중앙은행ECB, European Central Bank은 독일 프랑크푸르트에 있다. 대부분 나라에서 중앙은행은 정치권력에 따라 좌지우지되는데, 유로화 지역처럼 여러 나라가 얽혀 있다면 어떻게 될까? 특정 회원국에 영향을 받거나 특혜를 주지 않도록 하려고 유럽중앙은행은 완전히 독립적인 기구로 구상했다. 유럽중앙은행의 총재는 회원국의 정상들에게 임명을 받되 이후에는 독립적으로 임무를 수행한다. 총재의 임무는 물가와 타 통화 대비 유로화의 환율을 안정적으로 유지하는 것이다.

## 2. 유로화의 통화정책

유럽중앙은행은 통화정책을 관장하며, 이를 위해 여러 수단을 가진다. 그중 중요한 두 가지를 알아보겠다.

중앙은행은 시중은행의 돈을 맡거나 빌려주고, 시중은행은 그 자금을 가계나 기업에 빌려주어 경제에 재투입한다. 중앙은행이 시중은행과 금융 거래를 하며 발생하는 금리를 '기준금리'라고 한다. 유럽중앙은행은 기준금리를 결정할 권한이 있다. 경기가 과열되고 물가가 상승해서 인플레이션이 우려된다고 판단하면 유럽중앙은행은 금리를 올린다. 그러면 시중은행의 대출금리도 오르고, 가계는 부동산 담보 대출을 망설이고, 기업은 투자를 꺼리게 되어 경기가 냉각된다. 금리를 내리면 반대 현상이 벌어진다.

**50년 동안의 인플레이션 변화***

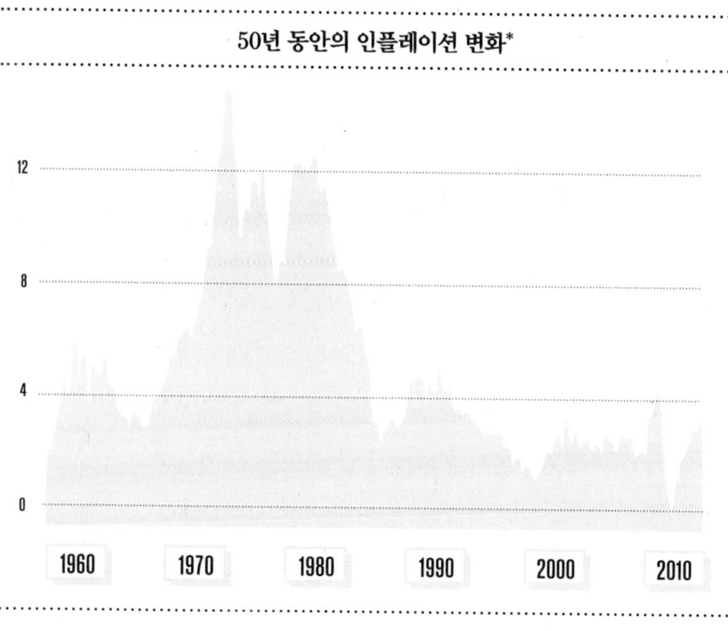


* 1961년부터 유럽의 인플레이션 변화를 나타낸 그래프. 1996년부터 소비자물가지수가 안정되어 있다. 출처는 유럽연합통계청과 유럽중앙은행.

유럽중앙은행은 외환을 보유한다. 이 외환 보유금으로 타 통화 대비 유로화의 시세를 조절한다. 어떤 특정 시기에 외환시장의 모든 사람이 유로화를 팔고 달러화, 엔화 혹은 다른 통화를 사기 시작한다고 가정해보자. 그렇게 되면 자연히 달러화, 엔화 등 다른 통화의 시세는 오르고 유로화 시세는 내려갈 것이다. 그때 유럽중앙은행은 외환 보유금을 풀어서 유로화를 사들이고 시세를 다시 올라가게 할 것이다. 반대로 유로화 시세가 너무 올라가면 팔아서 다른 통화를 사들일 것이다.

## 3. 유로화에 찬성, 반대?

유로화를 옹호하는 사람들은 장점이 많다고 강조한다. 유로화 덕분에 인플레이션이 억제되었다. 또한, 유로화 지역 내 무역이 쉬워져서 환전 비용과 화폐 사이의 격차가 사라졌고, 유로화는 세계의 주요 통화가 되었다.

반대하는 사람들은 두 부류다. 유로화 자체를 원천적으로 거부하는 이들이 있는가 하면, 유로화의 취지는 인정하지만 현재의 방식을 반대하는 이들이 있다. 이들 모두 유로화의 단점을 이야기한다.

유로화는 탄생했을 때부터 끊임없이 논란의 대상이 되었다. 그중 크게 세 가지 문제점을 짚어보자.

**물가 문제:** 유럽인 대부분이 단일 화폐에 비판적이다. 유로화 때문에 물가가 요동을 치고 '모든 것이 다 올랐기' 때문이다. 실제로 유로화로 전환하는 시기에 많은 상인이 가격을 올려 받아서 두둑한 이익을 챙겼다. 주로 커피, 빵을 비롯한 장바구니 물가가 많이 올랐다. 게다가 사람

들은 모두 세월이 흘렀다는 것은 잊고 현재 물가를 과거 화폐로 계산했던 때와 비교한다. 그러니 실제보다 더 물가가 폭등했다고 느끼는 것이다. 이를 체감 인플레이션이라고 한다. 그런데 가전제품이나 컴퓨터 같은 제품들은 가격이 오히려 내렸다. 어쩌면 휴대전화, 인터넷 등에 새로 지출하게 된 돈이 늘어나서 다들 예전보다 돈이 부족하다고 생각하는 것일 수도 있다.

사람들이 느끼는 것과는 반대로 실질 인플레이션은 억제되었으며, 21세기 초 이래 평균 인플레이션율은 2퍼센트 근처에 머물고 있다. 1970년대 말 프랑스의 인플레이션은 13퍼센트에 육박했다.

경제학자 대부분은 유로화를 물가 상승의 주범으로 꼽지 않는다. 유로화 자체가 문제가 아니라 관리 방식이 문제라고 주장하는 이들도 있다. 유럽중앙은행 관리들이 맹목적으로 통화주의적 정책을 따른다는 것이다. 통화주의적 정책이란 물가 상승이 유일한 위험 요소이므로 통화를 조절하여 물가 문제를 해결하는 데에만 주력해야 하며, 그러다 보면 실업, 부채 등 나머지 문제는 저절로 해결될 것이라는 시각에서 집행하는 정책이다.

극심한 인플레이션이 재앙이 될 수 있다는 것은 분명한 사실이다. 수많은 유럽인, 특히 독일인은 인플레이션에 강박관념이 있다. 1923년에 닥친 초인플레이션hyperinflation 때문에 나라가 급속도로 붕괴했던 사실을 기억하는 독일인은 통화와 물가를 엄격히 관리해야 한다는 생각에 사로잡혀 있다. 하지만 몇몇 전문가는 이러한 통화주의적 접근이 경제를 경직시키며, 잘 통제되기만 한다면 약간의 인플레이션이 오히려 경제를 부양하는 데 도움이 된다고 주장한다. 소비자는 어떤 재화의 가격이 오른다는 사실을 안다면 그 재화를 당장 사들이고, 투자자도 지체 없이 투자하기 때문이다. 또한, 물가가 상승함에 따라 상환해야 할 부채가 상대적으로 조금씩 줄어들게 돼 채무자는 빚이 줄어드는 효과도 있다.

**주권 문제:** 주권주의자souverainist와 유럽연합 회의주의자eurosceptic는 예전 국가별 화폐인 프랑, 마르크, 페세타, 리라 등으로 돌아가자고 주장한다. 나라의 화폐를 유럽중앙은행에 넘겨주었으니 주권이 빼앗겼다는 것이다. 맞는 말이지만, 그렇다고 유로화를 비난할 수는 없다. 유로화 자체가 그런 목적으로 구상되었기 때문이다. 통화 단일화는 유럽인을 하나로 묶어서 궁극적으로는 유럽 통합을 이루고자 실행한 것이다. 사실 유로화는 유럽 통합 과정에서 하나의 단계로 구상되었다. 이론적으로 마스트리히트 조약은 '통화와 경제 동맹EMU, The European Economic and Monetary Union'을 이룩하려는 것이었기 때문이다. 단일 통화로 통화 동맹은 실현되었으나 경제 동맹은 아직 이루어지지 않았다. 경제학자들은 바로 그것이 유로화의 약점이라고 이야기한다. 예산을 집행하고, 세금을 걷고, 국채를 발행할 수 있는 단일 정부가 일관된 경제정책으로 뒷받침해주지 않는다면 화폐 자체는 큰 의미가 없다. 유로화 지역의 회원국들은 단일 통화를 사용하긴 하지만, 조세정책, 예산정책, 국공채 발행 등 나머지 정책은 각자 따로 집행한다. 그래서 회원국 사이에 상황에 따라 아주 심각해질 수도 있는 긴장이 발생한다.

비관론자들은 결국 이러한 문제점 때문에 유로화가 실패할 것이라고 주장한다. 하지만 낙관론자들은 유로화를 계속 유지하면 결국 안정될 것이며 유럽의 진정한 통합이 앞당겨질 것이라고 반박한다.

**유로화의 국제적 위상 문제 :** 단일 화폐를 지지하는 사람들은 유로화가 세계의 주요 기축통화 중 하나로 자리 잡았다며 뿌듯해한다. 제2차 세계대전 이후 만신창이가 된 유럽인은 자국 통화의 가격을 달러화에 맞춰서 조정해야 했다. 그런데 21세기 초부터는 미국 경제에 새로운 문제가 벌어지면 달러화가 유로화에 밀리는 모습까지 심심찮게 보게 되었다. 하지만 유로화가 강세를 보이는 것이 무조건 좋은 일은 아니다. 이 문제를 좀 더 살펴보자.

자국 통화가 강세를 보이면 수입품을 좀 더 싸게 살 수 있다. 예를 들어 1유로가 1달러일 때, 원유를 100달러어치 사고 싶으면 100유로를 내야 한다. 반대로 유로화가 강세를 보여서 1유로가 1.30달러이면, 100달러어치 원유에 76.92유로만 내면 된다.

따라서 자국 통화가 강세를 보이면 해외 투자를 좀 더 쉽게 할 수 있지만, 해외에 수출하는 물품은 너무 비싸져서 수출에 타격을 입는다.

## ¥€$

국제 화폐시장에서 오가는 수많은 화폐를 표시하기 위한 체계가 몇 가지 있다. 상품의 가격표에는 화폐 기호로 표시하며, 증권시장이나 외환시장의 화면에는 3문자의 부호로 표시한다. 통화 코드로 유로화는 EUR, 미국 달러화는 USD로 표시한다. 통화 코드를 사용하면 여러 나라에서 공유하는 화폐 단위의 혼동을 피할 수 있다는 장점이 있다. 예를 들어 파운드화에서 영국 파운드화는 GBP, 이집트 파운드화는 EGP, 레바논 파운드화는 LBP로 표시한다.

¥
혹은 元 CNY
위안 – 중국

€
EUR
유로 – 유럽

$
USD
달러 – 미국

₩
KRW
원 – 대한민국

ج.م
혹은 £ EGP
파운드 – 이집트

S/.
PEN
솔 – 페루

лв
BGN
레프 – 불가리아

DH
AED
디르함 – 아랍에미리트연합

₺
TRY
리라 – 터키

฿
THB
바트 – 태국

¥
혹은 円 JPY
엔 – 일본

د.م.
MAD
디람 – 모로코

$
ARS
페소 – 아르헨티나

R$
혹은 $ BRL
레알 – 브라질

£
GBP
파운드 – 영국

₼
AZN
마나트 – 아제르바이잔

₹
INR
루피 – 인도

₪
ILS
셰켈 – 이스라엘

руб
RUB
루블 – 러시아

## 위안화, 중국의 골칫거리

오랫동안 화폐는 금을 기준으로 가격이 매겨졌다. 금을 얼마나 살 수 있느냐가 화폐의 가치를 결정하는 것이다. 이를 금본위제라고 한다. 제2차 세계대전 이후로는 달러만이 금과 교환할 수 있는 유일한 화폐였다. 하지만 1970년대 이래로 미국은 금본위제를 폐지했다. 이제 어떤 화폐의 가치는 다른 화폐와 비교해서 정해진다. 날마다 외환시장에서 유로화, 파운드화, 달러화, 엔화 등의 화폐가 거래되며, 수요와 공급에 따라 환율이 결정된다. 이를 변동환율제floating exchange rate라고 한다.

하지만 변동환율제는 수많은 약소국에 위험할 수도 있다. 같은 시장에서 경쟁할 때 누가 가치가 떨어지는 약소국의 화폐를 사려고 하겠는가? 그래서 나온 해법이 고정환율제fixed exchange rate다. 화폐를 함부로 해외로 반출하지 못하게 하고, 임의로 환전할 수 없게 하며, 정부가 임의로 환율을 고정해놓는 것이다.

21세기 들어서 중국은 세계를 호령하는 초강대국 중 하나가 되었지만, 아직도 여전히 고정환율제를 고수한다. 중국 정부는 위안화의 환율이 외환시장에서 자유롭게 결정되도록 맡기지 않고 환율을 결정해서 고시한다. 많은 전문가가 중국이 수출을 증진하고자 위안화의 가치를 낮게 책정한다고 지적한다.

# 금융시장

경제의 세계에서 법칙을 정하는 것은 금융시장이다. 금융시장은 오래전부터 존재해왔고, 사람들이 그것에 시큰둥한 감정을 느끼는 것은 그리 새롭지 않다.

일찍이 볼테르는 말했다. "은행가가 창밖으로 뛰어내리는 걸 봤다면 그 뒤를 따라서 뛰어내려라. 그러면 취해야 할 이익이 있다는 걸 확실히 알게 될 것이다."

볼테르가 살던 시대와 그 이후에도 남모르게 이익을 차곡차곡 챙기는 주식 투기업자, 개미 투자자들은 끊임없이 비난을 받아왔다. 그런데 오늘날 문제는 금융 그 자체가 아니다. 경제가 돌아가려면 돈이 꼭 필요하다는 데 반대할 사람은 아무도 없다. 문제는 기술의 발전으로 금융 거래가 세계적으로 이루어진다는 것이다. 클릭 한 번으로 눈 깜짝할 사이에 세계의 시장을 넘나들며 엄청난 자금을 날릴 수 있다. 방에서 한 발자국도 움직이지 않아도 지구 반대편의 산업과 무역시장에 무시무시한 지진해일을 일으킬 수 있다. 그렇게 눈부시게 발전하는 최첨단 기술로 무장하고 현실과 동떨어진 엄청난 이익을 취하는 것을 '카지노 자본주의casino capitalism'라고 한다. 카지노의 손님은 트레이더, 기업, 국가들이다. 광물자원이나 농산물 등의 카드를 돌리다가 좋은 패를 맞춘 승자가 이익을 싹쓸이해가는 것이다. 이러한 카지노 자본주의의 예를 몇 가지 들어보겠다. 그리고 이러한 세계가 붕괴될 뻔한 서브프라임 위기를 알아보자.

## 1. 투기 광풍

투기란 어떤 물건의 시세 변동을 예측해서 높은 이익을 챙기려는 매매 거래를 말한다. 밀을 사서 당장 사용하거나 팔지 않고 저장해뒀다가 밀이 부족해졌을 때 더 비싼 값에 판다. 이런 식의 투기 거래는 옛날부터 있었고, 방식은 끊임없이 바뀌어도 오늘날까지 그대로 이어져 왔다.

21세기 초부터 활발하게 운영되는 투자회사의 일종인 헤지 펀드hedge fund도 투기에 바탕을 둔다. 그래서 프랑스에서는 '투기 펀드fonds spéculatifs'라고 번역한 용어를 사용한다. 헤지 펀드의 투자 종목은 외화, 원자재, 예술품 등 종류를 가리지 않으며, 거래는 순식간에 이루어진다. 같은 상품의 가격이 두 시장에서 서로 다를 때 싼 곳에서 사서 비싼 곳에서 팔아 차익을 챙기는 재정 거래arbitrage도 투기에 해당한다. 투자 문외한이 보기에는 위험성이 엄청나게 높고 부도덕하며 사용되는 기술이 무척 대담하다.

공매도short stock selling도 투기 기술의 일종인데, 약세장이 예상될 때 차익을 노리는 투자자들이 하는 거래 방식이다.

1. 채권이나 주식이 없는 상태에서 공매도 주문을 한다.
2. 결제일이 돌아오는 사흘간 가격이 내려가기를 기다린다.
3. 낮은 가격으로 산다.
4. 산 채권이나 주식을 매입자에게 돌려준다.
5. 시세 차익을 챙긴다.

공매도 같은 거래는 돈이 없어도 차입금으로 일단 투자한 다음 나중

## 토빈세란 무엇일까

1970년대 초, 금본위제도가 폐지되고 변동환율제도가 등장하자 투기꾼들이 끊임없이 외환을 사고팔았고 통화시장은 큰 혼란에 빠졌다. 이러한 상황을 진정하고자 미국 경제학자 제임스 토빈(James Tobin, 1918~2002)은 "톱니바퀴에 모래를 약간 뿌려야 한다"라고 주장하며 단기성 외환 거래에 아주 낮은 세율(0.05~0.5%)의 세금을 부과할 것을 제안했다. 세율은 낮아도 거래할 때마다 세금을 부과하면 거래 횟수를 줄일 수 있다고 주장한다. 그는 1981년에 노벨 경제학상을 받았다.

1990년대 말 프랑스의 국제금융관세연대ATTAC, Association for a Taxation of financial Transactions in Assistance to the Citizens를 비롯한 다양한 반세계화 운동 단체들은 토빈세를 모든 금융 거래로 확대해서 부과하자고 주장한다. 물론 원래 주장과는 모양새가 많이 달라졌지만, '토빈세'라는 이름은 계속 유지되고 있다. 2008년에 닥친 금융 위기의 여파로 결국 토빈세를 모든 금융 거래에 부과할 전망이다. 과거에는 이루어질 수 없는 이상주의자의 몽상이라고 여겼던 일을 주요 서구 정치 지도자들이 진지하게 검토하고 있다. 자유주의 성향의 조제 마누엘 바호주José Manuel Barroso 유럽연합 집행위원장은 2014년 전까지 토빈세를 도입할 것이라고 공언했다.*

에 거둔 이익으로 상환하는 방식이다. 이처럼 기업이나 개인 사업자가 자기자본이 적어도 차입금을 지렛대 삼아 이익률을 높이는 것을 지렛대 효과leverage effect라고 한다. 물론 위험률이 높다. 주식 시세가 내려갈 것이라 예상하고 공매도를 했는데 뜻밖에도 강세를 보이면 재앙이 닥친다. 따라서 주가를 낮추려고 악성 루머 유포, 여론 조작 등 온갖 불법 행위가 개입할 수도 있다. 그런 이유로 2010년대에 들어서면서부터 유럽 여러 나라에서 공매도를 금지하려고 시도했다.

## 2. 기존의 알고리즘에서 벗어나라

예전에는 주식시장에서 성공을 거두려면 통찰력과 경제, 무역에 대한 감각이 있어야 했다. 하지만 오늘날에는 수학을 공부하는 것이 낫다. 2000년대 들어서 주식시장에서 '퀀츠quants'라고 불리는 이들이 주목을 받는다. '퀀츠'는 '계량적 금융quantative finance'이라는 응용수학 분야에서 일하는 전문가다. 그들이 사용하는 미분, 확률, 알고리즘(98쪽 참조) 등에 기반을 둔 매우 복잡한 계산 모델은 금융 전쟁의 새로운 무기로 떠올랐다.

아주 짧은 시간에 대규모 매수, 매도 주문을 낼 수 있는 최첨단 컴퓨터 프로그램도 있다. 이를 극초단타매매HFT, high frequency trading라고 한다. 오늘날 대부분 거래는 컴퓨터를 통해 이루어지는데, 컴퓨터 화면을 지켜보며 주식시세 변화를 따라가다가 마우스를 클릭하는 방식은 이제 너무 느리기 때문이다. 극초단타매매의 거래 속도는 기하급수적으로 빨라져 2005년 2초이던 것이 2010년 150마이크로초(μs)가 되었다.

---

* 현재 유럽연합 11개국에서 2016년부터 시행하기로 합의했다.(옮긴이 주)

## 3. 서브프라임 위기와 죽음의 연쇄반응

2007~2008년 미국에서 시작된 서브프라임 위기가 전 세계에 어떤 재앙을 불러왔는지 아직도 많은 사람들이 기억할 것이다. 여기서 다시 한번 되짚어보자.

### 1단계: **부동산 위기**

2000년대 초 인터넷 거품(Internet bubble, 인터넷 관련 회사에 대한 투자 과열로 관련 주가가 과도하게 부풀려진 현상)이 붕괴하고, 이어서 9·11 테러가 일어나자 미국의 경기가 후퇴할 것이라는 걱정 어린 전망이 나온다.

경기를 부양하고자 미국의 중앙은행인 연방준비제도이사회(Fed, Federal Reserve Board)는 금리를 인하한다. 아주 낮은 대출금리가 적용되기 시작하자 금융회사들은 갚을 능력이 없는 사람들에게조차 대출을 받을 것을 권한다. 미국 금융계에서 사용하는 용어로 수입이 높고 신용 등급이 높은 우량 고객에게 돈을 빌려줄 때 적용하는 우대금리를 프라임레이트prime rate라고 한다. 반면 신용 등급이 낮은 고객에게는 더 높은 금리인 서브프라임(subprime, 비우량 대출) 금리를 적용한다. 서브프라임 모기지subprime mortgage는 주택을 담보로 하는 대출이다. 다시 말해 고객이 돈을 갚지 못하면 주택을 은행에서 가져가는 것이다.

부동산은 끊임없이 오를 것이므로 문제가 생기더라도 집을 팔기만 하면 투자금보다 더 높은 이익을 거둘 수 있을 것이다. 2006~2007년까지는 모두 그렇게 믿었다.

그러나 일이 예상대로 돌아가지 않았다. 연준리가 금리를 다시 인상하자 대출 상환액이 올라가고 상환할 수 없는 사람들이 늘어갔다. 어쩔 수 없이 집을 팔아야 하는 사람들이 생겨나자 집값은 내려가고 집을 팔아도 원리금을 감당할 수 없게 된다. 압류가 이어지자 집값은 더욱 내려가고 수천 명의 사람이 거리로 나앉는 신세가 된다. 결국, 은행들은 빌려준 돈을 되돌려 받지 못한다.

### 2단계: **은행의 위기**

이런 부실채권을 누가 가지고 있었을까? 거의 모두가 갖고 있었지만, 누군지는 알 수 없었다. 그것이 문제였다. 모기지 회사에서 돈을 빌려줄 때 고객이 갚을 능력이 되는지를 주의 깊게 살피지 않았고, 이런 부실채권을 금융회사에 팔아서 대출 재원을 마련했다. 금융회사들은 그 채권을 증권화securitization해서 다양한 금융 상품으로 유통했다. 이렇게 해서 만들어진 수많은 금융 상품을 산 사람들이 모두 부실채권의 늪에 빠졌다. 공포가 퍼져나가며 가장 채무를 많이 진 사람부터 도태되기 시작했다. 주가는 내려가고 도산이 줄줄이 이어졌다.

### 3단계: **위기의 세계화**

서브프라임 사태에서 가장 충격적인 일은 2008년 9월 15일에 일어났다. 세계적으로도 손꼽히던 투자은행이며 150년의 역사를 지닌 리먼브러더스Lehman Brothers가 파산을 선언한 것이다. 공포는 몇 시간 만에 전 세계로 퍼져나갔다. 마치 1929년의 대공황이 재현되는 것 같았다. 금융회사들이 줄줄이 문을 닫았고, 예금자들은 충격에 빠졌고, 세계가 암운에 휩싸였다. 각국 정부는 대공황 때도 하지 않았던 일을 하기로 한다. 공적 자금을 대거 투입하고 대출, 보증, 국유화 등 온갖 방법을

## 제롬 케르비엘, 일그러진 영웅

2008년 1월, 제롬 케르비엘Jérôme Kerviel이라는 서른한 살의 프랑스 젊은이가 그가 다니던 직장인 소시에테제네랄Société Générale은행에 50억 유로에 육박하는 손실을 입혔다는 소식이 전해졌다. 그 이후로 그의 이름은 전 세계에 알려졌고 얼굴이 그려진 티셔츠, 희곡, 에세이, 소설 등이 나올 정도로 우리 시대의 '아이콘' 대접을 받았다.

50억 유로라는 금액은 빙산의 일각에 불과했다. 케르비엘은 선물시장(先物市場, Futures Market)에서 일했다. 다시 말해 미리 매수, 매도 계약을 하고 인수는 나중에 하는 거래를 했는데, 그가 운용한 액수가 무려 500억 유로에 달했다.

이 사건이 알려지자 세계적으로 열띤 논쟁이 벌어졌다. 케르비엘을 비난하는 이들은 그가 닉 리슨Nick Leeson에 버금가는 악덕 트레이더rogue trager라고 몰아붙였다. 영국의 파생 상품 딜러였던 닉 리슨은 위험한 투자로 1995년 베어링스Barings은행을 파산시켰다.

하지만 옹호하는 이들은 케르비엘 역시 시스템의 희생자일 뿐이라고 두둔한다. 모든 사람이 이익을 좇는 데 혈안이 되어 온갖 위험을 무릅쓰지만, 자칫 잘못해서 손해를 보기라도 하면 곧바로 버려지는 시스템 말이다.

동원해서 금융회사를 살리기로 한 것이다. 각국의 공적 자금이 1조 달러가량 투입되었고, 그중 미국 정부가 투입한 공적 자금만 7,000억 달러에 달했다. 이런 천문학적인 지출은 부채 위기를 몰고 왔다.

## 채무

예전에 낭비벽이 심한 왕들은 아주 간단한 방법을 써서 은행에 진 빚을 해결했다. 은행가들을 감옥에 집어넣거나 재산을 몰수해서 왕국 밖으로 내쫓는 것이었다. 오늘날에도 이런 방법으로 나랏빚을 해결하고 싶은 정치 지도자들이 한두 명이 아닐 것이다. 21세기 들어 '부채'라는 새로운 유령이 전 세계를 맴돈다.

정치 지형에서 우파로 분류되는 사람들은 공공 부문 부채가 발생하는 이유는 오로지 정부가 세금을 지나치게 많이 낭비하기 때문이라고 주장한다. 모든 분야에 간섭하고 싶은 쓸데없는 의욕과 재원을 댈 능력도 없으면서 사회 안전망을 한없이 확장하고 싶은 욕심 때문에 국가 재정이 파탄에 이른다는 것이다.

이들과 반대편에 있는 사람들은 폭주하는 자본주의의 부작용이 공공 부문 부채를 키운다고 주장한다. 이윤만을 맹목적으로 추구하는 파괴적인 경쟁이 초래한 사회적 피해를 수습하는 데 정부가 너무 많은 공적 자금을 투자하기 때문이라는 것이다. 서브프라임 사태 때 정부 지원을 받았던 금융회사들을 예로 들어보자. 이들은 이익 앞에서는 피도 눈물도 없이 냉정하더니 파산 위기가 닥치자 정부에 도움을 구걸했다. 그런데 가까스로 위기에서 벗어나자 도와준 손길을 무시하고 또다시 이윤 추구에만 혈안이 되었다. 2010년에 접어들면서 각국에 부채 위기가 닥치자 금융시장은 냉정하게 외면하고 있다. 이들 정부의 재정이 약해진 것은 불과 2년 전 서브프라임 사태로 붕괴 직전에 간 금융시장을 구제하려고 공적 자금을 대거 투입했기 때문이 아닌가?

우리 시대의 키워드 중 하나가 된 부채에 대해 간략하게 알아보자.

## 1. 몇 가지 용어

정부는 해마다 지출을 한다. 군대, 경찰, 학교 등을 유지하는 데에는 비용이 든다. 수입도 거두어들인다. 정부의 수입은 소유 자산(국유림, 문화재 등)에서 나오기도 하지만, 대부분은 세금으로 충당한다. 세금에는 직접세(납세자가 정부에 직접 내는 세금을 말하며, 소득세, 재산세 등이 있다)와 간접세(상품의 가격에 부과되는 소비세 같은 세금을 말한다. 부가가치세가 가장 많은 비중을 차지한다)가 있다. 연말이면 정부는 세금의 수입과 지출을 결산한다. 국고에 돈이 남아 있으면 재정 흑자이고, 부족하면 재정 적자다.

재정 적자를 메우려면 정부는 돈을 빌려야 한다. 국민에게 빌릴 수도 있고, 금융시장에서 빌릴 수도 있다. 해가 갈수록 정부가 빌리는 돈이 누적되면 금리도 올라간다. 이것이 바로 국가 부채national debt다.

사회보장제도(건강보험, 실업 급여, 노령연금, 가족 보조금 등)를 담당하는 기관을 비롯한 공공기관과 지방자치단체들도 빚을 질 수 있는데, 이런 부채를 모두 합한 것을 공공기관 부채public debt라고 한다.

2011년 말 프랑스의 공공기관 부채는 1조 6,880억 유로에 달했다. 작은 나라면 감당하기 어려운 어마어마한 액수지만, 큰 나라면 그런대로 버틸 만하다. 따라서 세계경제에서 한 나라가 차지하는 위치를 다른 나라와 비교할 때에는 국내총생산GDP 대비 공공기관 부채 비율로 많이 표기한다.

**2012년 말 공공기관 부채(유럽연합통계청 통계)**

| | | | |
|---|---|---|---|
| **에스토니아** | 10.1% (GDP 대비) | **아일랜드** | 117.6% |
| **폴란드** | 55.6% | **포르투갈** | 123.6% |
| **독일** | 81.9% | **이탈리아** | 127% |
| **프랑스** | 90.2% | **그리스** | 156.9% |

한 국가의 경제 주체가 다른 나라에 갚아야 할 돈의 총액, 다시 말해 정부는 물론 기업이 외국에서 빌려온 돈과 금융기관의 해외 차입금을 모두 포함한 금액을 총 대외 채무(총외채, external liabilities)라고 한다. 그중 정부가 갚아야 할 돈이 정부 부채sovereign debt다. 국가가 국제 금융시장에 갚아야 할 돈을 마련하지 못할지도 모르는 상황이 '부채 위기'다.

## 2. 눈덩이 효과

많은 국가가 부채를 졌거나 지고 있다. 하지만 부채가 꼭 나쁜 것만은 아니다. '좋은 부채'도 있다. 대규모로 투자하거나, 새로운 대학교를 설립하거나, 도로를 새롭게 낸다거나 하려고 돈을 빌리는 것은 미래를 위한 좋은 투자가 될 수 있다.

전통적으로 보수주의자들은 재정에 관해서 가진 것보다 더 많이 소비하면 안 된다는 견해를 고수한다. 반면 영국의 경제학자 존 메이너드 케인스(John Maynard Keynes, 1883~1946)의 주장을 따르는 케인스주의자들은 적자재정을 운용하는 것이 위기일 때 오히려 아주 유용할 수도 있다고 말한다. 그 예로 1930년대 미국의 루스벨트 대통령이 뉴딜 정책을 실행하여 미국을 경제 침체의 늪에서 구해낸 일을 든다. 대규모 건설 공사를 시행하거나, 사회 보조금의 형태로 사람들에게 돈을 나누어주는 등의 방식으로 정부는 경기가 좋아지도록 도울 수 있다. 이를 경기부양이라고 한다.

하지만 2010년대의 위기는 이런 낙관적인 시나리오가 어느 단계에 이르면 한계에 부딪힌다는 사실을 보여준다. 부채는 곧 더 많은 부채를 부른다는 데 문제가 있다. 재정 적자를 메우려면 빚을 좀 더 져야 하는데, 그러면 감당해야 할 금리는 점점 더 과중해지며, 다음 해에는 더 많은 적자를 보게 된다. 이를 '눈덩이 효과snowball effect'라고 한다. 또한, 국가가 빚을 많이 질수록 채권자들은 상환 능력에 대해 의심을 품게 되며 이자를 더 높이 받으려고 한다. 이런 위태로운 상황이 계속되다가 한계에 달하면 모두에게 재앙이 닥친다. 국가가 해외에서 빌려온 돈을 갚지 못하겠다는 '채무 불이행default'을 선언하는 것이다. 그러면 정부는 공무원의 봉급을 지급할 수 없고 여러 가지 사업을 할 수 없게 되어 나라가 만신창이가 된다.

채권자들 역시 마찬가지다. 돈을 특히 많이 빌려준 은행들은 부도 위기에 처하게 되고, 도미노처럼 줄도산하게 된다.

## 신용평가기관

누구든지 돈을 투자하고 싶다면 어디에 발을 담그게 될지에 대해 몇 가지 정보를 얻고 싶어 한다. 경제의 세계에서는 이런 정보를 신용평가기관에서 제공한다. 무디스Moody's, 스탠더드앤푸어스Standard and Poor's, 피치Fitch가 세계 3대 신용평가기관이다. 신용평가기관은 기업과 국가의 재무 건전성을 정확하게 분석하고, 점수를 매겨서 고객에게 이들 기업과 국가에 투자해도 좋을지를 알려준다. 그것이 바로 이들이 내리는 신용 등급의 의미다.

대체로 7단계의 신용 등급이 있다. AAA는 아무 걱정 없이 돈을 빌려줘도 되며 이자도 잘 받을 것이라는 뜻이며, C나 D는 '투자 부적격'으로 돈을 빌려주면 절대 못 받을 것이므로 얼른 도망치는 것이 낫다는 뜻이다. 신용평가기관의 힘은 막강하다. 투자를 받고 싶은 쪽에서는 어떤 신용 등급을 받느냐에 막대한 돈이 달려 있기 때문이다.

하지만 이들 기관의 신뢰도가 종종 도마 위에 오른다. 이해관계에 따라 애매한 평가를 하기도 하기 때문이다. 가끔 자신들의 고객인 회사의 신용 평가를 하기도 하는데, 그런 평가가 그리 객관적이라고 하기는 어렵다. 신용평가기관이 저지른 두 가지 심각한 실수를 지적하는 이들도 있다. 2001년 미국의 대기업 엔론Enron이 파산하기 나흘 전 신용평가기관들은 이 회사의 신용 등급이 매우 우수하다고 평가했으며, 서브프라임 사태가 일어나기 직전까지 서브프라임 모기지에 높은 신용 등급을 주었다는 것이다.

## 3. 해결책

부채를 줄여야 한다는 데에는 모두 동의한다. 어떻게 줄여야 할지 많은 논의가 이어지는데도 이야기는 제자리를 맴돈다. 이 문제를 해결하려고 하버드 대학교까지 갈 필요는 없다. 적자를 해결하는 방법은 단 두 가지니까 말이다.

수입을 늘리거나 지출을 줄이면 된다.

이 두 가지 방법은 공통점이 있다. 실행하기가 어렵고, 불편한 점이 수도 없이 많다는 것이다.

정부가 수입을 늘리려면 세금을 올려야 한다. 소비재에 부과되는 간접세를 올릴까? 그러면 가장 가난한 사람들까지 포함해서 모든 이의 세금 부담이 늘어난다. 직접세를 올려서 "부자들에 더 많은 세금을" 걷으면 어떨까? 일부 부유층이 누리는 대단히 사치스러운 생활을 떠올리면 부자에게 세금을 많이 걷는 것이 정의를 실현하는 길인 것 같다. 하지만 어느 정도까지 세금을 매겨야 할까? 직접세 인상을 반대하는 이들은 일정한 선을 넘어가면 "지나친 세율이 세금을 줄어들게 한다"라고 주장한다. 세금을 많이 내야 하는 사람들은 내지 않을 방법을 찾을 것이고, 돈을 몰래 빼돌릴 것이며, 투자가 위축되어서 경기가 후퇴할 것이라고 주장한다.

정부는 국유 건물, 국유림, 국유지 등을 팔아서 재원을 마련할 수도 있지만, 이는 미봉책에 불과하다. 그렇다면 재정을 삭감해서 소비를 줄이는 것은 어떨까?

• 무엇을 줄일까

“줄일 건 장관과 국회의원들의 월급밖에 없다”라고 유권자들은 주장한다. 이러한 조치로 유권자의 환심은 살 수 있겠지만, 실질적으로 큰 도움은 되지 않는다.

• 그렇다면 어디에서 삭감할까

사회보장 분야에서 실업 급여를 줄이고 건강보험 환급금을 적게 주는 것은 어떨까? 공공서비스 분야에서 교사, 경찰, 소방관의 수를 줄이는 것은 어떨까?

하지만 그렇게 하면 실업자를 더욱 많이 양산할 뿐이다. 이들은 세금을 낼 수도 없고, 소비할 수도 없으며, 사회적 재난을 피할 수 있도록 도와야 하는 존재다. 사회보장과 공공서비스 재정을 삭감하는 것은 둘 다 나쁜 해결책인데, 대부분 정부는 대체로 중간을 선택한다. 두 분야에서 조금씩 삭감하는 것이다.

그럴 경우 나라가 아직 건재하다면 경기 회복에 도움이 될 수도 있다. 하지만 나라가 절벽 끝에 서 있다면 오히려 더 깊은 수렁으로 빠지게 될 것이다. 후자를 2010년 이후 그리스에서 볼 수 있다. 엄청난 채무에 시달리던 그리스는 부도 직전에 이르렀다. 그래서 정부는 적자를 메우려고 재정을 대폭 삭감하고 국민 각자가 알아서 노력할 것을 주문했다. 결국, 이러한 정책은 나라 상황을 더욱 악화해서 경제가 회복하기는커녕 오히려 완전히 주저앉는 결과를 낳았다.

## 기축통화, 달러

프랑스의 전직 대통령 발레리 지스카르 데스탱(Valéry Giscard d'Estaing , 1974~1981 재임)이 1960년대 재무 장관이었을 때, 기축통화로서 달러가 사용되는 것이 "달러의 과도한 특권"이라고 한 적이 있다. 자국 통화인 달러가 기축통화인 덕분에 미국은 채무 부담을 다른 나라보다 적게 느끼며, 이는 지정학적으로 불합리하다는 푸념이다.

미국은 엄청난 부채를 지고 있다. 2011년 8월 공공기관 부채가 국내총생산 대비 100퍼센트가 넘는 '100퍼센트 클럽'에 들어갔을 정도다. 약소국이었다면 매우 끔찍한 상황이었을 테지만, 세계 최강국인 미국으로서는 걱정스럽기는 해도 재앙 수준은 아니다. 게다가 미국은 '달러'라는 조커를 갖고 있다. 전 세계 모든 나라가 달러와 미국 국채를 보유하고 있고 원자재를 비롯한 대다수 무역 거래가 달러로 결제된다.

따라서 미국은 언제나 달러를 더 발행해서 채무를 해결해왔고, 앞으로도 그런 방법을 쓸 수 있다. 달러를 더 발행하면 가치는 낮아진다. 여느 나라라면 수입품 가격이 비싸지고, 외환으로 결제해야 하는 채무액도 올라가므로 위험한 상황일 수도 있다. 하지만 채무액을 자국 통화로 갚아도 된다면 아무런 상관이 없다. 채권국이 보유한 달러의 가치가 낮아지면 갚아야 할 돈이 줄어들 뿐이다.

# 5.
# 과학

우리는 우주에 대해서 어느 정도까지 알까?
태양계를 구성하는 물질은 어떻게 생겨났으며
어떤 것들이 있을까? 오늘날까지 관찰된 다양한 물질들,
특히 2012년 7월 발견되어 전 세계 물리학자들이 환호를
보낸 '힉스 보손'은 어떤 역할을 하는가?
과학은 무한히 작은 세계와 인류를 괴롭히는 커다란
문제 사이에 연결 고리를 만들 수 있게 해준다.

# 우주에 관한 모든 것

우리는 우주에 대해서 어느 정도까지 알까? 태양계를 구성하는 물질은 어떻게 생겨났으며 어떤 것들이 있을까? 오늘날까지 관찰된 다양한 물질들, 특히 2012년 7월 발견되어 전 세계 물리학자들이 환호를 보낸 '힉스 보손Higgs boson'은 어떤 역할을 하는가?

우선 기본 입자가 무엇인지 알아보고, 그 입자들이 어떻게 상호작용하는지 살펴보자.

## 1. 물질의 비밀

천체물리학은 과학자들을 특히 매료하는 분야다. 적용 분야가 어마어마하고 기초연구에 수많은 방법이 동원되기 때문이다. 제네바 근처에 있는 유럽입자물리학연구소CERN, Centre de recherche en physique des particules는 제2차 세계대전 후에 십여 명의 물리학자가 시작했는데, 오늘날에

**원자에서 쿼크까지**

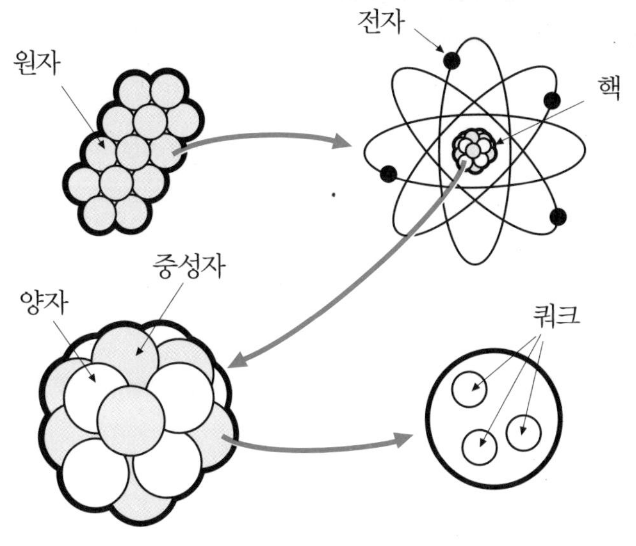


는 85개국에서 모여든 과학자 8,000여 명이 함께 연구한다.

천체물리학은 자연에 공존하는 다양한 물질들이 어떻게 생겨났는지를 연구하는 학문이다. 과학자들은 물질의 기원을 이렇게 설명한다. 130억 년 전 빅뱅으로 우주가 처음 시작되었을 때, 여러 입자(양자, 중성자, 전자)가 결합해서 원자(주로 수소와 헬륨)를 만들었다. 에너지는 물질로 변화했다. 최초의 물질은 별들이 생성될 때도 관여했고, 핵융합, 폭발 등을 거쳐서 수소보다 무거운 탄소나 철 같은 새로운 원자를 탄생시켰다.

천체물리학자들은 우리의 태양계와 태양계를 구성하는 물질이 지금은 소멸한 별들의 폭발로 생겨났다는 사실을 보여주었다. 다시 말해 지구 자체를 비롯한 광물, 식물, 동물, 인간 등 지구 상에 존재하는 모든 것의 구성 성분이 별들의 먼지라는 것이다.

빅뱅으로 물질이 처음 생겨났다. 그렇다면 물질을 구성하는 요소는 정확히 무엇일까? 점점 더 정밀해지는 현미경과 대형 입자가속기의 개발과 더불어 과학자들은 기본 입자에 대해 깊이 있게 연구할 수 있게 되었다. 우주는 상호작용하는 보이지 않는 입자들 전체로 구성되어 있다.

순서대로 차근차근 접근하면 기본 입자가 무엇인지 쉽게 이해할 수 있다. 물질은 분자로 구성되어 있다. 분자는 원자로 나눌 수 있고, 원자는 핵과 전자로 구성되어 있다. 핵은 양자와 중성자로 이루어져 있다. 양자와 중성자는 '쿼크quark'라는 초소립자로 구성되어 있다. 전자와 쿼크는 다른 입자로 구성되어 있지 않고, 더는 나눌 수 없으므로 물질의 최소 단위(최종 단계)이며 기본 입자라고 인정된다.

## 물질의 기본 입자

입자와 관련한 몇 가지 용어를 알아보자.

원자atom: 원자는 화학원소로서 특징을 유지하는 가장 작은 입자다. 예전에는 물질의 최소 단위로 여겨졌으나, 현대물리학에서는 핵과 전자로 구성된 것이 밝혀졌다.

빅뱅big bang: 태초의 우주는 밀도가 크고 뜨거웠는데, 약 137억 년 전 대폭발이 일어나서 팽창우주가 되었다는 이론이다. 천체물리학자들은 빅뱅으로 최초의 원자인 수소와 헬륨이 생성되었음을 관측을 통해 알아냈다. 다른 가설을 옹호하던 과학자들이 비꼬는 의미로 이름 붙인 빅뱅 이론은 오늘날 정설로 인정되며 계속 다듬어지고 있다.

보손boson: 인도의 물리학자 사티엔드라 나스 보스(Satyendra Nath Bose, 1894~1974년)의 이름을 땄으며 보스 입자라고도 한다. 여러 입자 사이의 상호작용과 힘을 매개하는 입자다. 광자와 글루온gluon이 보손이다.

전자electron: 원자의 구성 요소이며 음전하를 띤 소립자다. 정전기, 전도, 자기 현상 같은 물리현상이 일어나는 데 핵심 역할을 한다. 질량은 $9.1 \times 10^{-31}$킬로그램이며, 0.511메가일렉트론볼트MeV의 에너지에 해당한다.

전자기electromagnetic: 전자기파는 에너지가 전달되는 과정에서 생기는 파장이다. 광자가 전파할 때 에너지가 발생하며, 전기장과 자기장에 파동을 일으킨다. 육안으로도 감지할 수 있는 이 파장을 빛이라고 한다. 엑스(X)선을 비롯한 여러 진파도 전자기파다.

핵자nucleon: 원자핵을 구성하는 기본 입자로 양성자와 중성자neutron가 여기에 속한다.

광자photon: 광자는 전자기적 상호작용을 매개하는 보손 입자다. '빛'을 뜻하는 그리스어 '포토스(φωτός, photos)'에서 그 이름을 땄다. 빛은 눈에 보이는 전자기파(가시광선)다.

양성자proton: 그리스어로 '처음'을 뜻하는 '프로토스(πρῶτος, protos)'에서 그 이름을 딴 양성자는 초창기에 발견된 입자 중 하나다. 핵자에 속하며 전자와는 반대로 양전하를 띤다. 쿼크로 이루어져 있으며 중성자와 함께 원자핵을 구성한다.

쿼크quark: 물질의 기본 입자이며 강한 상호작용을 한다. 위up, 아래down, 기묘strange, 맵시charm, 바닥bottom, 꼭대기top, 이렇게 여섯 종류가 있다. 쿼크는 단독으로 존재할 수 없으며 두 개, 혹은 세 개가 조합돼 있다. '쿼크'라는 이름은 제임스 조이스의 『피네건의 경야*Finnegan's Wake*』에 나오는 문장에서 따왔다.*

## 입자가속기

제네바 근처 지하 100미터에 세계에서 가장 크고 강력한 입자가속기가 있다. 둘레가 27킬로미터에 달하는 괴물 같은 가속기의 이름은 거대강입자가속기LHC, Large Hadron Collider이며, 유럽입자물리학연구소에서 개발했다. 가속기를 가동해 광속에 가까운 속도로 입자들을 충돌시키면 우주의 탄생 순간을 재현할 수 있다. 2012년 7월 거대강입자가속기를 이용해서 힉스 보손을 발견할 수 있었다.

## 기본 입자의 분류

동물학자는 이해가 안 되면 분류한다는 말을 곧잘 한다. 물리학자도 마찬가지다. 그들은 모든 기본 입자를 관측하지 못했지만, 열일곱 개 기본 입자와 그 사이에서 나타나는 상호작용을 분류해놓았다.

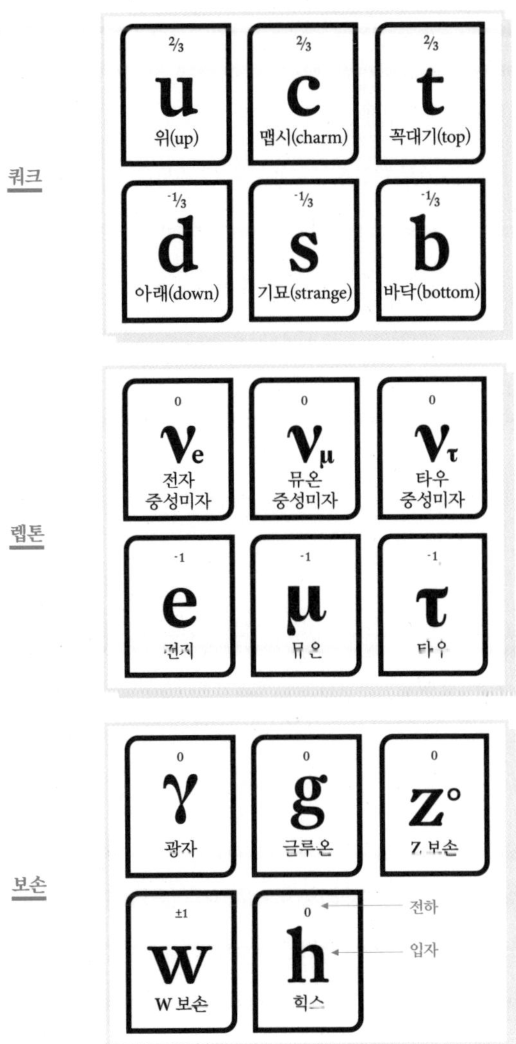


* 물리학자 머리 겔만(Murray Gell–Mann)이 『피네건의 경야』의 한 구절, "세 입자 쿼크의 점호 신호여!(Three quarks for Muster Mark)"에서 그 이름을 가져왔다고 한다.(옮긴이 주)

## 2. 우주의 모형

실험은 과학을 발전시키는 가장 손쉬운 방법이다. 화학자는 두 물질 사이에 일어나는 반응을 관찰하면 그 이유와 방법을 알아내고자 현상을 똑같이 재현해내려고 시도한다. 하지만 입자물리학의 세계에서는 이런 과정이 반대로 진행된다. 입자물리학자가 방정식을 하나 제시하면 과학자들이 온통 달려들어서 그 가설을 증명하거나 깎아내리려고 시도한다. 이론은 순전히 물리학자의 머릿속에서 나오며, 법칙을 세우면 유효성을 증명해야 한다.

우주에 관한 중요한 법칙들은 많은 방정식이 쌓여서 만들어졌다. 1970년대에 과학자들은 이런 가설들을 집대성해서 각각의 기본 입자와 그 입자들의 상호작용을 상세하게 설명하는 이론 체계를 만들었다. 이를 표준 모형standard model이라고 한다. 가장 놀라운 점은 입자가속기로 여러 실험을 하여 표준 모형을 거의 완전히 증명했다는 것이다.

표준 모형에서 설명하는 입자 간 상호작용을 알아보자.

첫 번째는 전자기적 상호작용electromagnetic interaction이다. 하전(電荷, electric charge)을 가지는 입자와 광자 사이에서 일어나는 끌어당기고 밀어내는 상호작용을 말한다. 이러한 상호작용으로 모든 광학 법칙과 가시광선인 빛을 설명할 수 있다.

두 번째는 강한 상호작용strong interaction이다. 원자핵이나 중간자들을 상호작용하고 결합하게 하는 힘이며, 전자기적 상호작용보다 훨씬 강하다. '강한 핵력strong nuclear force' 혹은 '강력'이라고 부르기도 한다. 핵분열, 원자폭탄 폭발, 원자력발전소의 에너지 생산 등 사례에서 보듯 원자핵이 쪼개질 때 왜 어마어마한 에너지가 발산되는지를 강한 상호작용으로 설명할 수 있다.

세 번째는 약한 상호작용weak interaction인데, 중성자가 양성자로 변하면서 질량과 전하가 거의 없어서 관측하기 어려운 '중성미자'라는 소립자가 방출되는 핵 현상(베타붕괴)에 작용하는 힘이다.

표준 모형으로 우주에 존재하는 힘을 이해할 수 있다. 하지만 우리를 지구 표면에 붙잡아두고 천체 운동을 관장하는 힘인 중력 상호작용gravitational interaction은 설명할 수 없는 한계가 있다. 아이작 뉴턴Isaac Newton이 만유인력의 법칙을 확립한 17세기 하반기부터 중력을 오랫동안 연구해왔고 그 영향은 확실히 입증했지만, 중력파 자체를 관측하지는 못했다.

중력파는 과학이 풀어야 할 수수께끼로 남아 있다. 어쩌면 중력파는 우리가 아직 확실히 규정짓지 못하는 차원에서 전달되는 진동의 간접적인 반향일 수도 있다. 이러한 착상에서 나온 것이 초끈 이론superstring theory이다. 우주에는 우리가 아직 알지 못하는 여러 차원이 존재한다는 이론이다.

# 힉스 보손

힉스 보손의 발견과 함께 과학의 역사는 새로운 전기를 맞게 되었다. BEH 보손(1964년 '힉스 메커니즘' 이론을 내놓은 브라우트(Brout)·엥글레르(Englert)·힉스(Higgs)의 성 첫 글자를 딴 이름)이라고도 불리는 힉스 보손은 실제로 관측된 적이 없었다. 그런데 2012년 7월 거대강입자가속기에서 이루어진 입자 충돌 실험에서 아주 잠깐 힉스 보손일 가능성이 매우 큰 입자가 나타났다.* 힉스 보손의 질량은 양자나 중성자보다 133배 더 무겁다.

힉스 보손의 발견이 왜 그토록 중요한 것일까? 빅뱅 당시 힉스 보손이 물질에 질량을 부여해주었을 것이라는 과학적 가설을 증명해주었기 때문이다. 힉스 보손을 발견함으로써 과학자들은 추측과 수식이 아닌 확실한 근거를 가지고 우주의 기원에 대해 좀 더 분명하게 연구할 수 있게 되었다. 힉스 보손 덕분에 우리는 우주에서 방출된 에너지가 어떻게 안정적이고 질량이 있는 물질이 되었는지를 알 수 있게 되었다.

---

* 2013년 3월 과학자들은 수많은 실험 데이터를 통해 힉스 보손이 발견되었음을 공식적으로 선언했다.(옮긴이 주)

** 암흑물질에 대해서는 아직 확실하게 밝혀진 것은 없다. "우주의 약 23%를 차지하는 더 중요한 구성 물질이 있는데 이것이 바로 암흑물질(暗黑物質, dark matter)이다. (…) 보통 물질 4%와 암흑물질 23%를 뺀 나머지 73%는 무엇일까? 1998년에 들어서야 과학자들은 이에 관심을 가지기 시작하였다. 현재 우주는 우주 안에서 물질들이 끊임없이 서로 끌어당기고 있음에도 불구하고 계속 팽창하고 있으며 심지어는 그 팽창 속도가 더 빨라지고 있다. 이것은 우주 안에 있는 물질들의 중력을 모두 합친 것보다 더 큰 어떤 힘이 우주를 팽창시키고 있음을 의미한다. 이 힘을 암흑에너지라고 하며 어떤 것인지 모르기 때문에 암흑(dark)이라고 부른다."(윤경철, 『대단한 하늘여행』, 푸른길, 2011) (옮긴이 주)

## 암흑물질과 반물질

우주의 질량은 어느 정도일까? 은하계를 구성하는 요소들(별, 가스, 성간물질 등)을 더하거나 우주의 움직임을 통해서 질량을 추론하면 그 결과가 똑같지 않다. 이러한 계산을 우주 전체로 확장하면, 행성과 항성을 이루는 원자와 분자 같은 '보통 물질'은 전체 질량의 4퍼센트에 불과하다. 나머지 96퍼센트를 차지하는 물질을 '암흑물질dark matter'이라고 한다.** 천체물리학자들은 우주가 어떻게 유지되고 은하계들이 어디에서 왔는지 알아내고자 암흑물질의 수수께끼를 풀기에 여념이 없다. 암흑물질을 통해 중력을 설명할 수 있을지도 모른다.

암흑물질과 반물질antimatter을 혼동하지 말 것. 반물질은 보통의 물질을 구성하는 소립자(양성자, 중성자, 전자 등)의 반입자(반양성자, 반중성자, 양전자 등)로 구성되는 물질을 말한다. 처음에 반물질은 1928년 폴 디랙Paul Dirac이 제시한 방정식에 기반을 둔 수학적 가설로만 존재했다. 그런데 1932년 전자와 정확히 똑같은 질량을 가졌으면서 반대의 전하를 띤 입자(양전자)가 발견되면서 반물질이 실제로 존재함이 증명되었다. 오늘날 물리학자들은 반물질을 구체적으로 적용하는 방법을 찾으려고 연구하고 있다. 의학계에서는 양전자 단층촬영PET, Positron Emission Tomography이 이미 활용되기도 하다.

# 지구의 생명체

지구에 생명체가 등장하게 된 조건은 무엇일까? 생명체가 탄생하려면 무엇이 필요할까? 물리학자는 양성자와 중성자의 비율이 맞아야 한다고 주장한다. 화학자는 주로 이산화탄소로 구성된 60도 이하의 대기가 필요하다고 말한다. 천문학자는 필요한 것이 갑작스러운 에너지 공급, 즉 지구와 혜성의 충돌이라고 주장한다. 지질학자는 유황 성분이 풍부한 열수 분출구hydrothermal source라고 반박한다. 세균학자도 나름대로 흥미로운 가설을 내놓는다. 연구 분야마다 지구에서 생명체가 등장하게 된 배경을 여러 가지 이론으로 설명하지만, 생명체가 왜 나타났는지, 어떻게 현재의 모습을 갖추게 되었는지에 대한 뚜렷한 답은 아직 없다. 하지만 생명체가 존재하고 의미가 있다는 사실에는 이견이 없다. 그것이 어디에서 시작되었는지를 옥신각신하기보다는 생명체의 진화를 이해하는 것이 더 중요할 것이다.

## 1. 진화하는 생명체

태초에 수프가 있었다. 지구에 생명체를 탄생시킨 탄소, 암모니아 등이 혼합된 유기물 용액을 원시 수프(원생액, primordial soup)라고 부른다. 현재 확인할 수 있는 최초 생명체인 박테리아와 남조류의 흔적은 대략 38억 년 전으로 거슬러 올라간다. 생물학자들은 생명체의 진화가 아미노산 분자의 발달과 일치한다고 주장한다. 에너지의 작용으로 아미노산 분자가 결합하고 세포를 형성한다. 이러한 현상은 단순하지만 경이롭다. 이를 통해 우리는 생물을 이루는 물질이 어떻게 기능하는지를 알게 되었고, 유전물질genetic material이 대를 이어가며 전해지는 과정도 알게 되었다.

원시 수프에 리보핵산RNA, Ribonucleic acid이 들어 있었다고 과학자들은 주장한다. 리보핵산은 세포 속 단백질을 합성할 때 직접 작용하는 물질이며, 데옥시리보핵산DNA, Deoxyribonucleic acid의 전구물질이다. DNA는 RNA에서 산소 원자 하나가 빠진 복잡한 분자인데, 그 구조와 기능이 1950년대에 발견되었다. 고분자 유기물인 핵산의 일종인 DNA에는 생물의 특성과 번식에 필요한 정보가 담겨 있다. 두 줄의 분자 사슬이 나선형으로 꼬여 있고, 그 속에 염기쌍이 번갈아가면서 결합한 이중나선 구조다. DNA의 염기 배열 순서를 유전자 코드genetic code라고 하는데, 이 순서에 따라 생물 종의 특성이 결정된다. 유전자 코드는 연속된 세 개의 염기로 이루어져 있으며, 세포가 해석할 수 있는 메시지를 주고받거나 단백질합성에 관여한다. 이렇게 합성된 단백질이 생물을 구성한다.

## 단계 정리

- 쿼크와 전자가 원자를 이룬다.(140쪽 기본 입자 참조)
- 원자 여러 개가 결합하여 분자를 이룬다.
- 생물을 구성하는 물질은 DNA를 비롯한 유기 분자로 이루어져 있다. DNA는 핵염기nucleobase로 구성되어 있다.
- 염기가 모여서 만들어진 유전자에는 단백질합성에 필요한 정보가 담겨 있다.

**세포에서 DNA까지**

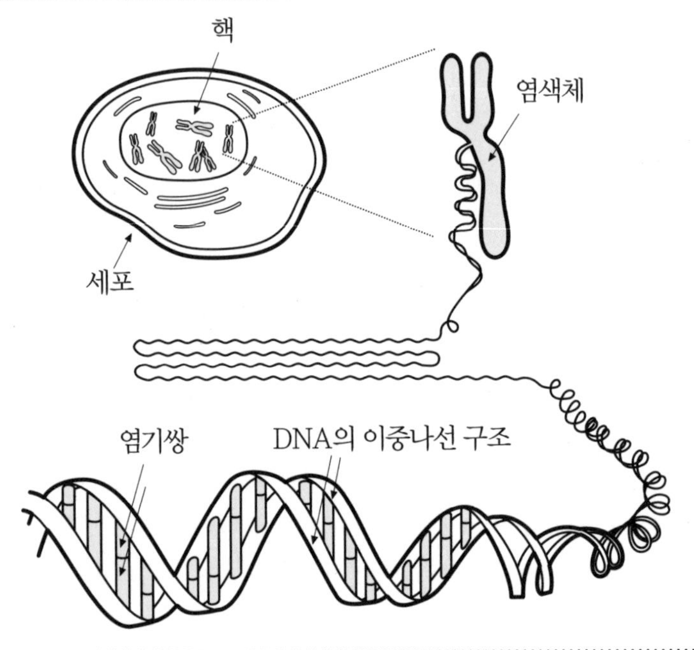


## 유전학 용어

데옥시리보핵산DNA, Deoxyribonucleic acid : 염색체를 이루는 주요 성분. 이중나선 구조이며 생물의 유전정보를 저장한다.

아미노산amino acid : 유기화합물로서 생물을 구성하는 물질인 단백질의 기본 구성단위다.

리보핵산RNA, Ribonucleic acid : 유전정보를 전달하며 단백질합성에 관여하는 고분자화합물이다.

줄기세포stem cell : (156쪽 참조)

염색체chromosome : DNA가 들어가 있는 분자. 인간의 몸을 구성하는 각각의 세포핵 속에는 23쌍의 염색체가 있다. 염색체에는 개인의 모든 유전정보가 담겨 있으며, 유전형질이 염색체를 통해 세대를 이어가며 전달된다.

유전자 지문genetic fingerprinting : 어떤 조직이나 세포의 샘플에서 DNA를 추출하고 그 속에 담긴 유전정보로 그 샘플의 주인을 찾아낼 수 있다. 친자 확인이나 범죄자 색출에 유전자 지문을 활용한다.

유전자gene : 외모, 체격, 체질 등 생물 각각의 유전형질을 발현하는 인자다. 염색체 속에 들어 있으며 본체는 DNA다.

게놈genome : '유전자'와 '염색체'를 합성해서 만든 말. 한 생물이 가진 모든 유전정보를 말하며 '유전체'라고도 한다.

표현형phenotype : 한 생물이 겉으로 드러내는 여러 가지 특성을 통틀어 일컫는 말이다. 키, 피부색, 머리카락 색깔 같은 물리적인 특성뿐 아니라 행동 같은 특성도 포함한다.

엑스와이XY : 인간은 성별에 상관없이 22쌍의 염색체를 공통으로 가지고(상염색체), 성별에 따라 1쌍의 다른 염색체를 가진다. 이 다른 염색체를 성염색체sex chromosome라고 한다. 여성은 엑스(X)염색체를 두 개, 남성은 엑스(X)염색체와 와이(Y)염색체를 하나씩 가진다.

## 모든 생물의 공통 조상, 루카

모든 생물은 조상이 같다. 나비, 데이지 꽃, 소, 버섯, 인간은 모두 같은 조상에서 생겨났다. 우리는 똑같은 고분자로 이루어졌고, 단백질을 합성하며 이를 위해 유전자 코드를 사용한다. 생명체의 공통 조상을 '프로게노트(progenote, 시원세균)', '공통 조상cenancestor' 혹은 '루카Luca, Last Universal Common Ancestor'라고 한다. 루카는 생명체의 기본 단위인 세포의 기원이다. '루카'라는 명칭이 붙여진 것은 1996년이었지만, 다윈과 라마르크 같은 과학자들은 이미 16세기에 공통 조상이 있다고 주장했다.

## 2. 인간 게놈 프로젝트

오늘날 일부 연구 업체는 유전자 검사를 통해 돌연변이 유전자를 관찰하여 유방암이나 난소암이 발병할지를 예측할 수 있다. 이러한 예측은 인간 게놈 해독을 통해 할 수 있게 되었다.

쉽게 비유하자면, 세포의 핵은 모든 유전정보(게놈)를 담은 도서관이나 마찬가지다. 염색체는 도서관에 있는 책이며, 유전자는 단어를 이루는 글자(핵염기)가 적힌 페이지다. 이 도서관이 정확히 어떻게 구성되어 있는지 알아내고, 책 전체를 베껴 쓰고 해독하려는 국제적인 과학 프로젝트가 1989년부터 시작되었다. 그것이 바로 '인간 게놈 프로젝트'다.

인간 게놈에는 약 30억 쌍, 즉 60억 개의 염기 서열이 있다. 너무나 방대한 양이라 모두 분석하는 데 13년이나 걸렸다. 2003년 4월에 완료

된 DNA 분석의 정확도는 1만 분의 1이었다. 다시 말해 분석한 유전자 1만 개 중 하나에 실수가 있을 수도 있다는 뜻이다.

인간 게놈은 지도로도 만들어졌다. DNA의 염기 서열을 따라서 존재하는 2만 개가 넘는 각기 다른 유전자의 위치를 자세하게 밝힌 것이다. 다음 단계는 이러한 유전자들이 인간의 건강에 어떤 영향을 미치는지를 밝혀내는 것이다. 예를 들어 어떤 사람의 유전정보를 미리 파악하고 특정 약에 부작용이 있는지, 효능이 더 좋은 약이 무엇인지를 알아내서 처방할 수도 있다. 또한, 병을 최대한 빨리 예측해서 완치 확률을 높일 수도 있다.

## 과학의 문은 활짝 열려 있다

DNA를 해독하여 유방암이나 난소암이 발병할지 예측하는 기술은 한 미국 회사가 독점적으로 보유하고 있다. 이런 사실은 여러 논란을 불러일으킨다.

### 인간 게놈과 코카콜라 제조법이 무슨 차이가 있는가

누구 한 사람이 인간의 유전정보를 독점하고 임의대로 활용할 수 있는가? 생명공학 분야에서 모든 것을 사유화하려는 경향을 어떻게 저지할 수 있을까?

1990년대에 정부가 지원하는 연구소들과 셀레라지노믹스Celera Genomics를 비롯한 민간 회사들이 유전자에 관한 특허를 따기 위한 열띤 경쟁을 벌였다. 이런 경쟁은 좋은 점도 있었다. 연구를 촉진하고 과학자 사이의 교류를 증진하고자 분석한 DNA 염기 서열에 관한 정보는 공표해야 한다는 국제 협약을 체결하는 계기가 된 것이다.

2002년에 시작된 이러한 오픈 소스open source 원칙은 인간 게놈이 공공의 자산이라는 점을 분명히 확인했다. 따라서 DNA 염기 서열은 특허의 대상이 될 수 없다. 반면 진단이나 치료 기술은 특허를 받을 수 있다.

## 유전자조작

오래전부터 인간은 더 나은 것을 만들려고 미생물을 활용해왔다. 가장 흔한 예로 빵 만드는 데 사용하는 효모를 들 수 있다. 이제 인간은 한 걸음 더 나아가서 어떤 조직에서 DNA 조각을 추출해서 다른 조직에 끼워 넣을 수도 있다. 이런 기술을 적용해서 만든 생물을 유전자 변형 생물체GMO, Genetically Modified Organism라고 한다.

유전자를 조작하여 한 생명체의 유전정보를 바꾸어서 항생제나 항체를 생산할 수 있다. 예전에는 백신을 만들고지 보통은 독성을 약화한 세균이나 바이러스 균주를 사용했다. 하지만 오늘날에는 세균이나 바이러스의 유전물질을 조작해서 그 바이러스 단백질의 특성을 발현하는 물질을 이용하여 백신을 만들기도 한다. 유전자조작 백신은 감염물질이 실제로 포함되지 않으므로 백신 접종으로 병에 걸릴 위험이 없다는 장점이 있다.

## 무병장수의 꿈

인간은 왜 죽을까? 말단소체복원효소telomerase라는 효소가 수명과 깊은 관련이 있다고 알려졌다. 과학자들은 이 효소를 이용해서 세포의 노화를 억제하여 생명을 연장하는 방법을 모색 중이다.

노화로 손상된 세포를 고치는 방법도 있다. 나노 기술, 복제와 줄기세포 배양이 이런 가능성을 열었다. 이처럼 끊임없이 발달하는 과학기술이 오래된 무병장수의 꿈에 다시 불을 지피고 있다.

# 첨단 의학

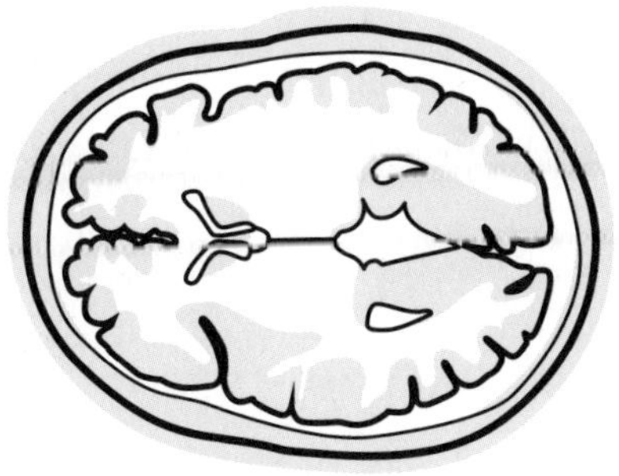

## 1. 의료 영상

한 의사에게 지난 10년간 진료할 때 가장 달라진 것이 무엇이냐고 물었더니 영상 기기를 많이 활용하게 된 것이라고 했다. 의료 영상 기기의 눈부신 발달로 궤양이나 종양을 진단하는 방식이 완전히 바뀌었다는 것이다.

핵자기공명장치MRI, Magnetic Resonance Imaging는 최근에 가장 많이 사용되고 가장 정확한 의료 영상 기술로 꼽힌다. 이 장치를 이용하면 자기장에 들어간 인체의 장기와 조직을 여러 가지 각도와 삼차원 입체로 영상화할 수 있다. 방사선을 사용하지 않으므로 인체에 무해하다는 장점이 있다. MRI로 여러 가지 검사를 할 수 있는데, 그중 하나를 꼽자면 혈액 내 산소 변화를 예리하게 감지해서 신경 활동과의 연관성을 알아낼 수 있다. 신경 과학자들은 기억이나 운동 같은 기능이 뇌의 어느 부분에서 일어나는지 점점 더 정확하게 알 수 있게 되었다.

## 2. 줄기세포

'분화한' 세포는 특정한 기능을 수행하도록 지정되어 있다. 예를 들어 피부 세포는 케라틴keratin*을 생성하도록 지정되어 있다. 그런데 '분화하지 않은' 세포는 분열과 분화 능력은 왕성하지만, 특별히 지정된 기능이 없다.

줄기세포는 무궁무진하게 분열할 수 있으면서, 여러 종류의 세포로 분화할 수 있는 미분화 세포다. 장차 인체를 이루는 어떤 조직이나 장기로도 발달할 수 있어서 주목을 받고 있다.

줄기세포는 배아나 태아에서 채취하며, 조작을 거치면 성인의 세포에서도 채취할 수 있다(2007년 일본에서 성체 줄기세포를 만드는 데 성공했다). 줄기세포는 어떤 세포조직으로든 발달할 수 있으므로 장기를 재생하거나 아예 재생성할 수도 있을 것이다.

---

* 동물체의 표피, 모발, 손톱, 발톱, 뿔, 발굽, 깃털 따위의 주성분인 경질(硬質) 단백질을 통틀어 이르는 말.(편집자 주)

## 3. 복제

시험관에서 정자와 난자를 수정시키는 것을 '체외수정' 혹은 '인공수정'이라고 한다. 난자에서 핵을 빼내고 체세포 핵을 난자에 직접 주입해도 생명체가 탄생하는데 이를 '복제'라고 한다. 이때 난자는 체세포 핵을 담는 그릇에 불과하며, 복제된 생명체는 체세포 공여자의 자손이 아니라 유전형질이 똑같은 쌍둥이다.

대리모의 자궁에 착상시킬 목적으로 체세포 복제 배아를 만드는 것을 생식용 개체 복제reproductive cloning라고 한다. 복제 양 돌리(1996~2003)와 복제 쥐 랠프, 복제 소 데이지, 복제 개 스너피가 이런 기술로 태어났다. 실험실에서 태어난 복제 동물은 일반 동물보다 수명이 짧다.

배아 세포를 추출해서 실험실에서 배양하는 것을 치료용 배아 복제therapeutic cloning라고 한다. 어떤 조직이나 장기로도 발달할 수 있는 줄기세포를 오로지 의학 연구 목적으로 배양해야 한다는 뜻이다. 과학자들은 이러한 연구를 통해 당뇨병, 알츠하이머병, 파킨슨병 등의 질환을 고칠 길이 열릴 것이라고 내다본다.

기술적으로 치료용 복제 기술을 인간에게 적용할 수 있지만, 엄격하게 제한되어 있다. 생식용 개체 복제는 윤리적인 이유로 금지되었다. 이 기술은 개인의 생물학적 혈통을 영원히 지속하는 데 사용될 수 있다. 그렇게 되면 그 사람은 자신의 복제된 쌍둥이가 태어나는 것을 지켜보게 될 것이며, 그 쌍둥이의 세포가 조기 노화해서 늙어가는 것까지 봐야 할 것이다. 지금은 그 어떤 이유로도 이런 실험을 정당화할 수 없다.

## 4. 유전자치료

환자에게 건강한 '정상' 유전자를 주입해 병을 일으키는 손상된 유전자를 대체하도록 하는 치료법이다. 1990년대에 낭포성 섬유종과 근증을 치료하고자 시작되었으며, 현재는 암 억제유전자를 종양에 투입하는 방식으로 암을 치료하는 데에도 사용한다.

아직 초기 단계이지만 유전자 편집 기술도 가능성이 엿보인다. 유전자에서 해로운 돌연변이를 잘라내고 건강한 DNA로 교체하는 것이다.

### 대체 의학

환자의 말에 몇 분 동안 귀 기울이거나 팔을 만지는 행동만으로도 환자의 면역력을 높일 수 있다. 의사들은 신중한 입장이지만, '대체 의학' 혹은 '보완 의학'에 대한 관심이 높아지고 있다. 이완법, 마사지, 명상, 최면 등을 통해 몸에 이미 존재하는 치유 메커니즘을 동원하자는 것이다. 환자들에게 무작정 약을 처방하는 것보다는 스트레스와 긴장을 해소할 방법을 찾아주려는 의사들도 점점 늘어나고 있다.

# 나노 기술

눈으로 확인하기는 어렵지만, 나노 입자nanoparticle는 어디에나 사용된다. 산화철 나노 입자는 립스틱의 지속력을 높이며, 플루오린화칼슘calcium fluoride은 치약의 효과를 높인다. 이산화규소 나노 입자는 피부를 건조하게 하지 않으면서 파운데이션을 잘 발리게 한다. 20여 년 전부터 화장품 업계에서 내놓은 '기적의 제품' 대부분은 나노 기술의 발달 덕분에 제조할 수 있었다.

1990년대에 주사 터널링 현미경STM, scanning tunneling microscope이나 원자간력 망원경AFM, atomic force microscope 같은 장비가 개발되면서 나노 기술이 급속하게 발달하기 시작했다. 이러한 최첨단 장비들 덕분에 물질을 나노 영역까지 탐구할 수 있게 된 것이다.

| | |
|---|---|
| 1나노미터 | 10억 분의 1미터 |
| 1,000나노미터(nm) | 1마이크로(μ) |

원칙은 단순하다. 나노 기술은 아주 작은 세계에서 시작한다. 분자를 조작한 다음 마치 뜨개질로 스웨터를 짜듯이 다시 조합해서 나노 성분을 만드는 것이다. 이러한 과정을 거치면 물질에 새로운 특성을 띠게 하여 제조 과정에서 나오는 폐기물을 줄이고 재료의 양을 절약할 수 있다.

예를 들어 백색 안료에 사용되는 이산화타이타늄titanium dioxide 나노 입자는 색을 더 하얗고 불투명하게 만들어준다. 그래서 이 성분이 든

페인트는 적게 써도 좋은 효과를 낼 수 있다.

나노 기술의 또 다른 목표는 미세화의 한계까지 탐구하는 것이다. 가장 놀라운 예가 나노 기술을 사용해 전자회로를 그리는 것이다.

오늘날 노트북 속에 있는 마이크로프로세서는 회로 선의 폭이 65나노미터 이하인데, 10년 전에 비하면 150배가 더 작아졌다.*

## 탄소 나노튜브 만들기

**실험 장비:** 시험관, 석영(石英)판, 레이저빔, 합성 원자로

**재료:** 페로센ferrocene, 톨루엔toluene

탄소 나노튜브carbon nanotube를 만들려면 용매제와 촉매제가 있어야 한다. 페로센 같은 유기철 화합물을 액체 탄화수소인 톨루엔 속에 넣어서 용해한 다음 잘 섞는다. 이렇게 섞은 용액을 미리 850도의 온도를 맞춰놓은 합성 원자로 속에 넣은 석영판 위에 뿌린다.

열기로 용액이 증발해서 반응체가 분해된다. 남은 입자 가운데 탄소 원자가 석영판에 붙는다. 이제 용액을 뿌릴수록 칸막이벽에 탄소가 서로 뭉쳐서 양탄자 같은 것이 생성되는데, 그 각각의 조각이 탄소 나노튜브다.

---

* 반도체를 제작할 때 미세한 회로를 그려 설계하고 이를 바탕으로 반도체 칩에 사진처럼 새겨 넣는데, 회로 선의 폭이 작을수록 더 많은 데이터와 정보를 저장하고 처리할 수 있다. 2015년 1월 삼성은 20나노의 미세 공정으로 양산하는 체제를 구축했다.(옮긴이 주)

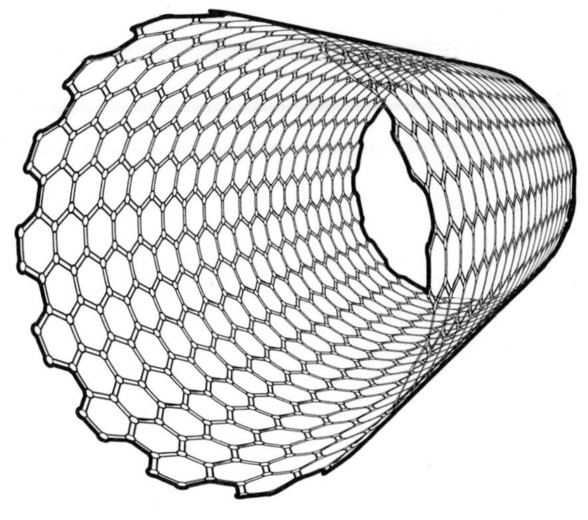

## 나노튜브에서 유틸리티 포그까지

탄소 나노튜브는 육각형 고리로 이루어진 탄소 원자들이 대롱 모양으로 이어진 미세한 분자다. 강도와 유연성이 뛰어나며 초전도체와 비슷한 전기적 특성을 띤다. 1993년부터 합성되고 있으며 몇몇 배터리의 흑연을 대체하고 있다. 컴퓨터 프로세서와 전기 트랜지스터에 활용되기도 하며, 휘어지는 화면flexible display을 착상하게 된 계기이기도 하다.

나노 입자 덕분에 가볍고 강하며 획기적인 초미세 물질의 구조를 상상할 수 있게 되었다. 몇 년 전부터 몇몇 도시에서 탄소 나노튜브를 활용한 정수 필터를 사용한다. 약한 전류를 흐르게 해서 박테리아를 박멸하는 것인데, 이러한 정수 시스템으로 오염된 물을 시외에 있는 정수장을 거치지 않고 바로 정수해 시간과 장소를 절약할 수 있다.

의학 분야에서도 나노 기술을 활용한다. 나노 기술은 인체 조직이 거부하지 않는 나노 입자를 이용할 가능성을 무궁무진하게 열어주었다. 효과가 나중에 나타나는 약품, 첨단 기술을 이용해 인체 내에 삽입하는 나노 기기, 점진적인 방식으로 분자(진통제, 호르몬)를 퍼뜨리고 나노겔로 질병 부위를 진단하는 전자 생체 알약, 생체 센서 등을 예로 들 수 있다. 이런 시도를 다 해본다면 인체 내에 실험실을 차린 것이나 마찬가지일 것이다.

나노 입자 수백만 개가 서로 뭉쳐서 공기 중에 떠다니는 안개 같은 막을 형성하는 것을 상상해보자. 미국의 물리학자 존 스토스 홀John Storrs Hall은 이것을 '유틸리티 포그utility fog'라고 불렀다. 유틸리티 포그로 물건들을 옮길 수도 있고, 명령을 내려서 반죽을 빚는 것처럼 다른 모양으로 변하게 만들 수도 있다. 이는 나사의 후원을 받는 분자제조연구소Institute for Molecular Manufacturing에서 진지하게 내놓은 이론이다.*

## 인공지능

내가 내린 명령을 잘 듣는 자전거가 좋은 자전거다. 음성인식 시스템으로 사용자와 상호 반응하고, 와이파이 접속이 잘 안 될 때 알려주고, 좀 더 빠른 경로를 제시해주고, 자전거 산책에 가장 좋은 길을 즉시 결정해주는 태블릿은 인공지능 연구의 혜택을 받은 기계다.

자전거와 태블릿 사이에는 제2차 세계대전 후에 정보 기술이 사회에 폭넓게 전파되면서 발달한 기술적인 원칙이 존재한다. 인공지능은 인

* 유틸리티 포그. www.imm.org/about/hall/

지과학, 로봇과학, 심리학, 인간공학 등 여러 분야가 관련된 기술이다. 이 분야들은 모두 인간의 지능을 모방할 수 있는 기계라는 개념을 만들어낸 이론과 기술에 관한 연구라는 공통점이 있다. 태블릿 컴퓨터를 만지작거릴 때 우리는 이 원칙을 확실히 이해하게 된다.

# 6. 역사

국가가 구성원, 언어, 정체성, 국경 내에 존재하는 하나의 정부로 구성된다는 개념은 최근에 형성되었는데도 과거를 송두리째 바꿔버릴 정도로 강력하게 뿌리내렸다.
모든 유럽인은 자신들의 나라와 정체성이 까마득히 오랜 옛날부터 존재해왔다고 생각하며 성장해왔다.
이런 생각은 오늘날에도 유효한가?
제1차 세계대전 이전에 배웠던 대로
21세기의 역사를 배우는 것이 옳은 것인가?

# 유럽의 간략한 역사

유럽인 몇 명을 모아서 유럽의 앞날을 이야기해보라고 하고 옆에서 지켜보자. 그러면 반나절은 아주 시끌벅적하게 보낼 수 있을 것이다. 국경을 엄격하게 지키던 때로 돌아가자는 주권주의자들, 유럽의 미국화를 꿈꾸는 연방주의자들, 유럽 통합은 지지하지만 다른 방식을 택하자는 사람들이 저마다 분명한 의견을 몇 시간이고 열성적으로 늘어놓을 것이기 때문이다. 이런 야단법석을 진정시키고 싶다면 반대로 유럽 역사를 물어보면 된다.

아마도 저마다 자기 나라의 역사에서 굵직굵직한 사건들을 이야기할 것이다. 유명한 왕들, 전쟁에서 거둔 승리, 전성기를 읊을지도 모른다. 하지만 모든 유럽인에게 공통적인 역사는? 세계의 한 부분으로서 유럽 특유의 정체성이 조금씩 생겨난 방식은? 아니면 이웃 나라와 다른 자국만의 정체성이 생기게 된 이유는? 1분도 지나지 않아 사람들은 꿀 먹은 벙어리처럼 침묵을 지킬 것이다.

앞으로 살펴보겠지만, 국가는 구성원, 언어, 정체성, 국경 내에 존재하는 하나의 정부로 구성된다는 개념은 최근에 형성되었는데도 과거를 송두리째 바꿔버릴 정도로 강력하게 뿌리내렸다. 독일인, 이탈리아인, 네덜란드인, 폴란드인, 프랑스인, 스페인인 등 모든 유럽인은 자신들의 나라와 정체성이 까마득히 오랜 옛날부터 존재해왔다고 생각하며 성장해왔다.

이런 생각은 오늘날에도 유효한가? 제1차 세계대전 이전에 배웠던 대로 21세기의 역사를 배우는 것이 옳은 것인가? 유럽을 단일 역사로 설명할 수 있는가?

유럽 전체의 역사를 뒤돌아보자. 현재 진행되는 유럽 통합을 찬성하든 반대하든, 적어도 긴 역사에서 몇 가지 기초 지식은 얻을 수 있을 것이다. 논쟁은 접어두고 안전띠를 꽉 매자. 수 세기를 넘나드는 기나긴 여행을 시작할 테니까. 아예 처음부터 시작해보겠다.

## 1. 유럽의 뿌리(기원전 800)

유럽 사람을 아무나 붙잡고 역사의 뿌리가 무엇이냐고 물으면, 거의 자동으로 철학과 민주주의를 남겨준 그리스, 법을 가르쳐준 로마 제국, 크리스트교, 이렇게 세 가지를 꼽을 것이다. 누구나 동의하듯이, 유럽 주요국들은 모두 아테네, 로마, 예루살렘의 딸임을 뽐낸다.

그리스는 눈부신 문명을 갖고 있었지만, 영토를 확장할 욕심은 거의 없었다. 그래서 수 세기 동안 지중해와 흑해 주변에 점점이 흩뿌려진 작은 무역 창구로 만족하며 지냈다. 그러다 마케도니아의 알렉산드로스 대왕(Alexandros, BC356~323)이 등장하면서 영토가 크게 확장되었다. 알렉산드로스는 전승을 거듭하며 언어와 문화를 전파했으며, 이 시기를 헬레니즘 시대라고 부른다.

알렉산드로스의 군대는 동방 원정을 나서서 인도까지 진출했다. 알렉산드로스의 정복 활동으로 그때까지 페르시아의 지배를 받던 지중해에서 아프가니스탄에 이르는 광대한 세계가 호메로스와 아리스토텔레스로 대표되는 그리스 문명의 세례를 받게 되었다. 알렉산드로스는 그리스 문명의 수호자이자 계승자였으며, 이를 세계로 전파하고자 하는 사명감에 불타올랐다.

유럽 한 귀퉁이를 차지하고 살던 로마인들은 지중해로 진출하고자 하는 야망을 품고 있었다. '마레 노스트룸(mare nostrum, 우리의 바다)'이라고 부르던 지중해 근처에 정착하는 것이 로마인의 유일한 목표였다. 기원전 1세기경 그들은 지중해에 도달했고, 그곳에서 제국을 넓히고 로마인의 생활양식을 퍼뜨리기 시작한다. 갈리아Gallia*와 달마티아Dalmatia**, 시리아, 모로코 북부 지역까지 모두 로마 제국이었는데, 지금도 그 시대의 유적을 많이 보유하고 있다.

크리스트교는 유대교에서 갈라져 나왔으니 근원은 동양 종교다. 예수의 복음이 유대인뿐만 아니라 모든 사람에게 알려져야 한다고 생각한 사도 바울Paul이 특정 민족의 종교를 인류 보편적인 종교로 탈바꿈시킨 것이다. 박해받는 소수 종교 집단이던 크리스트교는 콘스탄티누스Constantinus 1세 때(4세기 초) 공인되고, 테오도시우스Theodosius 황제 때는 아예 로마 제국의 국교가 된다(380년). 그리하여 크리스트교는 지중해 연안 전역으로 퍼진다. 리옹과 카르타고, 이집트의 알렉산드리아는 크리스트교의 중심 대도시가 된다. 주교들이 모여서 교회의 원칙과 신조를 결정하는 공의회가 현재 터키의 도시인 니케아와 칼케돈에서 열린다.

유럽만의 역사가 시작되려면 아직 좀 더 있어야 한다. 서기 395년, 로마 제국이 너무 넓어져서 한 황제가 영토를 동서로 양분하기로 한

---

* 고대 로마인이 '갈리아인'이라고 부르던 켈트족이 살던 곳으로 북이탈리아·프랑스·벨기에 일대, 즉 라인·알프스·피레네와 대서양으로 둘러싸인 지역. 프랑스어로 '골(Gaule)'.(옮긴이 주)

** 아드리아 해에 면한 크로아티아 지역.(옮긴이 주)

**샤를마뉴**

카를 데어 그로세(독일어, Karl der Große) 또는 카롤루스 마그누스(라틴어, Carolus Magnus)

다.*** 동로마 제국은 옛 이름이 비잔티움인 콘스탄티노플을 수도로 삼아서 비잔틴 제국이라고도 불리며 1,000년 동안 이어진다. 반면 서로마 제국은 국력이 훨씬 약해서 게르만족의 침입에 계속해서 시달린다. 결국, 476년 게르만인 용병 대장이 황제를 몰아내고 서로마 제국을 멸망시킨다. 로마인이 '야만족'이라고 부르던 게르만족의 일파인 고트족이 왕국 두 곳을 세우는데, 바로 스페인의 서고트Wisigoth 왕국, 이탈리아의 동고트Ostrogoth 왕국이다.

*** 395년 테오도시우스 1세는 죽기 전에 로마 제국은 동서로 양분하여 아들들에게 물려준다.(옮긴이 주)

프랑크족의 왕 클로비스Clovis 1세는 라인 강에서 피레네 산맥까지 이르는 광대한 왕국을 손에 넣는다. 그로부터 300년 후 다른 프랑크족 왕이 영토를 더욱 확장하는데, 그가 바로 샤를마뉴(Charlemagne, 샤를 대제)다. 샤를마뉴는 당시 유럽에서 가장 강한 인물이었고, 모든 이가 그의 도움을 받기를 원했다. 800년 로마로 간 샤를마뉴는 교황에게서 4세기 만에 처음으로 '서로마 제국의 황제'의 칭호를 받고 대관식을 치른다. 크리스트교의 틀 안에서 게르만과 로마 세계가 통합된 것이다. 그런 이유로 많은 역사가가 샤를마뉴를 '유럽의 아버지'로 꼽는다.

## 2. 봉건시대(9~15세기)

샤를마뉴가 이끌던 거대한 카롤링거Carolinger 제국은 한 세대를 겨우 이어가다 그의 손자 대에서 쪼개진다. 843년 베르됭에서 샤를마뉴의 세 손자가 카롤링거 제국을 서프랑크, 동프랑크, 중프랑크 왕국으로 나눠 가진다. 중프랑크 왕국은 '로타르Lothaire 왕국'이라고도 불린다. 이 분할을 유럽 근대사의 시작이라고 하기도 한다. 서프랑크 왕국은 프랑스, 동프랑크 왕국은 독일이 되는데, 지금의 네덜란드에서 이탈리아 북부까지 이어지는 가늘고 긴 형태의 중프랑크 왕국은 나머지 두 나라가 호시탐탐 노리다 결국에는 나눠 가진다.

기억해둬야 할 연도가 있다. 962년, 오토Otto 대제가 오랫동안 잃었던 황제 칭호를 받는다. 오토 대제는 흑해에서 이탈리아 중부에 이르는 방대한 영토를 다스린다. 그가 다스린 제국을 '신성 로마 제국Holy Roman Empire'이라고 하며, '게르만 민족의 신성한 로마 제국Holy Roman Empire of the German Nation'이라는 정식 명칭은 15세기부터 사용하기 시작한다. 신성 로마 제국은 중앙집권적인 체제가 아니라 법과 언어, 관습이 각각 다른 수십 개의 공국, 후국, '자유도시'로 구성된 느슨한 연합이었다. 황제는 제후들이 투표로 선출했고, 그 때문에 황제 자리를 둘러싸고 뒷거래와 공작이 끝없이 난무했다. 황제는 중세 시대의 중심인물이었다. 가장 강력한 적수인 교황과 끊임없이 대립할 수 있는 유일한 존재였기 때문이다. 사제들을 임명할 수 있는 권력을 누가 쥐는가? 부유한 수도원들의 재산을 누가 보유할 수 있는가? '교황권과 황제권', 둘 중 누가 우위에 서는가? 양측은 이러한 싸움을 수 세기에 걸쳐 반복한다.

1077년, 유명한 사건이 일어난다. 신성 로마 제국의 황제 하인리히Heinrich 4세가 완고한 교황 그레고리우스Gregorius 7세에게 그가 내린 파문을 취소해달라고 간청하고자 카노사 성문 앞 눈밭에서 맨발로 기다린 것이다. 이탈리아의 에밀리아로마냐 주에 있는 카노사 성은 교황의 피한지였다. 모든 유럽의 언어에서 '카노사로 가다'라는 표현은 승자 앞에서 굴욕을 당하는 것을 의미한다. 하지만 교황의 승리는 얼마 가지 않았고, 황제는 교황을 폐위함으로써 앙갚음한다. 둘 사이의 권력 분쟁은 그로부터 2세기 남짓 지나서 더욱 격렬하게 진행된다. 이런 분쟁은 유럽 역사에서 근본적인 요소 중 하나인 세속권과 교권이 분리되는 계기가 된다.

유럽 대륙의 다른 곳에서도 왕국들이 족족 형성된다. 근대적 의미에서의 국가는 아니다. 봉건시대의 왕은 큰 권력이 없다. 자기 뜻대로 움직이는 정부 관리도, 경찰도, 군대도 없으며 오로지 '봉신'만 있다. 봉신들은 군주에게 봉사와 충성을 서약하지만, 영주로서 자신의 봉신들을 거느리며 때때로 군주에게 반기를 들기도 한다. 모든 계급 구조는 피

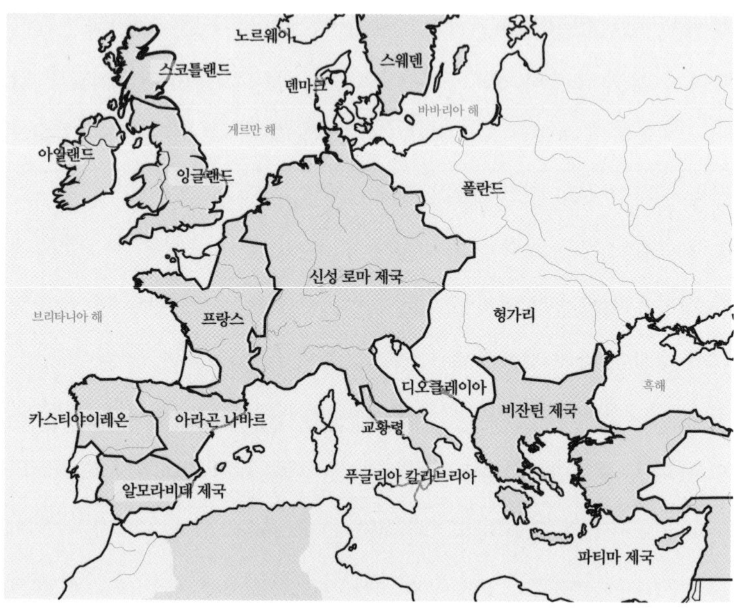


**1200년경 유럽**

라미드식이다. 한 왕국 내의 주민을 하나로 묶어주는 공통적인 감정은 없다. 한 나라가 아니라 신분에 소속되었으며, 그 신분은 신이 미리 정한 것이라 바꿀 수 없다. 계급 구조의 가장 아래에는 라틴어로 '노동하는 사람들'이라는 뜻의 라보라토레laboratores가 있다. 오로지 복종하도록 예정된 농민과 평민이 속한다. '전쟁하는 사람들'이라는 뜻의 '벨라토레bellatores'가 그 위에 군림하며, 귀족이 여기에 속한다. 귀족은 영토를 자기 마음대로 다스렸는데, 그 땅을 정복한 조상에게 물려받았으므로 아무런 문제가 없다고 생각했다. 또한, 유럽 어디든 연합이나 전쟁을 통해 영지, 봉토, 왕좌를 교환하거나 취하는 것을 대수롭지 않게 여겼다. 그들과 어깨를 나란히 하는 계급이 '오라토레oratores'다. '기도하는 사람들'

이라는 뜻으로 모든 사람의 구원을 비는 사제와 수도자가 속한다.

교회가 이 세계를 묶는 접착제 구실을 했다. 서양의 초창기 수도자 중 한 사람인 누르시아Nursia의 성 베네딕트Benedict는 이탈리아에 수도회를 만들었는데, 이를 계기로 곳곳에 대수도원이 생겨나서 평화와 지식의 전당이 되었다. 12~13세기경 도시가 비약적으로 발전하면서 지식이 수도원 담장 밖으로 나와 새로운 기관에서 전파되기 시작했다. 운영은 여전히 사제가 하지만 학생에게 개방된 '대학'이 생겨나기 시작한 것이다. 볼로냐, 파리, 옥스퍼드, 몽펠리에, 살라망카 대학이 이즈음 문을 열었다. 대학에서는 라틴어를 사용했으며, 교내 어디서나 배우고 지식을 교환하는 학구적 분위기가 흘러넘쳤다.

## 3. 도시, 왕, 황제(15~16세기)

황정 체제는 장점이 있었다. 중앙 권력과 어느 정도 떨어져 있었기 때문에 지방에서 나름의 방식대로 또 다른 권력을 발달시킬 수 있었다는 점이다. 북부 이탈리아의 도시들이 이런 장점을 잘 이용했다. 황제와 교황의 분쟁을 틈타 피렌체, 제노바, 피사, 밀라노는 저마다 거의 독립적으로 발전할 수 있었고, 마침내 진정한 '도시국가'를 형성하게 되었다. 콰트로첸토(Quattrocento, 15세기)에 이들 도시국가를 다스리던 가문의 수장들은 문화·예술의 후원자가 되어 위대한 예술가들이 그리스·로마 시대의 찬란한 문화를 재발견하고 되살리도록 지원한다. 르네상스 시대가 열린 것이다.

왕들도 바쁘게 움직인다. 프랑스, 영국, 폴란드, 스칸디나비아에서 중세적인 군소 왕들이 권력을 강화하고, 영주들을 조금씩 굴복시켰다.

카를 5세

왕국 내 모든 지역에 자신들의 권력이 미치도록 하여 '근대국가'라는 새로운 체제의 기초를 만들었다. 16세기 초, 영국의 헨리Henry 8세와 프랑스의 프랑수아François 1세가 절대왕정의 기초를 다진 가장 유명한 왕들이다.

한편 이들과 동시대에 살았지만 다른 길을 걸은 두 명의 통치자가 있다. 첫 번째 인물은 카를 5세(Karl V, 프랑스어로는 샤를 캥)다. 1500년 벨기에의 헨트Ghent에서 태어난 카를 5세는 역사상 가장 많은 영토를 상속받은 통치자다. 그는 어머니로부터 스페인, 나폴리, 사르데냐, 시칠리아뿐만 아니라 크리스토퍼 콜럼버스와 정복자들이 발견해서 스페인에 소유권을 넘긴 신대륙까지 물려받았다. 또한, 아버지로부터는 네덜란드, 프랑슈콩테Franche-Comté, 오스트리아 영토 등을 물려받았다. 카를 5세는 신성 로마 제국의 황제로 선출되었고, 그의 제국은 '해가 지지 않는 곳'으로 불린다. 카를 5세는 광대한 영토를 다니느라 바빠서 잠도 많이 자지 않았다고 한다. 가진 것이 너무나 많은데 한 나라를 다스리는 데 만족할 이유가 있는가? 카를 5세는 세계를 아우르는 제국을 만들어서 크리스트교를 수호하고 널리 전파하기를 꿈꾼다.

술탄 술레이만

카를 5세의 가장 큰 적수는 유럽의 건너편에 있었다. 두 번째 인물, 술탄 술레이만(술레이만 대제, Süleyman)이다. 콘스탄티노플을 다스리는 술탄 술레이만은 무슬림으로서 카를 5세와 같은 이상을 품고 있었다. 중앙아시아에서 온 튀르크족은 동로마 제국의 심장부였던 아나톨리아에 조금씩 정착하다가 1453년 수도 콘스탄티노플을 완전히 점령했다. 그런 다음 시리아, 이집트, 튀니지, 알제리 연안 등 주변부를 차근차근 정복해나갔다. 14세기 이후로 술탄 술레이만이 속한 오스만 왕조는 유럽으로 영토를 확장하기 시작했다. 1529년 오스만 군은 빈 바로 앞에서 공방전을 치른다. 비록 빈을 함락하지는 못했지만, 유럽 깊숙한 곳까지 들어가 위협하며 유럽인에게 충격을 던진다. 오스만 군은 수세기 동안 유럽 동쪽 지역을 점령한다. 그들은 행정 감각과 군사력를 통해 로마 제국과는 전혀 다른 정치 체제를 이식한다. 술탄sultan은 칼리프caliph이기도 하다. 다시 말해 정치 지도자인 동시에 이슬람의 종교적 지도자라는 것이다. 하지만 모든 백성에게 이슬람교를 강요하지는 않았다. 20세기 초까지 이어진 오스만 제국은 다양한 민족과 종교가 공존하는 복잡한 연합체였다.

오늘날 '주권주의자'들은 국가라는 틀이 까마득한 옛날부터 존재해 왔다고 주장한다. 하지만 오랜 세월 이어진 거대한 제국과 거의 독립적으로 존재하던 작고 부강한 도시국가(북부 이탈리아, 함부르크나 뤼베크를 비롯한 북부 유럽)는 개별 국가의 역사가 오래지 않음을 보여준다.

## 4. 국가의 승리(17~18세기)

카를 5세의 운명을 벼랑 끝으로 몰게 된 폭풍은 '쉬블림 포르트Sublime Porte'*라고도 불리던 오스만 제국이 아니라 크리스트교 문명권 내에서 불어온다. 1517년 독일의 수도사 루터Martin Luther는 교황과 사제들은 사기꾼이며, 진정한 크리스트교인이라면 하느님을 섬기려면 성직자를 거칠 필요 없이 성경과 신앙만 있으면 된다고 주장한다. 그전 같았으면 화형을 당했을 테지만, 당시 권력 다툼은 루터에게 유리한 쪽으로 흘러간다. 독일의 몇몇 제후는 루터의 주장이 로마 교황의 막강한 영향력에서 벗어날 수 있는 빌미를 마련해준다는 데 크게 만족하여 그를 후원하고 보호한다. 루터의 교리는 유럽 곳곳으로 퍼진다. 그리하여 유럽은 루터를 따르는 신교도(프로테스탄트, Protestant)와 교황 체제를 따르는 구교도(가톨릭, Catholic)로 나뉜다. 왕이 어느 편이냐에 따라 어떤 나라는 신교도 편에, 어떤 나라는 구교도 편에 서기도 한다. 프랑스는 '종교전쟁' 때문에 나라가 두 편으로 갈린다. 신성 로마 제국은 종교 분쟁에서 벗어

---

* '밥-이 알리(Bāb-i 'Alī, 높은 대문)'를 프랑스어로 번역한 어구. 오스만튀르크 정부의 대재상 집무실(Grand Vizierate)을 지칭한 것인데, 이후에는 일반적으로 그 정부를 일컫는 말이 되었다.(옮긴이 주)

날 대책을 내놓는다. 루터의 지지자들을 없애는 데 실패하자 카를 5세는 1555년 '아우크스부르크 화의'에 서명하고, 각 제후에게 영지 내에서 종교를 자유롭게 선택할 권리를 준다. 칼뱅Jean Calvin을 따르는 개신교도가 많던 북쪽의 몇몇 주는 분리 독립을 선언한다. 16세기 말 이런 주들이 모여 네덜란드 공화국을 만들어 세계에서 가장 부유한 나라로 꼽히는 '황금시대'를 일군다.

1618년, 아우크스부르크 화의로 가까스로 이어지던 평화가 깨지고 학살과 약탈이 끊임없이 벌어져 역사상 가장 참혹한 전쟁 중 하나로 꼽히는 '30년전쟁'이 일어난다. 처음에는 종교전쟁이었지만 점차 영토전쟁으로 양상이 바뀌어 스페인, 프랑스, 덴마크, 스웨덴, 네덜란드 등 독일과 영토적 이해관계가 있는 유럽의 모든 나라가 차례차례 참전한다. 1648년 모든 전쟁 당사국이 베스트팔렌 지방의 두 도시에서 평화 조약을 맺음으로써 전쟁을 종결한다. 베스트팔렌 조약은 국제관계사에서 중요한 전환점이 된다. 조약 체결 이후 세계의 여러 문제를 해결하는 주체는 교황이나 황제 같은 최상층 권력이 아니라 주권국가가 되었으며, 이를 '베스트팔렌 체제'라고도 한다.

한편 왕이 그 누구의 반대도 받지 않고 모든 것을 마음대로 할 수 있는 권력을 손에 쥔 절대왕정 국가도 있다. 프랑스의 루이Louis 14세는 절대왕정의 정점에 이른 왕이다.

유서 깊은 독일의 두 가문, 합스부르크와 호엔촐레른은 새로운 맞수가 된다. 신성 로마 제국의 역사적인 중심지인 빈에 터를 잡고 오스트리아를 지배하던 합스부르크 가문은 헝가리와 크로아티아까지 영지를 확장한다. 마리 앙투아네트Marie Antoinette 왕비의 모후인 마리아 테레지

아(Maria Theresia, 1717~1780)가 합스부르크 왕가의 가장 유명한 통치자다.

호엔촐레른Hohenzollern 가문은 프로이센 공국의 수도이던 쾨니히스베르크(오늘날은 러시아 영토) 출신이며 브란덴부르크도 소유하고 있었다. 18세기 초 두 지역을 합병하여 '프로이센 왕국'을 세우고 수도를 베를린으로 삼는다. 볼테르와 친구이자, '프리드리히 대왕'이라고도 불리는 프리드리히(Friedrich 2세, 1712~1786)가 프로이센을 대표하는 왕이다.

## 5. 혁명의 시대

모든 이가 절대 권력을 받아들인 것은 아니다. 영국에서는 귀족과 대지주가 의원으로 활동하던 의회가 변덕스러운 군주의 권력에 틈만 나면 반기를 든다. 1688년 의회는 왕을 몰아내는 데 성공한다. 당시 왕 제임스James 2세가 헨리 8세 이후로 1세기 이상 관계를 끊었던 교황과 화해하여 로마 가톨릭으로 회귀하려고 시도했기 때문이다. 영국 의회는 제임스 2세를 대신해 네덜란드의 신교도 오렌지 공 윌리엄William을 왕위에 앉힌다. 왕을 교체하는 과정에서 피를 흘리지 않았다 해서 이 사건을 '명예혁명'이라고 부른다. 그로부터 1년 후인 1689년 권리장전을 선포하여 공공의 자유를 보장하고 의회에 유리하도록 왕의 권력을 축소한다. 이로써 입헌군주제라는 이로써 입헌군주제라는 새로운 정치 체제가 등장한다.

18세기는 계몽주의와 자유사상이 확산한 철학자의 시대다. 자유사상을 처음으로 실행에 옮긴 사람들은 대서양 건너편에 살았다. 1776년 7월 4일, 북아메리카 대륙에 있던 영국 식민지 열세 개 주의 주민은 영국 왕으로부터 독립을 선언한다. 그들은 또한 이전까지 한 번도 명확히 공표된 적이 없는 선언문을 세상에 내놓는다. 인간은 창조주로부터 '양도할 수 없는 권리'를 받았는데, 그중에는 '생명, 자유, 행복을 추구할 권리'가 포함돼 있다는 것이다.

## 프랑스혁명

1789년, 프랑스 왕실의 금고가 텅 빈다. 금고를 채우려고 모든 장관이 갖가지 개혁안을 짜내고, 국민 모두에게 세금을 부과하려 하지만 실패한다. 세금을 내지 않는 귀족, 고위 성직자 같은 '특권계층'은 정부에 대항하고자 똘똘 뭉친다. 프랑스 왕 루이 16세는 마지막 카드를 꺼내 든다. 모든 백성을 대표하는 '삼부회'를 소집해서 과세 문제를 해결하려 한 것이다. 봉건사회의 오래된 원칙에 따라 사제(제1신분), 귀족(제2신분), 그들을 제외한 모든 국민(제3신분), 이렇게 세 개의 신분이 있었다. 5월에 소집된 첫 회합부터 투표를 어떻게 하느냐를 놓고 격렬한 논쟁이 벌어진다. 귀족과 성직자 들은 신분대로 하자고 주장한다. 신분대로 투표하면 귀족과 사제 들이 연합해서 자신들이 유리한 대로 이끌 수 있기 때문이다. 이에 대해 수적으로 우세한 제3신분은 머릿수대로 투표하자고 맞선다.

6월 17일, 제3신분의 대표들이 독자적으로 '국민 의회'의 결성을 선언한다. 6월 20일, 베르사유궁전에 있던 현재의 테니스와 비슷한 '주드폼Jeu de paume' 경기장에서 제3신분의 대표들은 헌법이 제정될 때까지 절대 해산하지 않을 것을 결의한다. 며칠 후 루이 16세는 이들의 요구에 굴복하고 성직자와 귀족 들에 '헌법 제정 국민 의회'를 구성하라고 지시한다. 그토록 오랫동안 이어져온 봉건 신분제가 일주일 만에 무너진 것이다. 백성은 이제 왕을 비롯한 특권계층에 복종하지 않아도 된다. 오직 평등한 시민만이 있을

뿐이며, 권력은 그들에게 있다. 프랑스혁명이 시작된 것이다.

혁명은 격렬하고, 예측할 수 없으며, 모순적으로 진행된다. 입헌군주제의 기치를 내걸고 시작되었지만, 공화국이 선언되고 왕은 단두대에서 목이 잘린다. 자유와 인권을 부르짖던 혁명가들이 공포정치를 펼친다. 세계 평화를 꿈꾸지만, 혁명을 원하지 않는 왕들이 다스리는 유럽에 전쟁을 선포한다. 계몽적이면서도 예측할 수 없으며, 보편주의적이면서도 애국적이며, 이성적이면서도 광신적이다. 수백 년에 걸쳐 느리게 진행되었지만, 프랑스혁명은 민주주의와 국민주권에 관한 새로운 원칙의 기틀을 마련했다. 또한, 국민국가라는 개념을 만들기도 했다.

## 6. 민족국가의 시대(19세기)

"초가에는 평화를, 성에는 전쟁을Paix aux chaumières, guerre aux châteaux" 프랑스 혁명가들은 자신들이 민중을 노예로 만드는 사슬에서 해방시킨다고 믿었다. 하지만 나폴레옹 황제는 10년간의 전쟁, 정복, 독재 끝에 정반대의 평판을 조국에 안겨준다. 프랑스가 무력으로 정복하고자 했던 모든 나라의 증오를 받게 된 것이다. 나폴레옹의 패배 이후 유럽은 정치적 측면에서 크게 퇴보한다. 전쟁을 수습하기 위한 빈회의(1814~1815)에서 매우 보수적이고 반동적인 오스트리아의 재상 메테르니히von Fürst Metternich의 주도로 승전국(프로이센, 오스트리아, 러시아, 영국) 대표들은 유럽의 상태를 예전으로 되돌리기로 결의한다. 그중 일부*는 신성 동맹을 결성하고, 백성은 왕과 성직자에게 다시 복종해야만 하며 그것이 수천 년 전부터 내려온 신의 결정이라고 선언한다.*

그러나 자유사상은 꺾이지 않고 곳곳에서 싹튼다. 누구나 자기 운명을 스스로 결정할 수 있기를 꿈꾼다. "민중의 권리는 자기에게 있다"라는 것이 다가올 19세기의 원칙이 된다. 사람들은 19세기 내내 이 원칙이 현실이 되는 것을 설레는 마음으로 지켜본다.

1820년대에 그리스인은 오스만튀르크 제국에 반기를 든다. 오랜 라이벌이던 오스만튀르크 제국이 약해지는 것을 크게 반긴 유럽 열강들의 도움을 받아 그리스인은 독립을 쟁취해낸다. 1830년 벨기에인은 네덜란드인에게 저항의 깃발을 들었고, 프랑스와 영국의 도움으로 벨기에 왕국을 세운다. 힘센 이웃 국가들 때문에 나라가 쪼개지고 지도에서 사라진 폴란드인도 같은 해에 러시아인에게 반기를 든다. 하지만 어떤 나라도 폴란드인을 도와주지 않았고, 1831년 그들은 무참하게 제압당한다. 이러한 경향은 1848년에 정점에 달한다. 파리, 빈, 베를린, 부다페스트, 프라하, 로마 등 곳곳에서 시민은 자신들을 압제적인 왕들에 맞서는 혁명을 시도한다. '민중의 봄'이라고도 부르는 '1848년 혁명'은 가혹한 진압 때문에 오래 이어지지 못한다. 하지만 사람들의 머릿속에는 나라 없는 민족에게 나라를 주어야 한다는 의식이 남는다. 특히 독일인과 이탈리아인은 나라의 필요성을 절실히 느낀다.

이탈리아 반도는 잘게 쪼개져 있었다. 오스트리아가 북쪽을, 교황이

---

* 러시아 황제 알렉산드르(Aleksandr) 1세, 오스트리아 황제 프란츠 요제프(Franz Joseph) 1세, 프로이센 왕 프리드리히 빌헬름(Friedrich Wilhelm) 3세.(옮긴이 주)

중앙을, 오래된 왕국이 나폴리와 시칠리아를 다스렸다. 민주주의적 혁명으로 통일을 이루려는 시도는 실패했다. 사르디니아Sardinia 공국의 왕 비토리오 에마누엘레Vittorio Emanuele 2세는 재상 카보우르Conte di Cavour를 등용하고, 무력으로 이탈리아를 통일하려고 시도한다. 그는 프랑스의 도움을 받아 오스트리아와 전쟁을 벌인다. 그런 다음 동맹군인 가리발디Giuseppe Garibaldi의 군대를 시칠리아와 나폴리로 보내 남부 지방을 정복한다. 1861년 비토리오 에마누엘레 2세는 토리노에서 이탈리아 왕국을 선포하고, 1870년 새로운 수도 로마로 입성한다.

독일의 통일은 누가 주도했을까? 오스트리아의 합스부르크 왕가는 자신에게 독일을 통일할 사명이 있다고 생각했다. '철혈재상' 비스마르크von Fürst Bismarck를 등에 업은 프로이센의 왕도 독일을 통일하고자 하는 사명감에 불타올랐다. 1864년, 오스트리아와 프로이센 사이에 전쟁이 일어난다. 1866년, 오스트리아는 전쟁에서 패배하고 몰락의 길을 걷게 되며, 영토도 오스트리아·헝가리 제국으로 축소된다. 제국의 황제는 프란츠 요제프Franz Joseph 1세이며 황후는 '시시Sissi'라는 애칭으로 유명한 엘리자베트Elisabeth von Wittelsbach다. 프로이센은 여세를 몰아서 프랑스와도 전쟁을 벌이고(1870년), 독일의 모든 소국을 자기편으로 전쟁에 가담시킨다. 작전은 성공적이었다. 프랑스는 전쟁에서 패배하고, 1871년 베르사유궁전의 거울 방에 독일의 제후들이 모두 모여서 프로이센의 왕 빌헬름Wilhelm 1세를 독일 황제(카이저, Kaiser)로 추대한다.

마지막으로 발칸 반도에서는 그리스인을 필두로 한 민족주의자들이 '오스만 제국의 굴레'를 차례로 흔든다. 유럽 열강들의 지원을 받아 루마니아, 불가리아, 세르비아가 독립을 쟁취한다. 이렇게 19세기는 민족

국가의 시대가 되었다.

## 7. 전쟁의 시대

20세기 초, 유럽은 산업혁명 덕분에 갖추게 된 압도적인 기술적 우위로 전 세계를 지배한다. 열강들은 아프리카와 아시아를 식민지로 나누어 가져 점점 더 부국이 된다. 이 시기 유럽 대륙의 지도를 보면 현재 우리가 아는 거의 모든 나라가 있다. 여전히 이웃 국가들에 잠식된 가련한 폴란드만 빠졌지만, 1918년 마침내 독립한 폴란드도 등장한다. 모든 주요 나라가 세워졌고, 다음 단계로 나아가고자 전쟁을 벌인다. 그것이 문제다. 국가와 관련한 신념에는 빛과 그림자가 있다. 밝은 쪽은

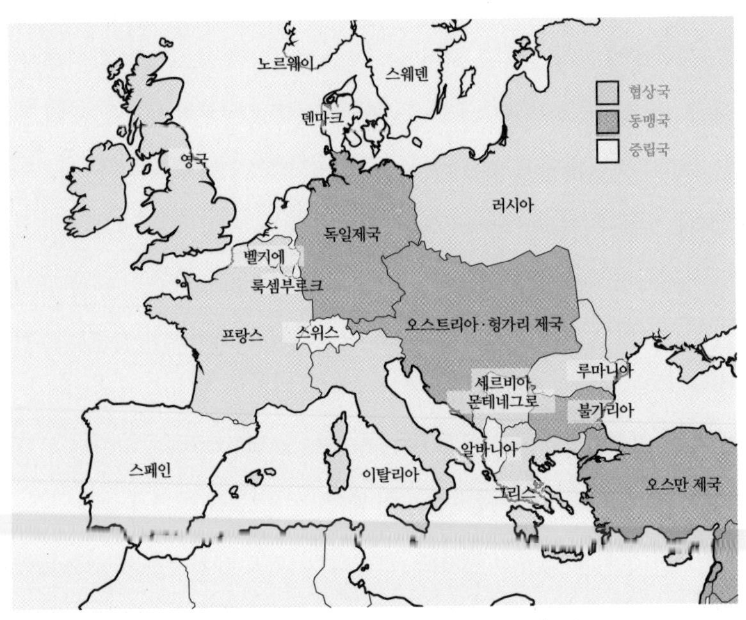


제1차 세계대전 당시 유럽

국가를 사랑하고 헌신하려는 '애국주의patriotism'다. 반면 어두운 쪽은 자기 민족이 다른 민족보다 우월하므로 전 세계를 지배할 권리가 있다고 거의 맹목적으로 믿는 '국수주의nationalism'다. 1910년대에는 모든 나라가 가장 증오하는 나라들로부터 자기를 보호하려고 그나마 덜 싫어하는 나라들과 이리저리 동맹을 맺는다. 이런 상황은 치명적인 악순환을 불러온다. 1914년 6월 28일, 보스니아의 사라예보를 방문한 오스트리아의 황위 계승자 프란츠 페르디난트Franz Ferdinand 대공 부부가 광적인 민족주의자인 세르비아계 청년에게 암살당한다. 이 사건이 신호탄이 되었다. 오스트리아는 세르비아에 복수를 다짐하며 독일과 연합한다. 세르비아는 러시아의 지원을 받았는데, 러시아는 프랑스와 동맹을 맺었고, 프랑스는 영국과 동맹이었다(영국, 프랑스, 러시아의 동맹 관계를 '삼국협상Triple Entente'이라고 한다).

이렇게 모든 유럽 국가와 식민지가 차례로 역사상 가장 참혹하기로 손꼽히는 전쟁에 휘말려든다. 제1차 세계대전은 세계의 판도를 완전히 뒤바꾸어놓는다.

## 제1차 세계대전 이후의 조약들

1918~1920년의 승리 직후, 승전국은 패전국과 여러 조약을 맺는다. 이 조약들은 명목상으로는 평화를 정착시키려는 것이었지만, 앞으로 일어날 다툼의 빌미가 되기도 한다. 따라서 몇 가지 조약은 알아두는 게 좋다.

가장 유명한 조약은 연합국이 독일과 맺은 베르사유 조약이다.

어마어마한 배상금을 부과해서 독일인에게 모욕감과 복수심을 안겨주었고, 훗날 히틀러가 집권하는 계기가 된 조약이다.

연합국이 오스트리아와 맺은 생제르맹 조약과 헝가리와 맺은 트리아농 조약으로 오스트리아·헝가리 제국은 해체된다. 대신 그 폐허에서 체코슬로바키아(체코와 슬로바키아 민족의 연합국가)와 훗날 유고슬라비아 왕국이 될 '세르비아·크로아티아·슬로베니아 왕국'이 독립국으로 탄생한다. 오스트리아와 헝가리는 분리되어 별개의 작은 국가가 된다.

1920년에 체결한 세브르 조약은 영국, 프랑스, 그리스가 오스만튀르크 제국을 군사적으로 점령하여 해체할 목적의 조약이다. 튀르크인에게는 절망적인 형편이었지만, 젊은 무스타파 케말Mustafa Kemal 장군이 상황을 역전시켜 '튀르크인의 아버지'라는 뜻의 '아타튀르크Atatürk'라는 칭호를 얻는다. 케말은 불과 몇 개월 만에 그리스군을 격파하고 튀르크인에게 호의적인 방향으로 조약을 다시 체결하자고 연합국에 제안한다. 1923년 로잔 조약의 체결로 케말은 현재 터키의 국경선을 거의 확정 짓지만, 역사적 비극 또한 남긴다. '그리스·터키 인구 교환' 협정으로 50만여 명의 무슬림이 수세기 동안 살아오던 그리스에서 쫓겨나고, 150만여 명의 그리스정교도가 오랜 세월 살아오던 소아시아에서 쫓겨난 것이다. 그리스에서는 이를 '소아시아 재앙'이라고 부른다.

1918년 프랑스, 영국, 이탈리아는 미국의 도움을 받아 전쟁에 가까스로 이긴다. 그들의 승리란 어떤 것이었을까? 전쟁으로 2,000만 명에 가까운 민간인과 군인이 죽었다. 여러 평화 조약으로 패전국은 갈가리 찢겼고, 오래된 제국들은 해체되었다. 패전국 국민은 모욕감을 느꼈고 복수심에 불타올랐다. 광기 어린 히틀러 일당은 그러한 상황을 이용한다. 제1차 세계대전이 끝나고 21년 후, 독재자 히틀러는 제2차 세계대전을 일으킨다. 그는 전쟁 초반에 전 유럽을 굴복시키는 데 성공하고, 자신이 꿈꾸는 '새로운 질서'를 적용하기 시작한다. 독일에 대한 절대복종을 강요하고, 모든 자유를 박탈하고, 슬라브인을 노예로 삼고, 유대인과 집시를 절멸하는 것이다. 영국이 홀로 분투하다가 결국 미국과 소련이 참전하여 1945년 마침내 전쟁이 끝난다. 제2차 세계대전으로 5,000만여 명의 희생자가 발생했다. 1914년 유럽은 세계를 지배했다. 그러나 1945년 유럽은 둘로 쪼개진 폐허가 되었다.

## 소비에트 체제

1917년 2월, 러시아인은 제1차 세계대전을 패전으로 이끈 무능한 황제에게 반기를 든다. 그러나 같은 해 11~12월, 소수의 극단주의자였던 볼셰비키파가 혁명을 일으켜 러시아에 냉혹한 독재 체제를 구축한다. 이는 러시아 말로 '소비에트'라고 부르며, 노동자와 농민의 대의회가 권력을 쥐는 혁명적 공산주의 체제다. 그렇게 해서 수립된 나라가 소비에트 사회주의 연방공화국USSR, Union of Soviet Socialist Republics이며 초대 국가원수는 레닌Vladimir Lenin이다.

## 8. 유럽의 시대?

세계를 두 번이나 심연으로 빠뜨린 광기를 다시 보지 않으려면 어떻게 해야 할까? 새로 등장한 위험 요소인 소비에트 전체주의가 동유럽을 삼킨 것도 모자라 서유럽까지 넘보지 않게 하려면 어떻게 해야 할까? 예전처럼 이기적인 행동은 자국 국경 내에서만 할 수 있게 하려면?

제2차 세계대전이 끝난 직후부터 영국의 총리 처칠Winston Churchill을 비롯한 많은 거물급 인사가 '유럽의 미합중국'과 비슷한 서유럽 국가의 연합을 만들자는 구상을 내놓는다. 어떻게 현실화할 것인가? 역사가 무참하게 갈라놓은 각 나라의 민족을 하나로 만드는 방법은 무엇일까? 유럽 중앙정부를 만드는 것은? 비현실적이다. 사람들의 선의에 기대보는 것은? 시간이 오래 걸릴 것이다.

프랑스의 쉬망Robert Schuman과 모네Jean Monnet, 이탈리아의 데가스페리Alcide De Gasperi, 독일의 아데나워Konrad Adenauer, 벨기에의 스파크Paul Henri Charles Spaak 같은 정치인은 유럽을 통합하기 위한 유일한 길은 점진적인 경제통합이라고 생각했다. 1951년, 유럽 6개국(프랑스, 독일, 이탈리아, 베네룩스 3국)은 석탄과 철강을 공동 관리하기로 하고 유럽석탄철강공동체ECSC, European Coal and Steel Community를 발족한다. 냉전 체제를 지속하던 이 시기에 좀 더 과감한 계획을 진행한다. 어제의 적 독일과 프랑스가 같은 깃발 아래 뭉쳐서 단일 유럽군을 창설하는 것은 어떨까? 제2차 세계대전이 끝난 지 10년이 채 되지 않은 시점이라 이런 생각은 시기상조였다. 1954년, 프랑스 의회는 유럽방위공동체EDC, European Defense Community 조약의 비준을 거부한다. 그리하여 유럽은 더 쉽게 실현할 수 있는 방식인 경제통합에 다시금 박차를 가한다.

1957년, 유럽석탄철강공동체 6개국은 로마 조약을 체결하고 공동체 내 국가 사이에 관세장벽을 없앤 '공동시장'을 만들기로 결의한다. 1986년, 단일유럽의정서SEA, Single European Act는 공동체의 세력범위를 확장하고(환경, 불평등 퇴치, 외교정책), 마스트리히트 조약으로 가는 길을 준비한다.

1992년에 정식 조인한 마스트리히트 조약은 유럽연합EU을 설립하고 단일 통화인 유로화를 도입하자는 내용을 골자로 한다. 1970~80년대에 여러 서유럽 국가(아일랜드, 영국, 덴마크, 그리스, 스페인, 포르투갈)가 유럽공동체에 가입했다. 1990년대에 소련이 붕괴하자 독립한 신생국가들도 가입했다.

2010년, 스물일곱 개 회원국*을 둔 유럽연합은 여러 가지 모순에 시달리며 속이 곪아가고 있다. 경제 규모는 세계 최고이지만, 정치적으로는 '난쟁이'에 불과하기 때문이다. 프랑스, 독일, 영국 같은 유력한 회원국은 단독 행동을 선호하며, 유럽연합은 국제 무대에서 제대로 영향력을 발휘하지 못한다. 역사적인 관점에서 볼 때 유럽연합은 오로지 구성원들의 의지만으로 평화롭게 건설한 최대의 국가 연합체이지만 정작 유럽인의 반응은 시큰둥하다. 그렇다면 어떻게 해야 할까? 유럽연합 회의론자들은 얼기설기 꿰어 붙인 통제하기 어려운 괴물을 포기하고 다시 개별 국가로 돌아가자고 주장한다. 반면 유럽연합 지지자들은 원래의 이상과 가치를 간직하기 위해 통합을 더 진행하자고 응수한다. 유

* 2013년에 크로아티아가 가입해서 현재 회원국은 스물여덟 개국이다.(옮긴이 주)

럽을 미국처럼 통합하지 않으면 규모가 작은 유럽 국가들이 미래의 새로운 강대국들에 밀려버릴 것이기 때문이다. 하긴 지금도 이미 그런 상황이다.

## 다극화 세계

오랫동안 우리는 역사를 똑같은 도식으로 배웠다. '오리엔트 문명'이라고 부르는 고대 메소포타미아와 이집트 문명 약간, 그리스와 로마 문명 많이, 가끔 이웃 나라의 역사를 양념처럼 섞은 자국 역사. 학창 시절에 세계의 주요 나라의 과거, 왕조, 영웅, 전쟁, 문화 등에 관해 배운 유럽인은 거의 없다. 그런 것들을 피곤하게 배울 필요가 있는가? 유럽이 세계를 지배했으니, 중요한 것은 유럽 역사뿐이었다.

이런 오만함은 힘의 관계를 둘러싼 현실에 바탕을 둔다. 15세기 말부터 유럽인은 망망대해를 향해 모험을 떠났고, 세계를 정복하기 시작했다. 16세기부터 스페인인은 잉카와 아스테카 왕국을 무너뜨리며 아메리카 대륙에 발을 들여놓았고, 그다음으로 포르투갈(브라질), 영국과 프랑스(북아메리카)가 차례로 드넓은 대륙을 나눠 가지는 데 성공한다. 20세기 초, 유럽인은 아시아와 아프리카 대륙 대부분과 오세아니아 대륙 전체를 식민지로 삼는다. 유럽은 지구의 대부분을 지배했다. 역사가들은 아직도 이 믿을 수 없는 현상이 일어난 이유를 묻는다. 기술적인 우위 때문인가? 아니면 무기의 위력이나 압도적인 세력 때문인가?

결과는 누구도 부인할 수 없다. 수세기 동안 이어진 유럽 제국주의의 영향권에서 벗어나 있던 나라는 터키(1922년까지 오스만튀르크 제국이라 불림), 태국(샴 왕국), 이란(페르시아), 일본, 한국, 중국, 아프가니스탄, 이렇게 단 7개국뿐이다. 이들 나라가 취약하나마 자유를 누렸던 이유는 치열하게 경쟁을 벌이던 열강들이 서로 눈독을 들인 땅에는 먼저 선뜻 손을 대지 않았기 때문이다. 허울뿐인 독립 상태였던 나라도 있다. 19세기에 중국은 공식적으로는 자유국가였지만, 실상을 살펴보면 경제는 붕괴하고 제국주의 열강들에 분할 점령당했다.

1, 2차 세계대전 이후 유럽 열강을 밀어내고 미국이 새로운 강자로 떠오른다. 미국은 스스로 유럽의 적자이자 후계자라고 여긴다. 미국의 적수인 소련은 다른 사회 모델을 제시하지만, 이 모델 역시 유럽 사상에서 나왔다. 공산주의는 독일인 카를 마르크스Karl Heinrich Marx가 이론화하지 않았던가? 식민 지배에서 벗어난 나라들은 이 두 '대국' 사이에서 하나를 택해서 그 나라의 이상을 따르고 닮아가야 했다.

1991년 소련이 붕괴하자 모두 미국 체제가 최종적으로 승리했다고 믿었다. 이런 생각은 얼마 지나지 않아 착각이었음이 드러난다. 미국은 아프가니스탄과 이라크를 침공하여 수렁에 빠지고, 경제 위기에 흔들리면서 서구가 허약한 거인에 지나지 않는다는 사실을 보여주었다. 같은 시기에 다른 지역들은 눈부신 경제성장에 힘입어 서서히 날개를 펴기 시작한다.

21세기의 세계 질서는 바뀌고, 이제 '다극화 세계'가 되었다. 인도, 중국(브라질에 대해서는 238쪽에서 살펴보겠다) 같은 나라는 세계의 중심이라고 자처해도 될 만큼 부강해졌다. 아랍 무슬림 세계라고 불리는 또 다른 문명의 축 역시 예전의 영화를 다시 찾아 역사의 전면에 나서게 될 시대가 온다고 믿는다. 이들의 역사를 간략하게 훑어보자.

## 제국과 왕조 개요표

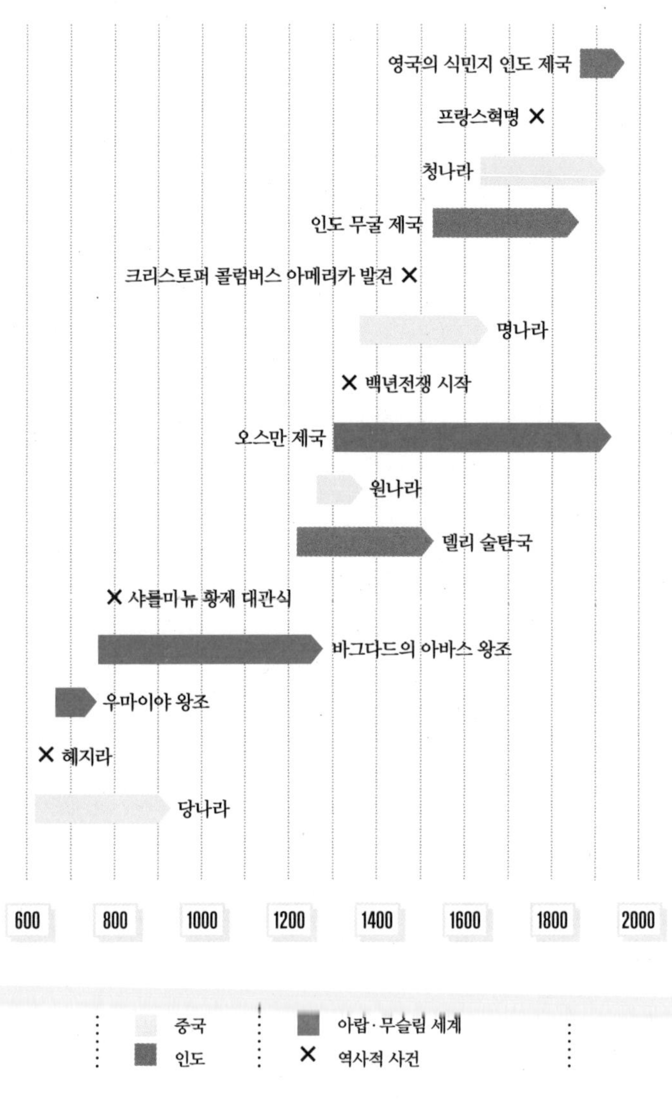

영국의 식민지 인도 제국
프랑스혁명
청나라
인도 무굴 제국
크리스토퍼 콜럼버스 아메리카 발견
명나라
백년전쟁 시작
오스만 제국
원나라
델리 술탄국
샤를미뉴 황제 대관식
바그다드의 아바스 왕조
우마이야 왕조
헤지라
당나라
600
800
1000
1200
1400
1600
1800
2000
중국
인도
아랍·무슬림 세계
역사적 사건

# 1. 중국

베이징, 자금성

중국의 역사는 5,000년이 넘으며 세계에서 가장 오래된 문명 중 하나로 꼽힌다. 기원전 3세기 경에 현재 중국 영토의 상당 부분을 차지하는 통일 제국이 들어섰다. 통일 제국은 때때로 분열되기도 하지만, 늘 다시 통일되었다. 샤를마뉴 이후 유럽의 역사는 제국이 여러 나라로 쪼개져 가는 역사다. 반면 중국의 역사는 통일과 분열, 재통일의 역사다. 중국은 오랜 세월 갈라져 나뉘었고, 때로는 무정부 상태에서 치열하게 싸우는 군소 국가 간의 전쟁을 수없이 겪었다. 하지만 중국은 언제나 결국은 통일되었고, '세상의 중심'이라는 자리를 되찾았다. 제국의 중심축은 황제였는데, 그는 '하늘의 아들(천자)'로서 유일하게 신과 소통할 수 있다고 여겨졌다. 이러한 세계관을 가진 중국인은 다른 모든 나라를 야만국이라고 생각했으며, 멀리 있고 알려지지 않은 나라라 하더라도 중국에 복종해야 하는 '조공국'이라고 여겼다.

중국 최초로 통일을 이룬 제국인 진(기원전 221~207)은 단기간에 멸망했으므로 황제가 두 명밖에 없었다. 그 후로 2,000년이 넘는 세월 동안 수많은 제국이 나타났다 사라졌다. 그중 유명한 나라는 다음과 같다.

한 (기원전 206~서기 220)

당 (618~907)

송 (960~1279)

명 (1368~1644)

중국을 대표하는 민족인 한족이 아닌 이민족이 왕조를 이루고 지배한 경우는 단 두 번 있었다. 1271년부터 1368년까지 중국을 정복하고 다스린 최초의 이민족 왕조는 몽골족의 원나라였다. 원의 초대 황제(세조)인 쿠빌라이(Khubilai, 忽必烈) 칸은 정복자 칭기즈 칸(Chingiz Khan, 成吉思汗)의 손자이며, 궁정에 이탈리아인 마르코 폴로Marco Polo를 머물게 하여 서구에서도 유명하다.

1644년부터 시작된 청나라는 만주족이 다스렸다. 이들은 최후의 왕조였다. 1912년 신해혁명이 일어나 마지막 황제가 쫓겨나고 중국은 '중화민국'이 된다. 1949년 공산주의자들이 승리하여 베이징에서 마오쩌둥(Mao Zedong, 毛澤東)이 대륙에 '중화인민공화국'의 건립을 선포했으며, 중화민국을 세운 국민당은 타이완으로 쫓겨 가서 계속 정부를 유지하고 있다.

18세기까지 중국은 세계에서 가장 부유한 나라였지만, 19세기에는 유럽 제국주의 열강들에 수탈당해 경제 파탄 지경에 이르렀다. 1830년대에 영국은 인도에서 생산한 아편을 수입하라고 청나라에 강권하지만, 황제는 거부한다. 영국은 무력을 사용하고 미국을 비롯한 다른 유럽 열강들도 그 뒤를 따른다. 아편전쟁에서 이긴 제국주의 열강들은 청나라에 무조건적인 개항을 강요한다. 이때 맺은 여러 가지 '불평등 조약'들은 중국인에게 서구에 당한 모욕의 상징으로 남아 있다.

유구한 역사를 지내오는 동안 중국은 세계 문명 발전에 크게 공헌한 발명품들을 만들어냈다. 중국이 만들어낸 '4대 발명품'은 다음과 같다.

- 나침반(중국인은 자석이 언제나 남북 방향을 가리킨다는 사실을 기원전 1세기 때부터 발견해서 사용했다.)
- 인쇄술, 9세기에 최초로 발명(서구에서는 구텐베르크가 15세기에 '재발명'했다.)
- 종이(적은 제조 비용으로 책을 대거 보급할 수 있게 되었다.)
- 화약(당나라 때 발명했다.)

중국에서 8세기부터 등장한 지폐도 발명품 목록에 넣을 수 있다. 최초의 지폐가 중국에서 13세기부터 사용되었는데, 유럽에서는 17세기가 되어서야 등장했다.

## 2. 인도

인도 역사의 근원은 오래전으로 거슬러 올라간다. 기원전 2500~1500년에 인더스 강 유역에 부강한 도시들이 모여서 찬란한 '인더스 문명'을 이루었다. 세계에서 가장 오래된 종교 중 하나인 힌두교도 이 시기에 시작되었다. 힌두교는 윤회 사상, 카스트제도(현대 인도에서 법적으로 금지됨), 다신교(주요 신은 브라흐마Brāhma, 비슈누Viṣṇu, 시바Śiva)에 바탕을 둔 종교로 인도인의 80퍼센트가 믿는다.

기원전 6세기, 왕자로 태어나 고행자가 된 싯다르타 고타마Siddhārtha Gautama는 인간이 자신을 괴롭히는 욕망과 고통으로부터 벗어나 평안을 얻을 수 있다는 것을 삶을 통해 몸소 보여주었다. 그는 '깨어난 자'라는 뜻의 '붓다(부처)'라는 별칭을 얻고, 세계의 주요 종교 중 하나인 불교를 창시한다.

정치적인 면에서 인도의 역사를 보면 아대륙의 상당 부분을 통일한 왕조들이 이어지기도 했고, 소국으로 갈라져 나뉘는 시기도 있었다.

인도의 주요 왕국과 간략한 역사를 알아보자.

- 기원전 320년경 알렉산드로스 대왕이 인도의 북쪽을 침략했다가 물러난 후, 찬드라굽타 마우리아Chandragupta Maurya 왕이 인도 최초의 통일 제국을 세우고, 마우리아 왕조(기원전 322~184)의 시조가 된다. 마우리아 왕조의 가장 유명한 왕은 아소카(Ashoka, 기원전 269~232 재위) 왕이다.* 그는 불교로 귀의하여 비폭력을 신봉했으며, 제국의 행정을 정비하고 도로를 따라 나무를 심게 했다. 또한, 종교적인 관용에 관한 칙령을 기둥과 바위에 새기게 했다. 아소카 왕의 치세가 마우리아 왕국의 황금기였다.
- 13세기 초 중앙아시아의 무슬림이 인도 북쪽에 터를 잡고 델리 술탄국을 세운다. 델리 술탄국은 아대륙 거의 전체를 영토로 삼으며 번성하다가 사라진다.
- 16세기 초 아프가니스탄에서 건너온 전사 바부르Bābur가 델리

---

* 인도는 고대 기록에 연도 표기가 명확하지 않아, 마우리아 왕조의 지배 기간과 아소카 왕의 재위 기간은 자료에 따라 그 연도에 편차가 있다. 여기서는 원서를 따른다.(옮긴이 주)

술탄국의 마지막 술탄을 몰아내고 인도 북부에 제국을 세운다. 그는 튀르크 몽골의 정복자 티무르Timur의 후예였다. 제국의 이름은 몽골에서 따온 무굴 제국, 혹은 대무굴 제국이라고 한다. 가장 유명한 통치자는 아크바르(Akbar, 1542~1605)였다. 그는 제국의 영토를 확장하고, 중앙집권 체제를 확립했다. 무굴 제국은 이슬람 왕조였지만, 아크바르 황제는 다른 종교에도 너그러웠고, 각 종교의 대표자를 모아 신학 토론을 즐겨 열었다. 이슬람교, 크리스트교, 자이나교(인도의 유서 깊은 종교)를 통합한 새로운 종교(딘 이 이라히Din-i-ilahi, '신의 종교')를 창시하기도 했다. 인도에서 가장 유명한 건축물인 타지마할Tāj Mahal을 지은 샤자한Shāh Jahān도 무굴 제국의 황제였다. 타지마할은 출산하다가 사망한 사랑하는 아내를 애도하며 샤자한 황제가 1631~1654년**에 지은 묘지다.

**아그라, 타지마할**

** 타지마할 공식 웹사이트에는 1653년 공사가 마무리되었다고 나온다.(옮긴이 주)

- 17~18세기 프랑스와 영국은 동인도회사 같은 무역회사를 이용해서 인도에 진출하고 군대의 도움을 받아 조금씩 무굴 제국을 무너뜨린다. 얼마 지나지 않아 프랑스인은 인도에서 밀려나서 무역항 몇 개를 점유하는 데 만족해야 했고, 영국인은 세력을 더욱 확장한다.
- 1877년 영국의 빅토리아 여왕이 황제를 겸임하는 식민지 인도 제국이 성립된다. 제국은 영국의 이익만을 우선시했고, 전통 경제와 농업이 체계적으로 파괴된다. 그리하여 가난에 찌든 국민 사이에 강한 민족주의적 감정이 싹튼다. 1885년 최초의 인도 국민회의를 소집하고 국민회의당을 결성하여 독립 투쟁에 나선다. 마하트마(Mahatma, 위대한 영혼)라는 별칭으로 불리는 변호사 간디(Mohandas Karamchand Gandhi, 1869~1948)가 인도의 정신적 지도자로 떠오른다. 그는 영국 상품을 불매하고 납세를 거부하는 방식으로 투쟁해나간다. 1930년 '소금세' 납부를 거부하고자 대규모 소금 행진을 벌이기도 한다. 간디의 방식은 '사탸그라하satyagraha*'의 원칙에 기반을 둔 비폭력저항 운동이었다. 1947년에 이뤄낸 독립은 무슬림과 힌두교도 사이의 전쟁으로 얼룩진다. 간디는 전쟁을 피하려고 어쩔 수 없이 인도의 분할 독립을 용인한다. 그로 인해 100만여 명의 희생자가 발생하고 크나큰 상처가 남는다. 북쪽 지방에서는 무하마드 알리 진나(Muhammad Ali Jinnah, 1876~1948)가 이끄는 무슬림이 파키스탄을 건국한다. 파키스탄은 동서로

---

* '진리를 찾으려는 노력'이라는 뜻으로, 1894~1914년 마하트마 간디가 시작한 비폭력 저항 운동의 사상. 세 가지 원칙으로 첫째, 사탸는 진리, 정직 및 평등을 의미하고, 둘째, 아힘사는 타인에 대한 상해 불가, 즉 비폭력을, 셋째, 타파시아는 자발적인 자기희생을 뜻한다.(옮긴이 주)

분리되고, 동쪽 지역이 1971년 방글라데시로 독립한다. 남쪽 지방은 네루Jawaharlal Nehru 총리가 다스리는 인도연방이었는데, 마침내 1950년 서구 세계의 간섭 없이 최초의 민주적 헌법을 갖춘 인도공화국이 탄생한다.

## 3. 아랍 무슬림 세계

7세기 초, 그때까지 세계의 변방이라고 여겼던 아라비아 반도의 사막에서 역사의 바람이 불기 시작했다. 610년경, 메카의 상인이던 무함마드(Muhammad, 마호메트)는 자신의 운명이 바뀌었음을 느낀다. 그가 때때로 명상하던 동굴에 대천사 가브리엘이 나타나 신의 계시를 전달하는 예언자로 선택되었음을 알린 것이다. 무함마드의 신앙은 철저한 일신교에 바탕을 두어 당시 다신교를 믿던 메카 사람들과 갈등을 빚는다.

622년 무함마드는 오아시스가 있던 야트리브Yathrib로 이주한다. 야트리브는 훗날 메디나(madinat al-nabi, 예언자의 도시)로 이름이 바뀐다. 그는 추종자들과 함께 메카를 떠나 이전까지 존재했던 부족 사이의 관계에 대한 오래된 관습을 벗어던지고 새로운 공동체를 만든다. 메디나 이주를 무슬림은 '헤지라hegira'라고 하며, 새로운 시대의 시작으로 여긴다. '이슬람'은 아라비아어로 '신에 대한 복종'을 의미한다.

632년 무함마드가 사망한 후 신생 이슬람교에 한껏 심취한 아랍 전사들이 세계 정복에 나선다. 역사상 가장 혁혁한 전과를 거두어, 10년 동안 당시 가장 강하던 제국 두 곳을 무너뜨린다. 비잔틴 제국은 이집트와 시리아에서 아랍 군대에 패배하여 아나톨리아로 물러나고, 페르시아 제국은 멸망한다(651년). 711년, 아랍 전사들이 스페인을 정복한

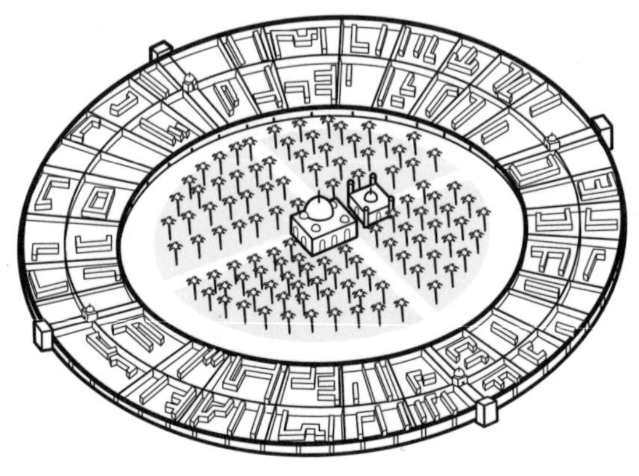

**바그다드, 800년**

다. 같은 시기에 그들은 인더스 강 하류의 신드 지방에 정착하는데, 그곳이 오늘날 파키스탄이다.

661년 메카의 유력자인 무아위야Mu'awiyah가 알리를 지지하는 이들과 싸운 동족 간의 전쟁에서 승리를 거두고, 다마스쿠스를 수도로 삼아 조상의 이름을 딴 우마이야Umayya 왕국을 세운다.

750년 또 다른 가문이 혁명을 일으켜 우마이야 왕조를 무너뜨리고 권력을 잡는다. 그들은 무함마드의 숙부인 아바스의 후예들로 메소포타미아 지역에 새로운 수도 바그다드를 만들고 아바스Abbās 왕국을 세운다. 칼리프들은 호화스러운 궁전에서 대서양에서 인도의 국경까지 이르는 광대한 제국을 다스린다. 농업, 수공업, 무역이 번성하고 사람들은 인도나 중국까지 바삐 오가며 새로운 문물을 주고받는다. 숫자('아라비아 숫자'라고 부르지만, 인도에서 왔다)나 사탕수수 같은 것들이 이때 전해진다. 이 시기가 아랍 무슬림 세계의 진정한 황금기다.

## 시아파와 수니파

무함마드가 죽은 후 누가 후계자(칼리프)가 될지에 대한 분쟁이 일어난다. 공동체의 동의를 얻어서 무함마드의 동료 가운데에서 뽑아야 할까? 아니면 그의 자손 가운데에서 뽑아야 할까?

분쟁이 격화하여 신생 이슬람교는 두 파로 나뉘었고, 여전히 양쪽은 서로 적대시한다. 무함마드의 딸 파티마의 남편이자 손자 하산과 후세인의 아버지인 알리를 칼리프로 지지하던 사람들을 시아파라고 한다. 그들은 예언자 무함마드의 피를 물려받은 남자만이 이맘imām이 될 수 있다고 생각한다. 이맘은 쿠란의 숨겨진 뜻을 이해하는 유일한 사람이며 신자를 인도하는 지도자다.

세월이 흐르면서 알리의 후손인 마지막 이맘이 실종되었다. 시아파 무슬림은 그가 숨어서 은둔 생활*을 하는데 마디Mahdi라는 이름으로 재림하여 세상의 종말을 알릴 것이라고 믿는다.

한편, 이슬람교는 예언자 무함마드가 전달한 알라의 말씀이 적힌 쿠란과 예언자의 언행만으로 이루어져 있다고 생각하는 이들이 있다. 이러한 법 혹은 전통을 아랍어로 '순나sunnah'라고 하며, 이를 따르는 무슬림을 수니파라고 한다.

---

* 대다수 시아파 무슬림은 예언자 무함마드의 뒤를 이은 이맘들이 열두 명이라고 믿는다. 이들을 12이맘파라고 부른다.

아바스 왕국에서 가장 유명한 칼리프는 『천일야화』에 등장하는 하룬 알라시드Hārūn al-Rashīd이지만, 학문적으로 가장 훌륭한 통치자는 알라시드의 아들 알마문al-Ma'mun이다. 알마문은 '지혜의 집'을 세우고 크리스트교도, 유대인, 무슬림을 모아 고대 그리스, 중국, 인도의 저작들을 번역하게 한다. 이러한 학술 장려 활동 덕분에 수학, 천문학, 의학, 광학 등의 학문이 눈에 띄게 발달한다.

너무나 광대했던 영토는 곧 여러 칼리프 국으로 갈린다. 스페인의 코르도바, 이집트의 카이로 등에서 칼리프 국이 세워져 아바스 왕조와 경쟁한다.

1258년 중앙아시아 평원에서 온 용맹한 몽골 전사들이 바그다드를 침략한다. 칭기즈 칸의 손자 훌라구Hulagu 칸이 이끄는 몽골 군대는 바그다드 주민 대부분을 학살하고 칼리프를 말발굽에 짓밟아 죽인다.

하지만 이슬람교는 상인들에 의해 아프리카, 인도, 인도네시아에 계속해서 전파된다. 이슬람교는 세상에서 가장 빛나는 문명 중 하나를 탄생시킴으로써 이미 그 존재 가치를 증명했다. 이슬람 문명권에서 뛰어난 인물 네 명의 이름을 기억하자.

아부 누와스(**Abū Nuwās**, 762년경~813, 바그다드에서 사망) 아랍 고전 문학의 가장 위대한 시인으로 꼽힌다. 하룬 알라시드와 그의 아들 알아민al-Amin의 총애를 받았으며, 불멸의 아름다움을 노래한 시로 유명하다. 아부 누와스의 시는 대부분 포도주, 여성, 미소년에 대한 사랑을 이야기한다. 그가 쓴 아름다운 시는 아직도 많은 사랑을 받는다.

이븐 시나(**Ibn Sina**, 980~1037, 중앙아시아 부하라에서 출생) 서구에서는 아비센나

Avicenna라고도 부른다. 철학자(고대 그리스 철학자 아리스토텔레스를 해설했다), 수학자, 신비주의자, 의사까지 겸한 불세출의 천재였다. 이븐 시나가 집필한 『의학의 정전』은 동서양을 막론하고 수백 년 동안 의학의 교과서로 사용된다.

이븐 루시드(Ibn Rushd, 1126~1198, 코르도바에서 출생, 마라케시에서 망명 중 사망) 서구에서는 아베로에스Averroes라고 부른다. 법률가이자 의사. 또한, 코르도바 칼리프의 자문이었던 이븐 루시드는 가장 위대한 아랍 철학자로 꼽힌다. 그는 신앙과 이성을 구분할 수 있다는 생각을 옹호한다. 이 대담한 이론은 곧 이단으로 몰리고 안달루시아에서는 그의 저작을 불태우기까지 한다. 하지만 크리스트교가 지배하던 유럽에 이븐 루시드가 주해를 단 아리스토텔레스 저작의 번역본이 전해진다. 이를 통해 중세 서구에서 아리스토텔레스를 재발견한다.

이븐 할둔(Ibn Khaldūn, 1332~1406, 튀니스에서 출생, 카이로에서 사망) 철학자. 여러 군주들의 자문으로 정치에 관여하기도 했지만, 역사를 기록하는 데 주력했다. 그는 역사란 어느 한 시대 사회의 모든 권력을 면밀히 연구해야 이해할 수 있다고 생각했다. 바로 그런 이유로 이븐 할둔을 '사회학의 아버지'로 여긴다.

# 7.

# 지리와 환경

'세계화'는 21세기를 대표하는 단어다. 하루도 빠짐없이 들려온다고 해도 과언이 아니다. 종류를 가리지 않고 거의 모든 분야에 세계화라는 말을 사용한다.
환경 문제를 다루는 것은 썩 유쾌한 일은 아니다.
이 문제를 계속 들여다보다 보면 우리가 예상보다 빨리 죽게 되리라는 것을 알게 되기 때문이다.
그래도 아무것도 모르는 멍한 상태로 죽지는 말자.

# 지구를 위협하는 여러 가지 요소들

우리의 작은 세계는 약하고 자원은 제한적이므로 환경을 오염하고 쓰레기로 더럽히는 것을 그만둬야 한다고 사람들이 인식하기 시작한 것은 그리 오래되지 않았다. 서구 사회에서는 1960~70년대에 몇몇 선구자가 위기의식을 일깨워서 대규모 환경 운동이 발전했다. 이러한 인식은 곧 국제단체에도 퍼져나갔다.

1972년은 환경 분야에 있어 매우 중요한 해다. 그해에 스톡홀름에서 최초로 환경 문제에 관한 유엔 회의인 '지구 정상 회의Earth Summit'가 열렸기 때문이다. 이러한 여러 회의는 모든 인류에게 환경 문제에 대한 경종을 울렸다는 점에서 의의가 있지만, 해결책을 도출하는 것을 더 어렵게 만든 측면도 있다. 유엔 회원국은 193개국이나 되는데, 모든 나라의 동의를 받는 것은 쉬운 일이 아니다. 회원국들을 갈라놓는 굵직한 견해 차이를 간략하게 알아보겠다.

## 1. 어떤 방식으로 해결할 것인가

첫 번째 논쟁은 현 상황에 대한 책임이 누구에게 있는지에 관한 것이다. 이에 관해서는 주요 선진국과 나머지 개발도상국이 대립한다.

개발도상국의 주장에 따르면, 19세기에 선진국이 선택한 경제개발 방식 때문에 환경 재앙이 시작되었다. 또한, 오늘날 선진국 국민의 생활 방식은 개발도상국 국민보다 더 많이 소비하고, 낭비하고, 오염하므로 환경은 계속해서 나빠지고 있다. 그러므로 선진국이 환경 문제에 대해 더욱 책임을 져야 한다는 것이다.

이에 대해 미국은 오래전부터 반대 입장을 고수해왔다. 1992년 부시 George Bush 대통령(아버지)은 "미국인의 생활 방식은 협상할 수 있는 것이 아니다."라고 반박했다. 유럽인은 대체로 개발도상국의 비난을 받아들이며, 환경을 보호하고 환경 문제를 해결하고자 더 많이 투자하는 것이 당연하다고 생각한다. 하지만 신흥 경제 강국이 개발 방식을 바꾸지 않고 환경 재앙을 불러일으킨 서구의 실수를 되풀이하길 고집한다면 그런 노력이 무슨 소용인가?

중국을 비롯한 신흥 개발국은 환경 회의 때마다 모든 책임은 서구에 있다는 주장을 고집하며 자국의 상황을 돌아보지 않으려 한다. 서구인이 더는 생산하지 않는 물건을 생산하고자 밤낮없이 돌아가는 중국의 공장, 급성장하는 경제는 오늘날 거대한 나라 중국을 세계 최대의 오염 국가로 이끌었다. 지금까지 박탈되었던 물질적 풍요를 누리려는 10억 중국인은 매우 빠르게 전 세계적인 환경 위험 요소로 떠올랐다. 미국의 저명한 지리학자 제러드 다이아몬드Jared Diamond는 현재 상황을 이렇게 분석했다.

**제러드 다이아몬드**

"오늘날 중국의 소비는 서구보다 열한 배 더 적다. 중국이 서구의 생활수준에 도달하면 전 세계 소비량이 두 배로 늘어날 것이다. 마찬가지 상황이 인도에 벌어진다면, 전 세계 소비량은 세 배로 늘어날 것이다. 나머지 나라가 이러한 추세를 따른다면, 소비량은 현재보다 열한 배가 늘어날 것이다. 이는 720억 인구가 소비하는 것과 같은 양이다."*

## 2. 악순환에서 어떻게 벗어날까

생태주의자는 이런 상황에서 벗어날 유일한 방법은 경제성장 모델을 근본적으로 바꾸고 자연과 자원을 존중하는 새로운 모델을 만들도록 세계 모든 나라에 강제하는 것이라고 주장한다. 새로운 개발 방식으로 완전히 바꿔나가려면 사고의 생태학적 전환을 거쳐야 한다.

이들의 반대편에 서 있는 '환경회의론자'들은 이러한 관점은 근거 없는 극단적인 비관론일 뿐이라고 반박한다. 그들은 인간의 오랜 친구인 '기술'을 믿어보는 것이 훨씬 현명하다고 생각한다. 지구에 어떤 일이 벌어지더라도 인간은 과학과 기술의 도움을 받아 해결책을 찾아낼 것이기 때문이다.

각자 나름의 의견을 정립하는 데 도움을 주고자 어떤 문제가 환경에 위협을 가하는지 알아보겠다. 환경 문제를 다루는 것은 썩 유쾌한 일은 아니다. 이 문제를 계속 들여다보다 보면 우리가 예상보다 빨리 죽게 되리라는 것을 알게 되기 때문이다. 그래도 아무것도 모르는 멍한 상태로 죽지는 말자.

---

* 「문명의 아틀라스」, 『세계/생명*Le Monde/La Vie*』(2009)에서 인용.

## 각종 폐기물

환경에 대한 위협을 이야기할 때 사람들이 맨 처음 떠올리는 것이 오염이다. 오염이란 인간이 지구를 쓰레기통으로 취급해 각종 폐기물을 아무 데나 버리고, 매연을 함부로 배출하고, 토양을 오염하고, 자연환경을 더럽히는 것이다. 또한, 인간의 활동으로 발생한 파괴적인 환경 사고를 막지 못하는 것을 말하기도 한다. 유럽인에게 슬픈 기억으로 남은 환경 사고를 꼽자면 세베소 농약 공장 폭발 사고(1976)**, 아모코카디즈호 원유 유출 사고(1978)***, 체르노빌 원전 사고(1986)가 있다.

21세기에 들어서서 문제는 더욱 심각해졌다. 오염이 지속적이고 세계적인 규모로 확대되었기 때문이다. 인간의 활동으로 발생하는 폐기물은 북극에서 남극까지 전 세계의 대기, 토양, 지하수층, 해양을 더럽혔다. 거의 모든 하천이 오염되었고, 그나마 아마존 강과 콩고 강 두 곳만이 아직 깨끗하다고 평가받는다.****

## 자원 고갈

재생할 수 있는 자원만 사용하는 지속 가능한 경제 개발 모델에 관해서는 뒤에 나올 '새로운 일상' 장에서 구체적으로 살펴보겠다. 예전에는 절대 고갈되지 않을 것이라 믿었던 자원이 희귀해졌음을 알리고자 '금'이라는 표현을 쓰겠다. 자원의 소중함을 되새겨보자.

---

** 이탈리아 밀라노 근교 세베소에 있던 농약 공장에서 발생한 폭발 사고.(옮긴이 주)

*** 1978년에 프랑스 해안에서 원유 유출로 발생한 해양오염 사고.(옮긴이 주)

**** 세계 물 회의(World Water Council) 전문가의 평가를 프랑스 국립과학연구원(Centre national de recherche)에서 인용함.

## 일곱 번째 대륙

최근에 발견된 환경 재앙 중 하나는 태평양 거대 쓰레기 지대Great Pacific Garbage Patch다. 프랑스에서는 '일곱 번째 플라스틱 대륙'이라고 부르기도 한다. 미국의 3분의 1 정도 면적의 이 거대한 쓰레기 지대는 해류의 영향으로 모여든 끈적끈적한 플라스틱 찌꺼기가 서로 붙어서 만들어진 것이다. 이 지대는 발견되는 데 시간이 오래 걸렸는데, 플라스틱이 미세 입자 형태로 수면 아래에 분산해서 떠 있는 현탁 상태suspension여서 육안으로 잘 관찰하기 어려웠기 때문이다. 바다를 오염할 뿐 아니라, 물고기가 플랑크톤과 혼동해서 플라스틱 미세 입자를 삼켜서 질식하는 경우가 많아서 큰 문제다. 현재로는 과학계도 뚜렷한 해결책을 찾지 못하고 있다. 그렇게 어마어마한 쓰레기통을 어떻게 청소할 것인가? 설상가상으로 태평양 거대 쓰레기 지대가 발견되고 얼마 지나지 않아 대서양에 비슷한 쓰레기 지대가 발견되었다.

## 검은 금, **석유**

천연가스나 석탄을 함께 꼽을 수도 있다. 세 자원 모두 수백만 년 전 땅에 묻힌 나뭇잎, 식물들이 서서히 분해돼서 만들어진 화석연료이기 때문이다. 화석연료는 한번 사용하면 새로 만들어지는 데 또다시 수백만 년을 기다려야 하므로 재생 불가능한 에너지라고 부른다. 인간이 고안해낸 방식으로 생산되는 원자력 에너지는 화석연료는 아니지만, 재생 불가능한 에너지로 분류한다. 수천 년이 지나야 겨우 해로운 방사능이 줄어드는 방사성폐기물을 배출하며, 우라늄은 매장량에 한계가 있는 자원이기 때문이다.

과학자 모두 석유의 매장량이 곧 바닥날 것이라는 데는 동의하지만, 그 시기가 언제일지에 대해서는 의견이 분분하다. 석유 생산 정점*에 도달하기 전에 고갈될 염려가 없는 태양, 지열, 풍력 같은 재생 가능한 에너지로 눈길을 돌리는 편이 더 나아 보인다.

바이오매스(biomass, 342쪽 참조)나 조수 간만의 차를 이용해 전기를 생산하는 조력발전에 많은 이가 희망을 건다. 바람과는 달리 조류는 흐름이 일정하다는 장점이 있지만, 바다의 침식이나 해초, 조개류 등의 문제로 값비싼 조력발전 장치를 유지하는 데 어려움이 있다.

## 푸른 금, **물**

하천과 지하수층의 오염, 사막화를 유발하는 지구온난화로 사용할 수 있는 물은 점점 귀해질 것이다. 요하네스버그 지구 정상 회의(2002년)에서 전문가들은 2050년이 되면 세계 인구의 40퍼센트가 물 부족에 시달리게 될 것으로 전망했다. 농업이 물 소비의 3분의 2를 차지한다. 물

* 석유 채굴 과정은 늘 똑같은 주기를 거친다. 더 깊이 파 들어가면 생산은 최고조에 이르다가 점점 줄어들어서 결국 매장량이 바닥난다. 생산이 최고조에 이른 지점을 '정점'이라고 하는데, 이는 끝을 향해가는 시작점이기도 하다. 석유 생산 정점에 벌써 이르렀는지에 대해서는 전문가들의 의견이 분분하다.

부족 현상의 해결책으로 절수 관개 실시(물 낭비를 막고자 식물에 한 방울씩 물을 주는 점적기를 사용), 바닷물의 담수화(이미 시행되지만 비용이 많이 듦), 하수 재처리 등을 꼽을 수 있다.

## 녹색 금, 숲

경작지 확대, 도시화, 광물자원 개발, 산불 등으로 숲이 위협받고 있다. 삼림 파괴에 가장 큰 피해를 보는 나라는 브라질과 인도네시아다. 보르네오 섬의 숲은 기름야자 농장 때문에 급속하게 줄어들고 있으며, 아직 가치조차 알 수 없는 수천 종의 생물도 함께 사라지고 있다.

숲이 하는 일은 다음과 같다.

- 물을 저장하고 비를 생성하는 데 도움을 준다.
- 탄소를 저장하여 광합성을 통해 산소로 바꿔줌으로써 온실가스를 감축하는 데 이바지한다.
- 여러 가지 다양한 동식물의 서식지로서 생물다양성의 보고다.

### 지구온난화

20세기 말에는 많은 과학자가 옹호하면서도 이견이 분분한 가설에 불과했다. 21세기에 접어들어 기후변화국제협의체IPCC, Intergovernmental Panel on Climate Change의 전문가들은 지구온난화를 거의 기정사실로 규정한다. 기후변화국제협의체는 1988년 유엔이 여러 가지 기후변화 현상을 객관적으로 연구하고자 설립한 조직이다. 전문가들은 지구온난화의 근거를 두 가지로 설명한다.

1) 관찰 결과 지구의 평균온도가 계속 올라가고 있다. 계산에 따르면, 2100년이 되면 평균온도는 1.1~6.4도 상승할 수도 있다.

2) 지구온난화의 원인은 '90퍼센트'가 인간 탓이다. 인간이 대기 중에 배출하는 '온실가스'가 지나치게 많기 때문이다.

과학자들은 현재 진행되는 지구온난화의 결과가 어떨지 아직 정확한 결론을 내리지는 못하지만, 매우 비극적일 것이라는 데에는 의견을 같이한다. 가뭄, 더욱 자주 일어날 심각한 기상이변, 급속히 사라지는 생태계, 생물종의 이동, 열대 전염병의 확산, 빙하와 빙산의 해빙으로 해수면이 상승하여 발생하는 해변 지역 침수 위협에 직면하게 될 것이다. 언뜻 보기에는 긍정적인 효과가 발생할 것 같아도 시한폭탄 같은 위험성을 안고 있다. 캐나다 북부와 러시아 북부의 빙하 지역에 있는 얼음이 녹으면 새로운 해로를 개척할 수 있을 것이다. 하지만 그렇게 되면 지금 얼음 속에 갇혀 있는 기체가 대기 중으로 빠져나가 온실효과를 더 악화할 것이며 가늠할 수조차 없는 극단적인 상황이 닥칠 것이다. 이런 현상을 과학계에서는 '눈덩이 효과'라고 한다.

최악의 상황을 막고자 유엔은 여러 대규모 국제회의를 개최하여 온실가스 배출을 전 세계적으로 줄일 방법을 모색한다. 첫 번째 시도가 교토 프로토콜(기후변화 협약에 대한 교토 의정서)이다. 참여국은 2008~2012년 사이에 온실가스 배출을 제한하기로 약속했으며, 주요 선진국 중에 미국만 비준을 거부했다.

---

* 사람의 활동이나 상품을 생산, 소비하는 전 과정을 통해 직·간접적으로 배출되는 온실가스 배출량을 이산화탄소로 환산한 총량.(옮긴이 주)

## ‘탄소발자국’이란

태양은 복사선으로 지구 온도를 높이는데, 이러한 열의 일부가 대기 중에 자연적으로 존재하는 몇몇 기체에 흡수되어 다시 지구로 방출된다. 이러한 기체는 일종의 온실 같은 역할을 하며, ‘온실효과’라는 말도 여기서 나왔다.

이러한 현상은 원래부터 있었으며, 지구 온도를 생명체가 살기 좋은 수준으로 맞춰주므로 매우 유용하다. 하지만 인간이 더 많은 기체를 대기 중으로 배출하여 온실효과를 인위적으로 가중해서 문제가 된다. 주요 온실가스는 메탄, 오존, 이산화탄소 등인데, 그중에서도 이산화탄소가 가장 심각하다. 그런 이유로 이산화탄소 배출을 규제할 계획을 세우거나, ‘탄소발자국carbon footprint’*을 기록하는 것이다.

이런 정책만으로 충분할까? 수많은 과학자가 고개를 저으며 좀 더 근본적인 대책을 찾아야 한다고 주장한다. 이런 인식을 바탕으로 ‘지구공학geoengineering’이라는 새로운 연구 분야가 탄생했다. 순수 과학인지 공상 과학인지 헷갈리는 지구공학의 연구자는 다음과 같은 연구를 한다.

- 대규모 화산 폭발이 일어날 때처럼 대기 중에 다량의 황을 살포하여 햇빛을 가리면 지구 온난화를 막을 수 있다.
- 바닷속 식물성 플랑크톤에 철을 공급하자. 그러면 증식한 플랑크톤이 이산화탄소를 더 많이 흡수한다.

## 가이아 가설

지구가 광물 덩어리가 아니라 생명체라면 어떨까? 그리스신화에 나오는 땅의 여신 이름을 딴 '가이아 가설'의 주장이다. 1970년대에 이 가설을 처음으로 주장한 사람은 대마초를 피워 정신이 혼미해진 뉴에이지 지도자가 아니라 영국의 저명한 화학자 제임스 러브록James Lovelock이다.

러브록이 내세운 근거는 다음과 같다. 생명체가 살기에 적합한 대기와 날씨 환경을 만들려면 지구, 좀 더 정확히 말해 '생물권biosphere'은 특정한 종(이산화탄소를 흡수하는 플랑크톤을 예로 들 수 있다)을 지키고, 보호하고, 더 번성하도록 해야 했다. 이러한 과정은 마치 인체가 외부 공격에 맞서 항체를 동원한다든가, 체열을 올리거나 내리는 것과 마찬가지다.

가이아 가설은 이견이 분분하며, 일부 근본적 생태주의자는 이 가설을 끔찍이 싫어한다. 비인간적이라고 비난하는 사람도 있다. 인류가 계속 위협을 가하면 결국 가이아에게 제거될 해로운 기생충처럼 취급되기 때문이다.

하지만 지구가 마치 열이 나는 귀여운 어린아이 같다고 생각하여 우리의 상상력에 새로운 시적 공간을 열어준 것만으로도 이 가설은 가치가 있다.

• 지구궤도에 거울을 놓고 태양 광선을 반사해 빛이 지구에서 우회하게 한다.

## 세계화의 시대

'세계화globalization는' 21세기를 대표하는 단어다. 하루도 빠짐없이 들려온다고 해도 과언이 아니다. 종류를 가리지 않고 거의 모든 분야에 세계화라는 말을 사용한다. 정확한 뜻이 무엇인지 알아보자.

### 1. 세계시장

1980~90년대부터 세계화는 세계 여러 나라의 경제가 점점 더 긴밀하게 얽히는 것을 묘사하는 표현으로 사용했다. 우리가 흔히 사용하는 운동화, 휴대전화, 장난감 같은 물건을 이제 기업의 이익에 따라 전 세계 각기 다른 나라에서 디자인하여 제조한다.

역사가 대부분은 '최초의 세계화'는 유럽인이 해양 탐험에 나서서 세계무역을 지배하던 '대발견의 시대'에 이루어졌다고 평가한다. 오늘날 세계화 현상도 그때와 마찬가지로 대규모로 이루어진다. 자본주의에 맞선 유일한 체제였던 공산주의 소련이 무너지고 난 후, 자본주의는 전 세계로 확산되었다. 세계는 갑자기 거대 다국적기업들이 지배하는 하나의 커다란 시장이 되었다. 이 기업들은 국경과 상관없이 통용되는 법을 만들 만큼 강력한 힘을 지녔다. 그리하여 대부분 거대 다국적기업은 각기 다른 나라에 본사와 하청 업체를 두어 정상적인 기업이라면 자국에 내야 할 세금을 피하는 일이 많다. 하지만 그렇게 함으로써 소비재

## 다국적기업의 힘

2010년 매출액 기준 세계 1위 기업은 미국의 월마트(Wal Mart, 매출액 4,210억 달러)였다. 매출액 3,780억 달러인 네덜란드의 쉘(Shell, 석유회사)이 그 뒤를 이었다. 두 회사의 매출액을 전 세계 국가의 국내총생산과 비교하면, 각각 25위와 26위 정도다. 다시 말해 150개가 넘는 국가가 이 두 기업보다 가난하다.

를 낮은 가격에 생산할 수 있다.

찬성하는 사람은 경제 세계화만이 세계를 골고루 발전시켜 모든 사람을 부유하게 할 수 있다고 주장한다. 세계화는 국가 간의 무역을 촉진하면서 항구적인 평화가 정착하는 데 이바지할 수도 있다.

반대하는 사람은 세계화가 부자는 더욱 부유하게 하고 가난한 약자는 더욱 가난하게 할 뿐이라고 주장한다. 다국적 기업은 세계화 전략을 통해 임금이 더 낮고 처우가 좋지 않은 지역에서 현지 노동자를 고용한다. 이로써 이미 존재하는 사회보장 시스템의 수준을 낮추고 모든 사람에게 가난과 불안정한 생활을 확산시킨다는 것이다.

## 2. 지구촌

'지구촌global village'이라는 표현은 캐나다의 사회학자 마셜 매클루언(Marshall McLuhan, 1911~1980)이 만들었다. 텔레비전, 전화, 인터넷 등 정보통신이 발달하고 여행, 관광, 이민 등으로 사람들의 이동이 자유로워지면서, 거리가 사라지고 아주 작아진 것처럼 보이는 오늘날 지구를 표현하는 말이다. 물론 모든 사람이 한 동네, 같은 생활환경에서 사는 것은 아니다.

2010년 세계 인구의 4분의 1이 여전히 하루 1.25달러 이하로 생활하는 극빈곤층이다. 하지만 이 비율은 줄어들고 전자 기기 사용자 비율은 늘어나고 있다. 유엔은 2011년 초 휴대전화 사용자 수는 50억 명, 인터넷 사용자 수는 20억 명에 달한다고 발표했다. 전자 기기가 모든 사람에게 보급된 것은 아니지만, 많은 사람이 사용한다.

세계화를 주장하는 사람은 이처럼 사람 사이의 거리가 가까워질 뿐만 아니라 모든 사람을 아우르는 광범위한 공통 문화common culture가 형성될 것으로 생각한다. 지역적, 국가적 정체성을 옹호하는 사람은 그런 점을 걱정한다. 그들은 세계화가 거대한 압착 롤러처럼 문화 차이를 파괴하고, 무미건조하게 획일화할 뿐이라고 여긴다.

국제사면위원회Amnesty International, 그린피스Greenpeace 같은 인권·환경 단체들은 자신들의 관심사에 대한 전 지구적인 연대의 의미로 세계화를 활용한다.

반세계화 운동가들은 세계화의 형태는 반대하지만, 원칙에는 동의한다. 그들은 오로지 이익만을 추구하는 현재의 세계화가 아닌 전 지구적으로 벌어지는 문제를 직시하고, 교환과 나눔에 바탕을 둔 다른 형태의 세계화로 대체해야 한다고 생각한다.

이런 상황이 계속된다면 언젠가는 필연적으로 전 세계 단일 정부가 나타나리라고 생각하는 이들도 있다. 하지만 아직은 세계 각국의 정부가 건재하고 끊임없이 새로운 강대국이 떠오른다. 작은 지구촌에서 벌어지는 커다란 문제를 관리하는 다양한 기구도 있다. 어떤 기구가 있는지 알아보자.

## 3. 다양한 그룹

### G6, G7, G8, G20

해마다 각종 언론의 대대적인 보도와 엄중한 경호 속에서 G8 정상회담이 열린다. G8은 서방 선진 7개국과 러시아 정상의 모임이다.*

1975년 1차 석유파동 당시 지스카르 데스탱Giscard d'Estaing 프랑스 대통령이 제안하여 프랑스 랑부예Rambouillet에서 처음으로 서방 선진국 정상들의 회담이 열렸다. 세계의 상황에 대해 주요 국가의 정상들이 머리를 맞대고 해결책을 마련해보자는 의도였다. 처음에는 5개국(미국, 일본, 독일, 프랑스, 영국) 정상이 모였고, 다음으로 이탈리아, 캐나다, 마지막으로 러시아(1997년)가 합류했다. 하지만 회담은 해마다 돌아가면서 맡는 의장국에서 열리며 철저히 비공개로 진행한다는 기본 방침은 변하지 않았다. 비공개 회담은 엄중한 경호와 보안이 이루어지는 장소에서 넉

---

* 2014년 3월 24일 G7 회원국과 유럽연합은 네덜란드 헤이그에서 회동하여, 러시아가 우크라이나의 크림반도를 병합한 데 반대하여 G8에서 러시아를 제외한다는 '헤이그 선언'을 하였다. 이에 따라 다시 G7 체제로 돌아가게 되었다.

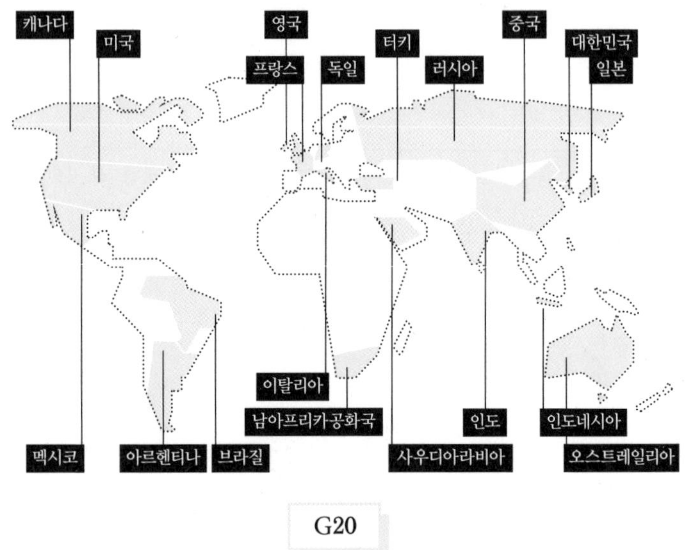


G20

타이를 매지 않은 편안한 옷차림으로 만찬을 나누며 어떤 주제건 논의할 수 있다는 것을 의미한다.

1999년에는 G8과 신흥 시장 12개국의 재무 장관이 모여서 회의를 열었다. 아시아를 뒤흔든 금융 위기 해법을 모색하기 위해서였다. 2008년 또다시 세계적인 경제 위기가 닥치자 니콜라 사르코지Nicolas Sarkozy 프랑스 대통령과 고든 브라운Gordon Brown 영국 총리의 주도로 20개국 경제 장관 회의가 정상회담으로 격상되어 G20이 탄생했다. 다양한 주제를 논의하는 G8과는 달리 G20에서는 주로 경제 문제를 다룬다. 회원국은 전 대륙에 걸쳐 있다(위 지도 참조). 유럽연합을 대표하여 유럽집행위원회 의장과 유럽중앙은행 총재가 회담에 참석하므로 각국 대표의 수는 스무 명이 아니라 스물한 명이다.

반대론자는 G8과 G20은 강대국과 자유주의 경제 체제의 오만함을 상징한다고 생각한다. G8, G20 정상회담이 열릴 때마다 반세계화주의자들은 대규모 시위를 여는데, 정부군에게 무자비하게 진압당하기도 한다. 2001년 이탈리아 제노바에서 G8 반대 시위를 하다가 진압 과정에서 사망한 카를로 줄리아니Carlo Giuliani를 반세계화 진영에서는 순교자로 여긴다. 주최국은 이러한 다자간 정상회담이 세계의 안정을 위해 필요하다는 입장이다. 여러 논의를 거쳐 조세 회피처 제재(1999), 테러리즘 공동 대처(2002), 지구온난화 대처와 아프리카 빈곤 퇴치(2005) 등과 같은 선언을 내놓는 것만 해도 대단한 성과가 아니냐는 것이다. 하지만 가장 중립적으로 관망하는 사람들조차 이러한 선언이 결과를 맺는 일은 거의 드물다는 점을 지적한다.

## 세계대전 종전 후에 결성된 국제기구

1945년, 제2차 세계대전 승전국인 미국, 소련, 중국, 영국, 프랑스는 평화를 영구적으로 정착시키고자 세계 모든 나라를 아우르는 국제기구인 국제연합UN을 발족한다.

그보다 1년 전인 1944년 7월, 연합국은 경제와 통화 문제의 해결책을 모색하려고 모였다. 1929년 대공황의 악몽을 잊지 못하던 각국 대표는 통화 안정성을 보장하고자 새로운 국제통화 시스템을 구축한다. 각국의 통화는 가장 강력한 통화인 달러를 기준으로 고정환율제를 유지하고, 달러는 금 시세와 연동하는 달러 매개 금본위제를 만든 것이다. 이 합의를 회의가 열린 장소인 미국 뉴햄프셔 주의 브레턴우즈의 이름을 따서 '브레턴우즈 체제'라고 부른다.

브레턴우즈 체제는 1970년대 초반에 닉슨Richard Milhous Nixon 대통령이 달러화 금 태환 조치를 폐지하고 기축통화 자리를 포기하면서 막을 내린다. 하지만 이 체제를 뒷받침하던 국제통화기금, 세계은행, 세계무역기구는 지금까지도 여전히 건재하다.

### 국제통화기금

브레턴우즈 협정에 따라 1945년 설립한 국제통화기금IMF, International Monetary Fund은 모든 회원국 정부의 출자로 재원을 충당하며 외환 시세의 안정을 목표로 한다. 따라서 어려움에 빠진 국가, 경제 용어로는 "국제수지 균형을 맞추려고 고군분투하는 국가"를 도와서 다른 나라에 비해서 낮아진 통화가치를 다시 회복하도록 해야 한다. 국제통화기금은 오늘날에도 여전히 같은 임무를 수행한다. 엄청난 부채에 시달리는 국가가 파산하지 않도록 돈을 빌려주어 국제통화 시장의 급한 불을 끄는 소방수 역할을 하는 것이다. 한 국가의 파산은 전 세계에 잠재적인 재앙이 될 것이기 때문이다.

모든 채권자가 그렇듯 국제통화기금도 대가 없이 돈을 빌려주지는 않으며, 그 때문에 많은 논란을 불러일으킨다. 국제통화기금은 자금 지원을 해주는 대신 채무국 정부에 구조 조정이라는 명목으로 다양한 개혁을 시행할 것을 요구한다. 정부 지출 축소, 공공서비스의 민영화, 시장으로부터 보호하던 모든 분야 경쟁에 개방하기, 몇몇 소비재에 대한 정부의 보조금 폐지 등 개혁의 방향은 늘 똑같다. 국제통화기금의 전문가들은 이런 방법이 경제를 정상 궤도에 돌려놓을 유일한 치료법이라고 생각한다. 하지만 구제금융을 받는 국가의 국민에게 국제통화기금의 개입은 정부 지원 축소, 공무원 해고, 거대 금융회사의 진출, 정부 보조금 폐지로 인한 생필품 물가 대폭 상승 등을 의미한다. 그래서 주로 좌파인 국제통화기금 반대론자들은 이 기구가 소방수가 아니라 국가의 약점을 이용해 부의 쏠림 현상을 심화시키며, 신자유주의 체제를 억지로 강요하는 용병에 지나지 않는다고 주장한다.

### 세계은행

세계은행World Bank은 제2차 세계대전 후 폐허가 된 나라, 그중에서도 특히 유럽과 일본의 전후 복구를 위한 자금을 조달하고자 설립되었다. 설립 당시 명칭은 국제부흥개발은행IBRD, International Bank for Reconstruction and Development이었다. 세계은행의 역할은 오늘날에도 비슷하여, 도로, 다리, 병원 등 사회간접자본을 구축하여 개발의 길로 들어설 수 있도록 가난한 국가에 자금을 빌려주는 일을 한다.

### 세계무역기구

예전처럼 양자 간이 아니라 최대한 많은 국가 사이의 무역 장벽을 없애고 세계경제를 발전시키려는 목적으로 설립했다. 초창기에는 '관세와 무역에 관한 일반 협정GATT, General Agreement on Tariffs and Trade' 체제에서 협상이 이루어졌지만, 1995년 세계무역기구WTO, World Trade Organization가 출범해 그 역할을 대신하게 되었다. 이 기구의 목적은 세계 모든 나라 사이에 자유무역을 증진하는 것이며, 상호 합의한 협정을 지키지 않을 경우 제재를 가할 권한도 있다.

세계무역기구는 정기적으로 특정 분야에 대한 새로운 다자간 무역

## 컨테이너

상하이, 로테르담, 리우, 싱가포르 등 다양한 곳에서 잔뜩 쌓여 있는 컨테이너를 볼 수 있다. 컨테이너는 온갖 도로와 바다를 가로지르는 지칠 줄 모르는 여행가 같다. 컨테이너는 누구도 부인할 수 없는 세계화의 상징물이다. 전 세계의 항구에서 볼 수 있는 커다란 철 박스인 컨테이너는 1950년 미국의 운송 사업가 맬컴 매클린Malcolm MacLean이 처음으로 만들었다. 트럭으로 실어 나른 상품을 곧바로 다른 트럭이나 기차, 배에 옮겨 실을 방법이 없을까 궁리하다가 상품을 모두 상자에 넣어서 통째로 옮기는 아이디어를 낸 것이다. 당시에 세계 어디서든 사용할 수 있도록 컨테이너의 규격을 정했다. 높이는 8피트(2.44m), 길이는 20피트(6.096m)와 40피트(12.19m) 두 가지다. 컨테이너는 석유 같은 액체류나 곡물, 석탄과 같은 벌크 상태의 화물도 안전하게 운반할 수 있다. 21세기 초 1,100만 개가 넘는 컨테이너가 전 세계에 유통되었다. 최근 들어 컨테이너의 새로운 용도가 추가되었다. 네덜란드 암스테르담, 프랑스의 르아브르에 컨테이너로 만든 대학생 기숙사가 있다. 런던에는 컨테이너시티Container-city라고 하는 친환경적이고 저렴한 컨테이너 하우스 거리도 있다.

협상을 개최하는데, 모든 가입국이 참여해야 한다. 이를 '라운드round' 라고도 한다. 2001년 열린 도하 라운드는 특히 농업 생산물 분야에 중점을 두었다. 세계무역기구를 옹호하는 사람은 이 기구 덕분에 모든 나라가 평등하게 무역이라는 커다란 게임 판에 참가할 수 있게 되어 결국 빈국도 부유해질 것이라고 생각한다. 하지만 반대론자는 국제통화기금이나 세계은행과 마찬가지로 세계무역기구도 강대국이 약소국을 착취하는 데 도움을 주는 창구일 뿐이라고 여긴다.

## 새로운 회원국

1945년 설립 당시 유엔 회원국은 51개국이었다. 2012년 회원국은 193개로 늘었다. 21세기에 유엔에 가입한 작은 나라를 알아보자.

투발루(2000년에 가입, 수도는 푸나푸티). 남태평양 적도 부근에 있는 면적 26제곱킬로미터의 작은 나라다. 아홉 개의 산호초 섬으로 이루어진 투발루는 기후 온난화로 해수면이 상승하여 존재 자체를 위협받는다. 가장 먼저 사라지는 나라가 되지 않고자 도움을 받으려고 유엔에 가입했다.

세르비아(2000년에 가입, 수도는 베오그라드)와 몬테네그로(2006년 가입, 수도는 포드고리차)는 유엔에 가장 늦게 가입한 구 유고슬라비아 연방국이다. 슬로베니아, 크로아티아, 마케도니아, 보스니아 헤르체고비나는 1990년대에 가입했다. 세르비아의 자치주였던 코소보가 2008년 독립을 선언했지만, 많은 국가가 인정하지 않는다.

동티모르(2002년에 가입, 수도는 딜리). 인도네시아와 호주 사이에 있는 티모르 섬의 동쪽에 자리 잡은 국가다. 포르투갈의 식민지에서 가까스로 벗어난 후, 인도네시아에 강제 병합되었다가 끈질긴 독립 투쟁 끝에 독립하는 데 성공했다.

스위스(2002년에 가입, 수도는 베른). 스위스가 이렇게 늦게 가입하다니 의외라고 생각하는 사람이 많을 것이다. 유엔이 설립된 이래 스위스 제네바는 뉴욕에 이어 제2본부가 있는 도시이기 때문이다. 하지만 스위스연방 정부는 중립국이라는 지위 때문에 유엔에 가입하는 문제에 무척 신중하게 대처해왔다.

남수단공화국(남수단이라고도 불리며 2011년 유엔에 가입, 수도는 주바). 수단에서 분리, 독립했다.

## 세계 각국의 순위는 어떻게 정하나

한 나라의 부를 측정하고자 가장 많이 사용하는 방법은 일정 기간 국민이 국내외에서 생산한 재화와 용역의 부가가치를 합산한 국내총생산GDP을 참고하는 것이다. 전년도와 비교해 얼마나 증가, 혹은 감소했는지를 산출해낸 비율을 경제성장률이라고 한다.

국내총생산으로 각국의 순위를 정할 수도 있다. 미국이 세계 1위, 중국이 2위, 일본이 3위, 독일이 4위, 프랑스가 5위(2013년 기준)라고 할 때 기준으로 삼는 지표는 각국의 국내총생산이다.

일부 경제학자는 이 지표가 순전히 회계적인 논리로만 이루어졌으므로 매우 부정확하다고 비판한다. 실제로 황당한 집계를 포함할 수도 있다. 자동차 사고가 나면 수리비, 입원비, 장례비 등으로 가치가 창출되므로 국내총생산이 증가한다. 게다가 국내총생산만으로는 한 나라 안의 소득 격차와 국민의 생활 방식 등을 정확히 알 수가 없다. 따라서 유엔은 인도 경제학자인 아마르티아 센Amartya Sen이 고안해낸 인간개발지수HDI, Human Development Index를 지표로 사용하기로 했다. 인간개발지수는 생활수준, 수명, 문자 해독률, 교육률 등을 폭넓게 고려한다. 0~1까지 점수를 매기며, 0.8 이상을 선진국이라고 판단한다.

2012년 인간개발지수 상위 국가는 다음과 같다.

| 순위 | 국가 | 지수 |
|---|---|---|
| 1위 | 노르웨이 | 0.965 |
| 2위 | 오스트레일리아 | 0.938 |
| 3위 | 미국 | 0.937 |

앞 페이지에서 언급한 국내총생산 상위 4개국의 인간개발지수 순위는 다음과 같다.

| 순위 | 국가 | 지수 |
|---|---|---|
| 5위 | 독일 | 0.920 |
| 10위 | 일본 | 0.912 |
| 20위 | 프랑스 | 0.893 |
| 101위 | 중국 | 0.699 |

# 주요 항로

## 중국의 관점으로 보는 세계

밴쿠버
북아메리카
로스앤젤레스
뉴욕
뉴올리언스
휴스턴
라사로 카르데나스
파나마 운하
이타키
남아메리카
투바랑

# 미래 강대국

20세기 후반기에 세계는 역사적으로 드물게 매우 단순한 시기를 보냈다. 사람들의 머릿속에는 두 강대국인 미국과 소련의 대립밖에 없었다. 두 나라는 세계를 양편으로 갈라놓고 상대를 순식간에 날려버릴 과도한 군비 경쟁에 골몰했다.

이러한 싸움은 1991년에 소련의 완패로 끝났다. 소련의 붕괴로 사람들은 세계의 질서가 더욱 단순해지리라고 믿었다. 세계를 전략적으로 지배하는 국가가 미국 하나밖에 없기 때문이었다. 경제적으로는 예전부터 부유한 지역인 북아메리카(캐나다, 미국), 유럽, 일본의 '삼두마차'가 이끌고 나갈 터였다.

그로부터 20년 후 초강대국 미국은 재정 적자와 금융 위기, 해외 군사 개입(이라크, 아프가니스탄) 등으로 곤경에 빠진다. 오랜 우방인 유럽과 일본 역시 썩 좋은 상황은 아니다. 그리고 다른 나라들이 그들의 자리를 노린다.

20세기 말까지 새로운 세력이 떠오르리라고 예견한 사람은 거의 없었다. 그전까지 세계는 부유한 나라인 선진국과 '제3세계' 혹은 저개발국으로 나뉘었다. 1970~80년대부터 몇몇 저개발국이 급속한 경제 발전을 이루면서 '개발도상국'이 되었다. 그중 '아시아의 네 마리 용'인 싱가포르, 대한민국, 타이완, 홍콩 같은 나라가 1980~90년대에 부유한 국가의 반열에 올랐다(240쪽 참조). 경제 활황, 급속한 경제 성장, 생활 수준의 향상, 무역 개방 등으로 특징지을 수 있는 이 나라들을 '신흥 개발국'이라고 한다. 이러한 신흥 개발국 중 가장 강한 나라가 다가올 미래 세계를 지배할 것이다.

21세기에 접어든 세계는 바야흐로 지정학적 격변기를 맞는다. 아직 승자도, 패자도 없다. 서구는 지리학자 장크리스토프 빅토르Jean-Chiristophe Victor가 썼듯이 '지는 해'인가? 16~20세기까지 400년 동안 세계를 지배했던 서구는 이제 다른 나라의 지배를 받아야 할 것인가? 아니면 아직 자리를 지킬 힘이 남아 있는가?

미국은 여전히 세계 1위의 군사 대국이다. 막강한 군대, 각종 첨단 무기, 항공모함 등을 보유하고 있으며 세계 어느 곳이나 파병할 능력이 있다. 이런 능력은 감히 어떤 나라도 넘볼 수 없다. 수준 높은 대학교와 학자들의 연구 성과, 자유로운 문화로 미국은 언제나 과학 연구와 기술 발전의 선두에 서 있다. 하지만 미국이 영원히 1등의 자리에 머무르리라는 보장은 없다.

유럽도 미국 못지않은 힘이 있지만, 이러한 힘이 한데로 응집되지 못한다는 단점이 있다. 유럽이 단일 경제정책, 외교, 군대를 갖춘 하나의 국가가 된다면 세계 1위의 강대국이 될 테지만 나눠져 있으므로 불가능하다.

새롭게 강대국으로 떠오르는 나라들이 있다. 2001년 한 재무 분석가가 브라질, 러시아, 인도, 중국을 묶어서 브릭BRIC이라는 약칭을 붙였다. 여기에 남아프리카공화국South Africa의 첫 글자를 덧붙여서 '브릭스BRICS'라고도 한다. 남아프리카공화국은 아프리카의 신흥 강국으로 떠올랐다.

이들 5개국 정상은 G8을 본떠 2009년부터 1년에 한 번씩 모임을 한다. 러시아가 어울리지 않는 자리에 끼였다고 평가하는 전문가들도 있다. 한때 미국과 함께 세계를 양분하던 러시아는 여전히 원유, 천연가스, 금속, 목재 등의 풍부한 자원을 보유하고 있다. 하지만 적은 인구수(출산율이 떨어지고, 지나친 음주와 전반적인 건강 문제 때문에 국민의 평균수명이 줄어들고 있다)와 부패에 찌든 정부라는 두 가지 커다란 문제를 떠안고 있다.

나머지 세 나라에 대해 알아보자.

## 1. 중국

**공식 명칭:** 중화인민공화국

**수도:** 베이징

**2011년 인구:** 13억 4,000만 명*

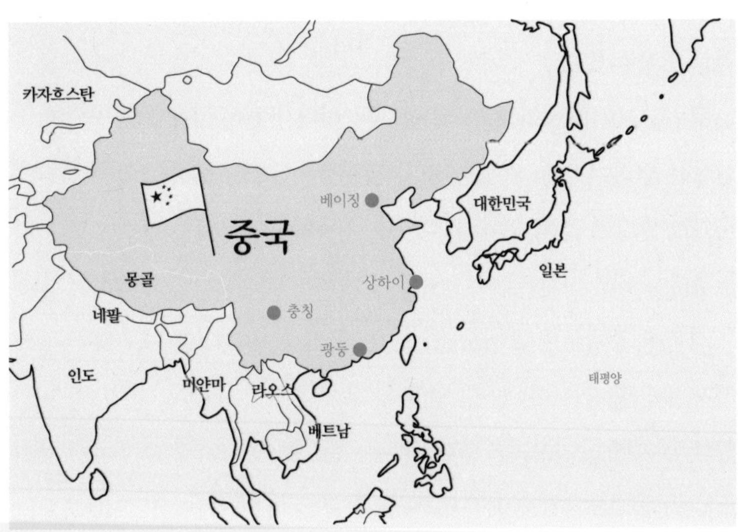


* 2014년 13억 5,569만 2,576명. (옮긴이 주)

**중국의** GDP

| 1981년 | 2001년 | 2011년 |
|---|---|---|
| **1,940억 달러** | **3,000억 달러** | **6조 9,880억 달러** |

위의 통계를 보면 중국 경제가 고속으로 성장하고 있다는 사실을 한눈에 알 수 있다. 2010년, 중국은 세계 2위의 경제 대국이자 수출국 1위가 되었고, 계속 성장을 이어나간다. 이 추세로 보자면 머지않아 미국을 제치고 세계 1위 자리를 차지하게 될 것이다. 미국판『이코노미스트 The economist』는 2011년 12월호에 독자를 대상으로 중국이 미국을 추월할 날짜가 언제일지에 내기를 걸기도 했다.**

마오 주석의 독재 때문에 퇴보했던 중국 경제는 1970년대 덩샤오핑(Dèng Xiqopíng, 鄧小平)의 개방 정책 덕분에 살아나기 시작했다. 공식적으로는 공산당이라는 유일한 정당이 지배하는 공산주의 국가이면서 자유 경제를 따르는 중국의 체제는 터무니없어 보이지만, 30년이 넘게 큰 문제 없이 작동해왔다.

중국은 세계의 공장이 되었다. 장난감, 신발, 컴퓨터, 크리스마스 장식물 등 종류를 가리지 않고 다량으로 생산하여 저렴하게 판다. 돈이 많이 들지 않는 사회 시스템 덕분에 가능한 일이다. 공장에서 일하는 노동자 대다수는 19세기에나 볼 수 있는 환경에서 저임금으로 일한다.

오늘날 중국은 더 넓고 높은 곳을 바라본다. 중국의 지도부는 정복

** 〈데이팅 게임*The dating game*〉, www.economist.com

에는 전혀 관심이 없으며 평화 발전의 길을 지향한다고 단언한다. 18세기까지 그랬듯 중국이 기술, 문화, 의학 등 모든 분야에서 세계 1위의 자리를 되찾겠다는 구상이다. 이를 위해 중국은 전 방향으로 발전을 모색하여 2003년 최초 우주 비행사를 배출하기도 했다. 중국의 우주 비행사를 '타이코넛taikonaut'*이라고도 부른다.

세계에 커다란 위기가 닥칠 때마다 중국 외교부의 목소리에 많은 관심이 쏠린다. 중국은 맞수 미국에 대항할 무기를 쥐었다. 2010년 중국은 미국 국채 25퍼센트를 보유한다. 다시 말해, 무역으로 얻은 막대한 이익으로 미국 재무부가 재정 적자를 메우고자 발행한 채권을 사들였다는 이야기다. 중국 정부는 막대한 자금을 무기로 해외에 전 방위적으로 투자한다. 특히 자국에 부족한 식량과 원자재를 구하려고 아프리카, 남아메리카 등지에 어마어마한 규모의 농경지를 사들이고, 광물과 석유 회사의 주식을 확보했다. 또한, 그리스 피레우스 항에 투자하고, 프랑스 샤토루의 옛 나토 기지에 중국 기업이 진출하는 등 장차 무역 기지가 될 인프라를 사들이고 있다.

중국도 약점은 있다.

- 원자재가 부족한데, 특히 에너지 분야는 더욱 심각하다.
  석유가 생산되기는 하지만 어마어마한 규모의 경제에 비해서는 역부족이다. 그래서 원자재 생산국과 동맹을 맺고 운송 선박을 보호하기 위한 군사기지를 설치하는 식으로 원자재를 실어오는 경로를 안전하게 할 필요가 있다.

---

* 중국어 '타이콩(太空)'과 영어 'astronaut'을 결합한 신조어(옮긴이 주)

## 강성 권력과 연성 권력

강대국은 군사력, 경제력, 외교력을 통해 영향력을 발휘할 수 있다. 미국의 정치학자 조지프 나이Joseph Nye는 이를 '강성 권력hard power'이라고 했다. 이와 대응하는 개념으로 문화, 영화, 매력적인 생활 방식 등을 통해 얻어지는 권력을 '연성 권력soft power'이라고 불렀다. 미국은 '연성 권력'을 구사하는 데 오랜 일가견이 있다. 할리우드 영화, 아이폰, 청바지 등의 '미국적 생활 방식American way of life'이 해병대 파병보다 미국의 힘을 더 분명하게 보여준다는 사실을 부인할 사람은 없다.

중국도 연성 권력을 꿈꾼다. 2008년 베이징 올림픽 개최, 전 세계(특히 아시아)에 중국 문화와 중국어를 가르치는 공자학당Confucius Institute 설립, 국영 CCTV의 다국어 방송 등이 이런 노력의 일환이지만, 아직도 가야 할 길이 멀다. 여전히 숨 막히는 독재 체제에 있는 나라의 생활 방식이 많은 사람을 매료하지는 못하기 때문이다.

- 대외 의존도가 지나치게 높다. 수출을 많이 한다는 것이 장점이 되려면, 다른 나라의 경기가 좋아서 중국에서 수출하는 물건을 사줄 수 있어야 한다.
- 취약한 사회 시스템. 중국 노동자가 언제까지 형편없는 대접을 받으며 일할 것인가?
- 사업을 복잡하게 하고, 투자를 불투명하게 하는 부패와 관료주의

- 티베트족, 위구르족(중국 동부 지역에 살며 이슬람교를 믿는 민족) 등의 소수민족 문제도 뜨거운 감자로 떠오른다. 자유를 얻고자 투쟁을 벌이는 소수민족을 중국 정부가 가차 없이 탄압하는 과정에서 일어나는 인명과 재산 피해가 매우 심각하다.

## 2. 인도

**공식 명칭 :** 인도공화국

**수도 :** 뉴델리

**2011년 인구 :** 12억 4,000만 명

오래전부터 서구인의 머릿속에 인도는 극명히 대비되는 이미지로 각인되어 있다. 수천 년을 이어져 온 문명과 지독한 빈곤, 마하라자mahārāja* 의 궁정과 거리 곳곳에서 구걸하는 걸인. 인도에 관한 정보를 '업그레이드'하고 싶은 사람은 '인도의 실리콘밸리'로 불리는 벵갈루루의 초현대식 빌딩을 추가하자. 그곳에는 '세계의 사무실'이라는 인도의 새로운 별칭에 걸맞게 대규모 콜 센터와 컴퓨터 관련 회사가 대거 입주해 있다.

2011년 인도는 세계 경제 순위 10위를 차지했다. 뜻밖에 낮은 순위라고 생각할지 모르지만, 그 자리에 이르기까지 각고의 노력이 필요했다. 1990년대까지 인도는 주기적으로 기근에 시달렸다. 인류 역사상 가장 오래된 재앙인 기근을 인도는 녹색 혁명으로 이겨냈다. 품종개량을 통한 증산과 농업의 산업화로 식량의 자급화를 이룬 것이다. 20세기 말에는 고등교육에 집중적으로 투자하여 잘 훈련받은 컴퓨터 프로그래머와 엔지니어 수백만 명을 양성해냈다. 현재 인도의 정보 통신 인

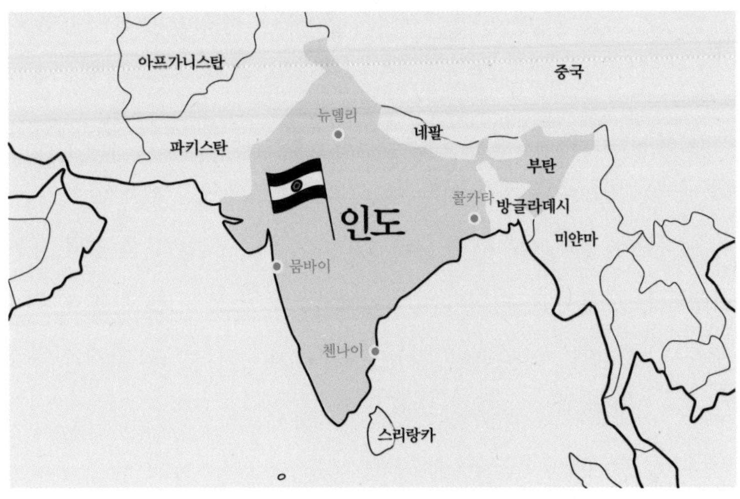


력은 서구의 기술자보다 "경쟁력이 있다"라는 평가를 받는데, 경제 용어로 풀이하자면 "뛰어난 실력에 비해 인건비가 적게 든다."라는 뜻이다. 이러한 투자는 인도가 새로운 첨단 전문 분야인 민간 핵 기술, 제약업, 정보산업의 강자로 거듭나는 밑거름이 되었다.

인도의 약점은 다음과 같다.

- 사회적 격차가 심각한데 해결의 기미조차 보이지 않는다. 중산층이 성장하고 있지만, 인구의 4분의 1이 극빈곤층 이하 생활을 한다.
- 파키스탄과의 문제(198쪽 '역사' 장 참조)도 해결책이 보이지 않는다. 카슈미르 지방을 놓고 두 나라는 벌써 전쟁을 두 차례나 벌였다(1947년과 1965년). 숙적인 두 나라는 서로 견제한다는 이유로

* 인도에서 왕을 가리키는 칭호. (옮긴이 주)

핵무기 개발 경쟁을 벌여 세계인의 불안한 시선을 받는다.

중국은 인도의 또 다른 경쟁국이다. 1960년대에 두 나라는 히말라야 산맥에 있는 국경선을 놓고 군사적으로 충돌했다. 그런데 중국을 향한 적대감이 인도 정부에는 오히려 도움이 되는 상황이다. '적의 적은 친구'라는 오랜 외교 원칙이 있다. 중국의 힘이 강해지는 것을 미국이 점점 더 염려한다. 그리하여 21세기 초부터 미국과 인도의 관계가 가까워지기 시작했다.

## 3. 브라질

**공식 명칭 :** 브라질연방공화국

**수도 :** 브라질리아

**2011년 인구 :** 1억 9600만 명*

프랑스에서는 거의 100년 전부터 브라질에 관한 글을 읽을 때 정치가 클레망소Georges Clemenceau의 짓궂은 농담을 피해갈 수 없었다. "브라질은 미래의 나라이며, 오랫동안 미래의 나라로 남을 것이다." 다행히 이 농담은 유통기한이 다한 듯하다. 브라질의 '미래'가 현실로 이루어지고 있기 때문이다.

유명한 축구 선수들과 거대한 빈민가인 '파벨라favela'로 대표되던 브라질이 이제 성장, 힘, 국제회의, 올림픽(2016년 리우데자네이루) 등 더 다양하고 좋은 이미지를 보여준다. 또한, 노동 운동가 출신으로 대통령이

* 2014년 2억 265만 6,788명. (옮긴이 주)

되어 사회복지 프로그램으로 빈곤을 줄인 룰라(Luiz Inácio 'Lula' da Silva, 2003~2010 재임)라는 걸출한 인물도 있다. 열렬한 민주주의자가 된 과거의 혁명가는 1985년까지 군사독재에 짓눌린 나라에 정치적 안정을 가져다 주었다.

중국의 '세계의 공장', 인도의 '세계의 사무실'처럼 농산물 수출 대국인 브라질도 '세계의 농장'이라는 별칭이 있다. 다양한 광물자원이 땅속에 묻혀 있으며, 모든 환경주의자가 개간을 멈춰야 한다고 입을 모으는 아마존의 광대한 원시림도 브라질의 보물이다.

브라질 역시 약점이 있다.

- 사회적 격차가 줄어들고는 있지만, 여전히 어마어마하다.

최고 부유층 10퍼센트가 48퍼센트의 국토를 보유한 데 반해 최고 빈곤층 10퍼센트는 0.7퍼센트를 보유한다.

- 치안이 불안하고 폭력이 만연하다.
- 사회간접자본이 형편없이 부족하다.
- 아이들을 학교에 보내는 저소득층 가정에 가족 수당을 지급하는 '보사 파밀리아' 프로그램을 룰라 대통령이 시행하여 문맹률을 많이 낮췄다. 하지만 교육 수준이 여전히 낮다.

## 호랑이와 사자

1970~80년대에 아시아의 네 나라 대한민국, 대만, 싱가포르, 홍콩의 경제가 급속도로 성장한다. 이 네 나라를 '네 마리 용', 혹은 '네 마리 호랑이'라고 불렀다.

1990년대에는 인도네시아, 말레이시아, 필리핀, 태국의 '네 마리 새끼호랑이'도 부상했다.

21세기에 들어서자 석유가 풍부한 나이지리아와 남아프리카공화국 같은 아프리카 국가도 경제 발전의 대열에 합류한다. 가나와 에티오피아는 '아프리카 사자들'이라는 별명으로 불리기도 한다.

## 카타르의 억만장자

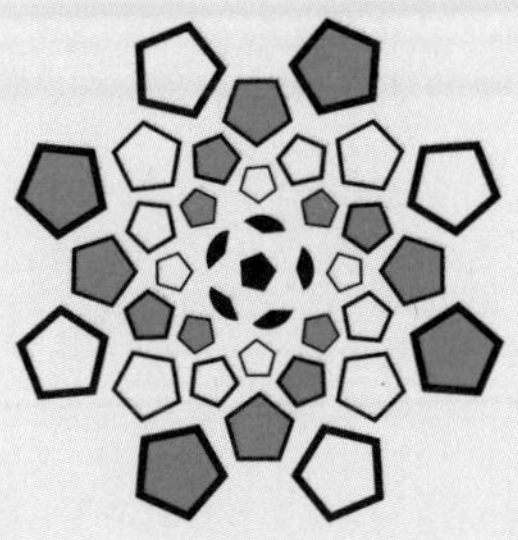

회사를 만들고 싶은데 투자할 사람을 찾을 수 없다면 카타르로 가보라. 페르시아 만에 있는 토후국인 카타르는 현재 세계에서 가장 적극적으로 투자에 나서는 나라다. 석유 자원이 풍부하고 어마어마한 천연가스 매장량을 자랑하는 카타르는 다른 대부분 산유국처럼 검은 금을 팔아서 번 돈을 챙기며 돈방석을 깔고 앉아 꾸벅꾸벅 졸 수도 있었다. 하지만 1995년 왕좌에 오른 야심만만한 국왕 하마드 알사니Hamad al-Thani는 막대한 오일머니를 사용하여 작은 나라 카타르(인구는 약 200만이지만, 그중 카타르 국민은 20만 명 정도)를 경제와 외교 강국으로 탈바꿈시켰다.

카타르는 고층빌딩을 짓고(유럽에서 가장 높은 건물을 런던에 지었다), 다양한 단체(특히 이슬람 운동 단체)에 자금을 지원하고, 금광·은행·기업·예술품·스포츠 구단 등 종류를 가리지 않고 세계 곳곳에 투자한다. 자국의 목소리를 내고자 '아랍의 CNN'이라고 불리는 24시간 뉴스채널 알자지라Al Jazira 방송사를 만들었다. 또한, 2022년 월드컵 축구 대회를 유치하기도 했다.

## '글로벌 플레이어'가 되려면

여러분의 나라는 강대국의 자리에 함께할 수 있을까? 세계를 호령하는 리더, 지배자의 자리에 낄 수 있을까?

국제 관계 용어로 이런 나라를 '글로벌 플레이어Global Player'라고 한다. 글로벌 플레이어의 테이블에 앉으려면 충분한 인구(젊은이가 충분해야 미래를 준비할 수 있고, 소비자가 많아야 경제가 원활하게 돌아간다), 기술에 관한 높은 지식, 원자재에 대한 수월한 접근성이라는 세 가지 조건을 갖추어야 한다. 미국은 이미 갖추었고, 중국은 조건을 갖추려고 모든 노력을 기울이고 있다(기술을 따라잡고 석유 수급을 안정적으로 이루려 한다). 유럽연합은 기술은 갖추었지만, 인구는 고령화되고 있으며 에너지자원은 부족하다. 그래서 오래전부터 일부 외교계 인사는 마그레브(아프리카 북서부), 서아시아와 긴밀한 협력 관계를 구축해야 한다고 주장했는데, '아랍의 봄'으로 이러한 주장이 힘을 얻고 있다. 마그레브와 서아시아는 유럽에는 없는 젊은이와 천연가스, 석유 같은 자원이 있고, 유럽은 기술이 있다. 두 지역이 힘을 합치면 세계를 이끌고 나갈 선두주자가 될 수 있다.

# 8.

# 유럽의 정치

전문가도 설명하기 어려워 오래된 라틴어 표현을 빌려와야 하는 이상한 잡종이 탄생했다. 규정을 읽어보면 유럽연합은 연방도, 주권국가들의 동맹도 아닌 '독특한 개체'다. 즉 세계 어디에서도 유례를 찾을 수 없는 특이한 기구라는 뜻이다. 하지만 희한하게도 60년 동안 반복적으로 위기를 맞고 비웃음을 당해도 그럭저럭 작동한다. 그 비결이 무엇인지 좀 더 자세히 들여다볼 필요가 있다.

# 유럽연합은 어떻게 작동하는가

솔직히 말해 이 제목을 보자마자 책을 덮고 싶었을 것이다. 여러 복잡한 기구, 예산을 놓고 벌이는 수차례의 '마라톤 회의', 수십 년 전부터 언론에서 떠들지만 절대 이해할 수 없는 갖가지 위원회와 지침만큼 지루한 것이 어디 있겠는가.

하지만 귀찮다고 모른 척하고 있으면 덕을 보는 것은 엉뚱한 사람들뿐이다. 유럽연합 반대론자는 유럽연합에 아무도 관심이 없다고 주장할 것이다. 또한 대부분 정치 지도자들은 이익을 취할 텐데 이는 좀 더 심각하게 생각해볼 문제다. 무관심을 이용해서 그들이 바라던 대로 완벽한 들러리, 혹은 희생양의 역할을 유럽이 떠맡게 할 것이기 때문이다. 유럽연합이 유권자에게 유리한 정책을 결정하면 정치가는 자국에 돌아가서 공동의 노력과 협력을 이야기하지 않고 오직 자신의 성과인 양 기뻐하며 으스댄다. 반대로 유럽연합에서 인기 없는 정책을 내놓으면 태도가 완전히 바뀌어서 모든 나쁜 일은 '브뤼셀' 때문이라고 한다. 하지만 '브뤼셀'도 결국은 유럽의 일부가 아닌가?

### 이상한 잡종

먼저 알아둬야 할 사실은 복잡한 역사 때문에 유럽연합의 제도 체계가 단순하지 않다는 것이다. 유럽을 통합하자는 계획은 거의 60년 전부터 여러 사람의 머릿속에서 나왔는데, 각자 원하는 바가 달랐다. 어떤 이는 강력한 중앙정부가 있는, 유럽의 미국 같은 진정한 연방 국가 형태를 꿈꾼다. 수도, 경찰, 군대가 있고 세계를 향해 유럽을 대표하는 대통

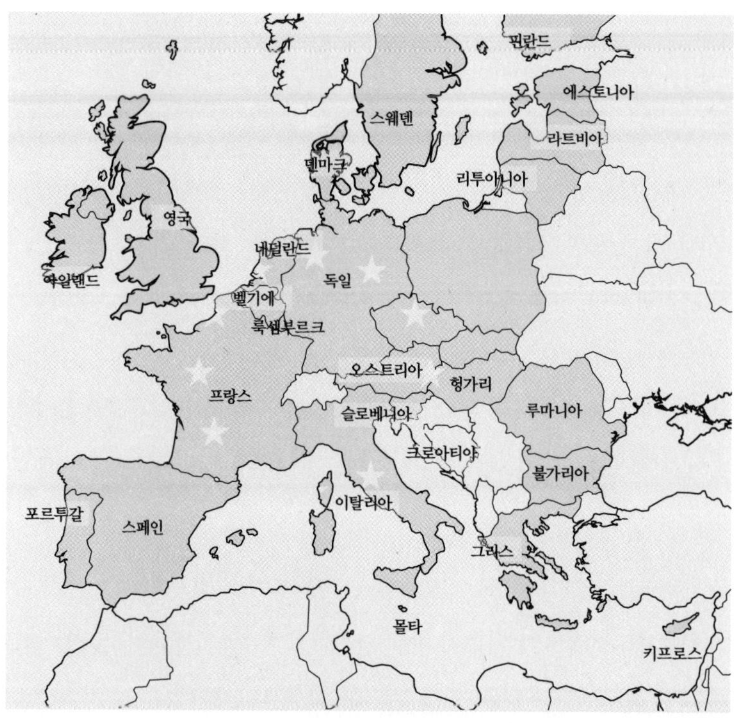


**유럽연합 28개국**

령이 존재하는 것이다. 반면 각 나라의 힘을 초국적적 상위 기관에 조금 위임한다는 생각만으로도 진저리를 치는 사람도 있다. 그 결과 전문가도 설명하기 어려워 오래된 라틴어 표현을 빌려와야 하는 이상한 잡종이 탄생했다. 규정을 읽어보면 유럽연합은 연방도, 주권국가들의 동맹도 아닌 '독특한(수이 제네리스, sui generis) 개체'다. 즉 세계 어디에서도 유례를 찾을 수 없는 특이한 기구라는 뜻이다. 하지만 희한하게도 60년 동안 반복적으로 위기를 맞고 비웃음을 당해도 그럭저럭 작동한다. 그 비결이 무엇인지 좀 더 자세히 들여다볼 필요가 있다.

## 유럽헌법

2000년대 초, 유럽연합의 기능을 국민에게 알리고자 회원국들은 단순, 명료하지만 기본적인 원리를 모두 담은 조약을 맺기로 했다. 이 조약은 일종의 유럽 '헌법'이 될 터였다. 작업은 매우 고생스러웠지만, 이전까지 규정으로 삼았던 산더미 같은 문서 더미를 명확하게 요약 정리하는 성과를 거둘 수 있었다.

2004년 로마에서 당시 25개 회원국은 이렇게 마련된 '유럽헌법조약(EU Constitutional Treaty)'에 최종 합의했다. 하지만 회원국 국민의 동의를 얻어 의회의 비준을 받아야 하는 단계가 남았었다. 18개국은 동의했지만, 프랑스와 네덜란드는 국민투표를 통해 반대의 뜻을 분명히 밝혔다. 두 나라 국민의 불만 때문에 모든 사람이 재투표해야 할까? 아니면 결과를 무시한 채 밀고 나가야 할까? 골치 아픈 문제 앞에서 상황은 더는 진전되지 않았고, 유럽헌법은 무산되었다. 그리하여 다시 예전처럼 유럽 각국 국가수반의 결제를 받은 수많은 문서를 참조하는 관행으로 되돌아갔다.

2007년 리스본 정상회담에서 마침내 유럽헌법조약이 체결되었다. 편의상 '리스본 조약'이라고 하며, 유럽연합의 기본 운영 원리가 담겼다.

### 삼두마차

유럽연합은 '잡종'뿐만 아니라 '다리 셋 달린 오리'라고 부를 수도 있겠다. 유럽연합은 집행위원회, 이사회, 의회라는 세 기관이 이끌어 나간다.

## 1. 집행위원회

'브뤼셀'을 이야기할 때 유럽인은 흔히 유럽연합 집행위원회를 떠올린다. 유럽연합의 중심축이며 '공동의 이익'을 각 나라의 관심사보다 우위에 둘 것을 목적으로 하는 기구다. 국가기관과 비교할 때 집행위원회는 유럽연합의 행정부 역할을 담당한다.

'1국 1집행위원제'로 스물여덟 명의 집행위원으로 구성되어 있지만, 리스본 조약에 따라 2014년 이후로 집행위원 수를 줄일 것이다. 집행위원은 에너지, 농업, 무역 등의 담당 분야를 맡으며 자국이 아니라 5억 유럽인의 이익을 대표한다.

집행위원회의 수장은 5년 임기의 위원장이 맡는다. 로마노 프로디(Romano Prodi, 1999~2004), 조제 마누엘 바호주(José Manuel Barroso, 2004~2009), 뒤이어 재선에 성공한 바호주가 2014년까지 위원장을 맡았다.*

집행위원회는 '조약의 수호자'라고 불리며 유럽연합이 잘 작동하는지 감시하는 역할을 한다. 무역 분야 등의 대외 협상에서 유럽연합을 대표하며 공동 예산을 관리한다. 각종 법규를 제정하지만, 통과시킬 권한은 없다. 법안을 통과시킬 권한은 이사회와 의회에 있으며, 집행위원회는 오로지 제안만 할 뿐이다.

---

* 2014년 11월 1일부터 장클로드 융커(Jean-Claude Juncker)가 집행위원장을 맡고 있다.(옮긴이 주)

## 2. 이사회

보통 '이사회'라고 하면 두 기관을 가리킨다. 두 '이사회'는 법적으로는 다르지만, 실제로는 기능이 겹치는 부분이 있다.

우선 유럽이사회European Council가 있다. 회원국 정상의 모임이며 유럽연합 내에서 권력의 정점에 있는 기구다. 주로 브뤼셀에서 1년에 두 번 정기적으로 모이는데, 각국 최고 권력자가 모이는 자리인만큼 언론의 관심이 집중된다. 모일 때마다 정상들은 학교에서 사진을 찍는 것처럼 서너 줄로 얌전히 줄을 서서 기념사진을 찍는다.

리스본 조약 이후 유럽이사회 상임의장직이 신설되었다. 상임의장은 후보를 제외한 나머지 27개국 정상이 선출하며, 대외적으로 유럽을 대표하는 자리다. 2009년부터 2014년까지 상임의장직을 맡은 벨기에의 헤르만 반 롬퓌이Herman Van Rompuy는 존재감이 너무 약해 이름을 아는 사람이 거의 없다는 냉소적인 평가를 받기도 했다.*

유럽이사회는 안보 같은 민감한 분야의 의제를 설정하고 장기적인 방향을 제시하지만, 입법 권한은 없다.

입법권은 두 번째 이사회인 유럽연합이사회Council of the European Union에 있다. '유럽각료이사회'라고도 불리며, 특정 정책 분야를 담당하는 회원국 장관들의 모임이다. 농업 문제를 논의하려고 각국 농업 장관을 소집하고, 산업 정책을 만들고자 산업 장관을 소집하는 식으로 회의를 연중 개최한다.

---

* 2014년에 폴란드 총리 도날트 투스크(Donald Tusk)가 새로운 상임의장으로 선출되었다.(옮긴이 주)

유럽연합이사회는 유럽연합 내에서 가장 힘이 센 기구다. 이러한 영향력에 연방주의를 꺼리는 사람은 안심하고, 유럽연합을 유럽의 미국으로 만들기를 열망하는 사람은 실망한다. 유럽 내의 의사 결정 과정이 여전히 장관으로 대표되는 개별 국가 정부의 손에 달려 있다는 사실을 보여주기 때문이다.

유럽연합이사회는 예산안을 승인하고 각종 대외 협정을 체결하며, 역내 경제정책의 커다란 방향을 조율하고, 공동 외교정책을 결정한다. 특히 5억 유럽인이 지켜야 하는 법안을 유럽의회와 함께 심의, 의결한다.

그렇다면 이러한 결정은 어떻게 내릴까. 이사회는 합의에 따른 결정이라는 유럽의 오래된 좋은 전통을 가장 많이 따르지만, 투표도 한다.

투표는 어떤 방식으로 이루어질까?

### 만장일치여야 하는가

신규 회원국 가입 등 매우 중요한 문제에 대해는 만장일치 방식을 채용한다. 28개 회원국의 의견이 모두 일치하기는 어렵다.

### 회원국 당 한 표의 투표권을 갖는가

인구가 40만 명인 소국 몰타와 8,000만 명인 독일의 영향력이 같다고 생각하는 사람이 있을까? 두 나라를 똑같이 취급한다면 독일인에게는 불공평한 처사일 것이다. 대부분 투표는 가중 다수결qualified majority로 이루어진다. 즉 각 회원국의 인구에 따라 투표수가 차등 분배되는 것이다. 프랑스, 이탈리아, 독일, 영국 같은 '큰 나라'는 29표를 갖고, 폴란드와 스페인은 27표를 갖는 식으로 투표수가 분배된다.

### 이사회, 이사회, 이사회

유럽의 여러 기구 이름이 복잡하고 비슷비슷해서 때로는 실소를 자아내기도 한다. 유럽이사회(유럽연합 회원국 정상들의 모임)와 유럽연합 이사회(각료들의 모임)만 해도 헷갈리는데, 또 다른 이사회가 있다. 바로 유럽평의회The Council of Europe다. 다행히 이 단체는 유럽연합과는 아무런 상관이 없으며, 유럽 통합이 시작되기도 전인 1949년 설립한 국제기구다. 민주주의와 인권 수호를 위해 활동하며 47개 회원국이 가입해 있다. 본부는 유럽의회가 있는 스트라스부르에 있다. 물론 이 단체는 유럽의회와도 아무런 상관이 없다.

## 3. 의회

5억 유럽인은 5년마다 선거를 치르며 유럽의회를 구성하는 754명의 의원을 선출한다. 중요한 점은 유럽의회 내에서 의원들은 국적이 아니라 이념과 정치적 성향에 따라 그룹을 구성해서 활동한다는 것이다.

세 기구 중 유일하게 직접 선거로 구성하는 의회는 유럽연합 체제의 민주적 성격을 강화하는 데 중요한 열쇠라 할 수 있다. 이를 아는 유럽인들은 유럽의회의 권한을 확대하려고 분투해왔다. 그리하여 마스트리흐트 조약 이후 유럽의회의 권한을 계속해서 확대하고 있다.

유럽의회의 역할은 크게 세 가지다.

새로운 집행위원회의 승인 여부, 집행위원에 대한 불신임 결정을 통해 민주적으로 유럽연합의 기구와 기관들에 감독 통제권을 행사한다.

이러한 권한으로 유럽의회는 상당한 정치적 비중을 갖게 되었다. 집행위원 불신임과 관련한 유명한 사건이 있다. 2004년 이탈리아 기독교민주당 대표 로코 부틸리오네Rocco Buttiglione가 유럽연합 법무 집행위원으로 지명되었다. 그런데 많은 의원이 그의 반동성애적이며 성차별적인 언사(그는 동성애는 죄악이며 가정의 역할은 "여성에게 아이를 낳고 남성에게 보호받을 수 있도록 하는 것"이라고 말했다)에 분개한 상태였다. 유럽의회는 집행위원회 전체를 불신임하겠다고 위협하여 부틸리오네 지명 철회를 이끌어냈다. 또한 감시 의무의 일환으로 각종 위원회를 조사하거나 그들에게 질의할 수 있고, 특정 주제에 대해 여론을 환기하는 등의 일을 할 수 있다.

유럽이사회와 함께 유럽의회는 예산권이 있다. 다시 말해 두 기구가 합의해야 예산안이 통과한다는 얘기다. 또한, 유럽의회는 예산이 잘 집행되고 있는지 감독할 의무가 있다.

마지막으로 유럽이사회와 함께 유럽의회는 입법안을 수정, 거부할 수 있는 '공동 결정권'을 가진다. 예산안처럼 두 기구가 합의해야 입법안이 통과할 수 있다. 소비, 농업, 에너지 등 분야가 점점 확대되지만, 몇몇 분야(보건, 교육, 문화 등)에는 아직 입법권이 없다.

유럽사법재판소European Court of Justice가 유럽연합에서 만든 법률의 이행을 보장한다. 독립된 재판관들로 구성하였으며 룩셈부르크에 있다.

## 유럽의 건강과 환경을 위해

유럽의회는 '유럽의 미래' 같은 거창한 주제보다는 유권자의 일상적인 문제에 더 관심을 기울인다. 기차나 비행기의 장애인 탑승객에 대한 무료 보조, 휴대전화 로밍 요금 상한제, 교통 지연이나 취소에 따른 보상제 등이 유럽의회에서 정한 규정이다.

새로 도입한 화학물질관리제도REAch, Registration Evaluation Authorisation and Restriction of Chemicals가 가장 눈길을 끈다. '리치REAch'는 화학물질의 등록registration, 평가evaluation, 신고notification, 허가 및 사용 제한authorization and restriction에 관한 800쪽이 넘는 규정이다. 이 기념비적인 규정의 목적은 건강과 환경을 보호하고자 유럽연합 내에서 사용, 생산, 수입되는 모든 화학물질을 엄격하게 통제하는 것이다. 2006년에 가결되어 2007년부터 시행되었다. 화학물질의 종류가 워낙 광범위해서 등록을 마감하고 법을 완전히 시행하려면 2018년까지 기다려야 한다.

## 한곳에 정착할 수 없는 이유

유럽의 독특한 매력 중 하나는 기묘한 관료주의와 과민한 국가 감정이 종종 뒤섞인다는 것이다. 집행위원회와 가까우므로 유럽의회의 회기 대부분은 브뤼셀에서 진행한다. 역사와 깊은 관련이 있는 여러 이유로 나머지 회기는 의회 본부가 있는 스트라스부르에서 진행한다. 스트라스부르는 복잡한 프랑스와 독일 관계의 상징

과도 같은 도시다. 750명의 의원과 수많은 공무원, 보좌관은 수 년 동안 두 도시를 오가야 하는데, 무척 힘들 뿐 아니라 예산에서 지급하는 교통비, 숙박비, 지원비 등도 만만치 않게 든다. 그리하여 많은 의원이 한 곳에 정착하기를 바란다. 유럽의 수도이기도 한 브뤼셀이 제일 좋다는 의견이 많은데, 오직 프랑스만이 스트라스부르를 고집한다. 그런데 의회 본부를 한 곳으로 정한다고 해도 유럽연합의 행정 실무국은 룩셈부르크에 있어서 문제가 완전히 해결되지는 않을 것이다.

## 유럽연합을 요약하자면

**비판에 대한 답**

유럽 통합은 시작될 때부터 열띤 찬반 논란이 있었다. 찬성하는 사람은 유럽연합이 없으면 21세기에 떠오르는 열강인 중국이나 인도에 유럽이 먹혀버릴 것이라고 이야기한다. 작은 나라들이 뭉치지 않고 따로 따로 있으면 유럽인의 생활 방식, 사회 모델 등 모든 것을 잃게 되리라고 주장한다.

주로 국가주의적 성향이 강한 유럽연합 회의주의자는 유럽연합 같은 관료주의 괴물은 역사가 빚어낸 '우리 나라'라는 정체성, '우리 민족'이라는 소속감을 없애버릴 것이라고 반격한다. 이와는 정반대 성향이지만 좌파 역시 다른 관점에서 유럽연합을 공격한다. 유럽연합이 신자유주의와 시장 원칙을 전파하는 데 앞장서며 그에 반대하는 모든 것을 없앤다는 것이다. 일부 좌파는 좀 더 민주적·사회적 문제에 관심을 기울이는 또 다른 유럽연합, '유럽 공동 사회복지 시스템' 같은 것을 만들자고 제안하기도 한다.

이러한 논쟁은 유럽인에게 필요하다. 유럽 통합 문제는 유럽인의 미래에 무척 중요한 문제이기 때문이다. 하지만 논쟁을 시작하기 전에 먼저 유럽연합을 무작정 반대하기만 하는 잘못된 주장을 해결하고 넘어가자. 50년 가까이 지겹게 되풀이되는 비판을 이제 걷어낼 때가 되었다.

### 1) "유럽 집행위원은 선거로 뽑힌 사람이 아니므로 법을 정할 합법적인 자격이 없다."

흔히 생각하듯 유럽 집행위원이 법을 정하는 것이 아니다. 그들은 공무원이며, 입법권은 유럽연합이사회에 있다. 유럽연합이사회는 회원국의 각료로 구성되어 있는데, 각료 역시 선거로 뽑히지는 않았지만, 각 회원국에서 민주적 절차를 통해 그 자리에 앉힌 인물이다. 그들의 합법성에 의문을 제기하는 것은 유럽의 민주주의에 의문을 제기하는 것과 같다. 게다가 앞에서 살펴봤듯 법안 중 대다수는 유럽의회와 공동으로 결정하는데, 유럽의회 의원은 선거로 뽑힌 사람이다. 따라서 유럽을 더욱 민주주의적으로 만드는 간단한 방법은 유럽 선거에서 한 표를 행사하는 것이다.

2) “다수결로 결정이 이루어진다면 독일인, 불가리아인, 스페인인이 프랑스인보다 더 유리한 것은 아닌가.”

그렇긴 하지만 어쨌든 중대한 문제에 관해서는 만장일치로 결정한다는 사실을 다시 한 번 알아두자. 또한, 유럽연합의 작동 원칙은 힘으로 몰아붙이기보다는 언제나 합의점을 찾는 것이다. 한 나라가 원치 않는 유럽연합의 결정을 시행해야만 할 때가 있을 수도 있다. 하지만 어떤 사안이 만족스럽지 못했더라도, 다른 사안은 만족스러운 결과를 얻을 수도 있다. 어떤 집단에 속해 있고, 그 집단이 잘 굴러가기를 원한다면 가끔은 자신의 소수자적 위치를 받아들이고 다수의 법칙에 따라야 할 때가 있다. 그것 역시 민주주의다.

3) “유럽연합 법이 우리나라 법보다 우위에 있는 것 같다.”

귀에 못이 박히도록 많이 하는 이야기이지만, 자체로는 맞는 말이다. 유럽법이 국내법보다 우위에 있다고 1960년대에 유럽사법재판소에서 결정했다. 하지만 왜 이것을 신성모독쯤이나 되는 것처럼 생각할까? 잠깐만 생각해보면 이런 원칙이 적용되지 않으면 얼마나 큰 혼란이 올지 알 수 있을 것이다. 유럽법 역시 다른 국제 조약과 마찬가지로 국내법보다 우위에 있다. 예를 들어, 어떤 프랑스 법이 국민에게 유럽 규정에서 권장하는 바와 반대로 할 것을 요구한다고 생각해보자. 이것이 무엇을 의미할까? 프랑스가 우방국들과 맺은 약속을 자국 내에서 무시하는 신의 없는 나라라는 것이다.

# 유럽연합은

## 3만 2,000명의 관료와 준관료가 일한다.

그중 2만 5,000명은 집행위원회 소속

## 공용어가 스물세 개*다.

하지만 집행위원회에서 사용하는 언어는 영어, 프랑스어, 독일어 세 가지뿐이다.

## 상징기

짙푸른 바탕에 열두 개의 황금 별이 원 모양으로 그려져 있다.

## 기념일

5월 9일, 쉬망 선언일**(1950년)

## 유럽연합가

'환희의 송가', 베토벤 9번 교향곡

## 구호

다양성 속의 통일
라틴어 : "In varietate concordia"
프랑스어 : "Unie dans la diversité"
헝가리어 : "Egység a sokféleségben"

# 정치 지형

정치 세계는 적어도 겉보기에는 모든 것이 그렇게 빨리 바뀌지 않는 것 같다. 민주주의 체제에서는 선거를 치를 때마다 다수파가 바뀌고 전세가 역전되면서 새로운 역학 관계가 생성된다. 새로운 지도자가 등장하면서 전임자는 서서히 잊힌다.

1960년대부터 활동하기 시작한 녹색당(10장 참조)을 제외하고, 유럽의 주요 정치 세력들은 굳건히 자리를 잡은 듯하다. 자유주의, 사회주의, 연방주의, 국가주의 등 이들 정치 세력을 일컫는 용어를 생각해보자. 이 모든 '주의ism'는 19세기에 등장했다. 하지만 프랑스에서는 더 오래전부터 이들을 분류하는 방식이 존재했다.

1789년 프랑스혁명 직후 소집된 국민의회로 거슬러 올라간다. 당시 왕정 체제를 유지하고자 하는 왕당파 의원이 의장석에서 볼 때 오른쪽에 앉았고, 혁명에 동조하며 급진적 변화를 바라는 공화파 의원이 왼쪽에 앉았다. 오늘날에도 정치적인 성향을 비슷한 맥락으로 정의하지만, 현대의 우파와 좌파는 혁명기와는 사뭇 다르다. 지금은 절대왕정을 되살리려고 투쟁하는 정치인도 없고 민중의 적을 처단하고자 단두대를 동원하자는 정치인도 없다.

---

* 2014년 스물네 개로 늘어났다.(옮긴이 주)

** 1950년 5월 9일 프랑스 외무장관 로베르 쉬망(Robert Schuman)이 독일과 프랑스 간의 적대 요인을 극복하고 평화를 실현하고자, 석탄 및 철강 산업을 초국가적인 기구를 통해 공동 관리하자는 '쉬망 선언'을 발표했다. 이로써 유럽공동체에 관한 최초의 논의가 이뤄지기 시작했고, 나중에 유럽연합은 쉬망 선언일을 '유럽의 날(EU Day)'로 확정했다.(편집자 주)

이처럼 정치적인 집단 안에서 바뀌지 않고 고정된 것은 없다. 사상, 세상을 보는 방식, 개선책 등은 조금씩 변화한다. 유럽의 정치 세력을 크게 네 가지로 분류해서 살펴보자.

## 1. 극우파

20세기 말부터 선거 때마다 점점 더 놀라운 결과를 보여주는 극우파는 유럽 정치 지형에서 무시 못 할 비중을 차지한다.

극우파는 지역에 따라 그 색깔이 매우 다르다. 헝가리를 비롯한 일부 옛 공산권 국가에서는 자신이 제2차 세계대전 이전의 파시스트 독재 정권의 뒤를 잇는다고 공공연하게 주장하는 극우파가 있다.

반면 북유럽을 비롯한 많은 다른 나라의 극우파는 파시스트 같은 과거의 악마와 자신은 전혀 관계가 없으며 새로운 투쟁을 한다고 주장한다. 그런 이들은 '극우당'이 아니라 '인민당populist party'이라고 부른다.

대중영합주의populism는 '대중'의 지지도를 기반으로 삼아 '엘리트'에 반대하는 정치적 이데올로기를 말한다. 여기서 '엘리트'란 유권자를 감언이설로 속이는 부패한 정치인을 의미한다. 대중영합주의자populist는 이들 엘리트 정치인이 겉으로는 도덕적인 척하고 있지만, 속으로는 검은 진실을 감춘다고 주장한다.

오늘날 정치에서 끊임없이 제기되는 문제 중 하나는 이들 '새로운' 극우파인 대중영합주의자(혹은 대중선동가)가 과거와 비교해서 어떤 점이 다른가 하는 것이다. 사안 별로 보면 달라진 면이 많다. 예를 들어 여성의 권리나 동성애 허용 같은 문제에 대해서 대중영합주의자는 선배들보다 훨씬 열린 태도를 보인다. 문제를 제기하는 방식도 많이 달라졌다. 20세기 초 극우파가 지목한 가장 큰 적은 유대인과 프리메이슨Freemason이었다. 그들이 보기에 유대인은 영원한 이방인이고, 프리메이슨은 교회에 맞서는 배교자이기 때문이었다. 오늘날 대중영합주의자의 연설 대부분에서 증오의 대상으로 가장 많이 지목되는 이들은 유대인이 아니라 이민자, 그중에서도 무슬림이다. 유행이 지난 프리메이슨을 언급하는 이들은 거의 없다. 대신 세계화에 찬성하는 사람, 유럽 통합 지지자가 악역을 맡았다. 대중영합주의자에게는 그들 역시 해로운 사상으로 국가의 가치를 훼손하는 자다. 이렇게 표적은 다르지만, 지목하는 이유는 변함이 없다. 그들이 위협하는 국가의 '영원한 가치'를 지키려는 것이다.

**헤이르트 빌더르스(Geert Wilders)**

**네덜란드 강경 우파(대중영합주의자)**

새로운 대중영합주의자의 주장을 들어보면 극우파의 전형적인 논리 몇 가지를 발견할 수 있다.

1) 현재를 증오하고 미래에 대해서는 공포심에 가까운 두려움을 표출한다. 지금은 모든 것이 잘못되어가고 있고, 가치는 무시되고, 존중은 사라지고, 불한당이 법을 만드는 퇴폐의 시대다. '그들'이 우리에게 마련해줄 미래는 더 나쁠 것이다. '그들'이 누구인지 정확히는 모르겠지만, 아무튼 결국 재앙이 닥칠 것은 확실하다.

2) 하지만 과거에는 모든 것이 너무나 좋았다. 극우파 사상의 기반 중 하나는 '잃어버린 황금기'를 끊임없이 돌아본다는 것이다. 모든 것을 '예전'이라는 커다란 기준으로 바라본다. '예전'에는 외국인이 없었고, '예전'에는 유럽연합이 없었고, '예전'에는 이런 독소에 오염되지 않아서 '우리의' 정체성이 순수했다는 식이다. '예전'이란 언제를 말하는 것일까? 이런 말을 하는 대중영합주의자의 아버지나 할아버지, 증조할아버지도 이미 자신이 살던 시대가 외국인에게 위협받는 '퇴폐의 시대'라고 주장했었다. 현재가 잘못되어간다는 주장의 문제가 바로 여기에 있다. 현재와 미래를 비난하고자 역사를 공부하지 않고, 과거를 그저 '좋았던 시기'로 냉동해버리는 것이다.

3) 대중영합주의자는 '국민'을 이야기할 때 매우 선별적인 태도를 보인다. 여러 언론에서 때때로 '배제론'이라고 부르는 개념이다. 예를 들어, 종교 때문에 '우리 유럽의' 문명에 통합되지 못하는 무슬림을 영원한 이방인으로 규정하거나 이민자의 자녀는 유럽인이 되어도 그 나라 태생

## 이슬람 혐오증

극우파의 표적은 오래전부터 이민자였다. 그러다 2001년 9월 11일 테러가 일어난 후 그들은 새로운 적으로 무슬림을 겨냥하기 시작한다. 이민자건 아니건 상관없다.

이슬람에 대한 혐오감은 종종 인종주의적 성격을 띠기도 하는데, 이를 '이슬람 혐오증islamophobia'이라고 한다. 하지만 이 용어는 모호해서 논란이 된다. 인종주의자는 다른 사람의 타고난 특성을 비난한다. 피부색이 하얗건, 검건, 노랗건 바란다고 해서 되는 것이 아니다. 그런데 '이슬람 혐오증'이 된다는 것은 엄밀하게 말해 어떤 개인이 아니라 신앙을 혐오하는 것이다.

민주주의 사회에서는 종류를 불문하고 어떤 종교라도 비판할 자유가 있으며, 이는 사상의 자유에 해당한다. 오래전부터 극우파는 무슬림이 문제를 일으키고, 유럽에 순조롭게 통합되지 못할 것이라고 끊임없이 주장해왔다. 이미 종교적 논쟁 차원을 크게 벗어났을 뿐 아니라 또 다른 기본 권리를 침해하는 주장이다. 바로 '누구나 종교 활동을 할 수 있는 권리'다.

인 유럽인의 자녀와 동등하지 않다는 식이다. 대중영합주의자는 그렇게 '순수 국민'을 선별하는 데 골몰한다. 전통적 극우파가 그렇듯, 대중영합주의자는 좋은 국민과 나쁜 국민을 구분한다. 그들에게 나쁜 국민이란 피부색, 종교, 조상이 좋지 않은 이들이다.

민주주의자는 이런 태도에 대해 단호히 반대한다. 나라의 구성원은 특정한 시기에 그곳에 사는 사람이며, 어떤 예외도 없다. 어떤 이가 국민인지 아닌지는 정치 지도자의 권력이 아니라 법으로 정해지는 것이다. 유럽 모든 나라에서 누구도 출생, 인종, 종교를 이유로 차별받지 않는다.

## 2. 중도우파

가족적 가치, 사회에서 살아가는 방식 등에 대해서는 대부분 중도우파가 보수적인 태도를 보인다. 즉, 전통에 따르기를 좋아하고, 있는 그대로 보존하기를 바란다.

반면 경제에 관해서 보수주의자는 자유를 최대한 보장하기를 열렬히 바란다. 정부가 모든 일에 개입하려 해서는 안 되고, 지출을 너무 많이 하지 않도록 절제해야 하며, 국민의 안전과 소유권을 보장해주는 것으로 만족해야 한다. 나머지는 국민 각자가 알아서 하도록 자유롭게 내버려둬야 한다는 것이다. 경제에 관한 우파의 견해를 보통 '자유주의'라고 부른다. 이 용어는 스코틀랜드 경제학자 애덤 스미스Adam Smith를 비롯한 18세기의 위대한 사상가들이 만들어낸 여러 이론에서 나왔다. 새로운 모습으로 강렬하게 다시 돌아온 자유주의는 20세기 말 중대한 정치적 사건이었다. 그러다 2010년대 초에 과도하게 몰아치는 자유주의의 폭풍에 문제를 제기하는 목소리가 생겨났다. 어떤 내용인지 잠시 살펴보자.

1930년대 경제공황 시기를 전후해 서구 각국 정부는 교통, 건설 같은 기간산업을 국영화해 거대 기업으로 키워서 경제에서 주요 위치를 차지하게 했다. 이처럼 시장에서 정부의 비중이 커지자 민간 기업이 이윤 추구에 제한을 받게 되었다. 이러한 상황을 끝내고자 1960~70년대부터 거물급 경제학자들이 공격을 시작한다. 그중 가장 유명한 경제학자는 미국의 밀턴 프리드먼(Milton Friedman, 1912~2006), 오스트리아의 프리드리히 하이에크(Friedrich Hayek, 1899~1992)이며 둘 다 노벨상 수상자다. 이들은 각자 자신의 저서를 통해 자유주의 이론을 현대적이고 새롭게 만들었다. 그런 이유로 이들의 이론을 '신자유주의'라고 부르기도 한다.

신자유주의는 "문제는 정부"라는 한 문장으로 요약된다. 시시콜콜한 규제, 과도한 세금, 비효율적인 공공서비스, 이들과 더불어 경제 발전으로 가는 길에 발목을 붙잡기만 하는 노조 등 기업의 자유를 억압하는 거대한 괴물을 끝내야 한다는 것이다. 해결책은 '규제 완화(정부가 통제하던 영역을 민간 부문에 맡기는 것)'와 '경쟁 체제 도입'이다. 미국 대통령 로널드 레이건(Ronald Reagan, 1981~1989 재임)과 영국 총리 마거릿 대처(Margaret Thatcher, 1979~1990 재임)가 신자유주의 노선을 걸었고, 점점 더 많은 나라가 합류했다. 오로지 신자유주의만이 무역과 경제를 활성화하고 번영을 가져다 줄 수 있으리라는 생각이 전 세계에 조금씩 자리 잡는다.

보수당(영국)

## 네오콘(neocon, 신보수주의자)

1980년대에 신자유주의자neoliberal가 나타난 이후 미국에서 또 다른 '신neo'이 등장했다. 프랑스어로 '콩con'이 '바보'를 뜻하므로 웃음을 터뜨리는 프랑스인도 있겠지만, 사실 이들은 전혀 바보스럽지 않다. '네오콘'은 '네오콘서버티브(신보수주의, neoconservative)'의 약자다.

강경 보수로 분류되는 네오콘의 기본적인 생각은 '사랑과 평화(플라워 파워, flower power)'와 반전사상이 지배하던 1960년대부터 지속되어온 '유약한 평화주의'를 끝내야 한다는 것이다. 특히 모든 문명이 나름대로 가치가 있고, 어디에나 좋은 점은 있다는 식의 '문화적 상대주의'를 거부해야 한다. 그들은 모든 문명이 가치 있는 것은 아니라고 주장한다. 미국 문명과 정치 체제, 서구 민주주의 같은 몇몇 문명이 다른 문명들보다 우월한데, 이유는 아주 단순하다. 가장 훌륭한 원칙과 가치를 수호하기 때문이다.

서구 민주주의 국가는 무력을 사용해서라도 '우월한 문명을 세계에 전파할' 임무가 있다. 부시 대통령(아들)의 임기 동안(2001~2009) 네오콘은 생각을 실행에 옮길 수 있었다. 2003년 이라크를 침공했던 것도 이들의 영향력으로 가능했다. 작전 수행 책임자 중 한 사람이며 당시 국방부 부장관이던 폴 울포위츠Paul Wolfowitz는 대표적인 강경파 네오콘이다.

2008년 세계를 뒤흔든 금융 위기는 신자유주의에 급제동을 걸고 30년 전부터 이를 반대해오던 모든 사람에게 공격의 논거를 마련해주었다. '자유방임주의'를 너무 과도하게 끌고 온 것은 아닌가? 그래서 고삐 풀린 자본주의가 미쳐 날뛰게 되어, 세계를 몰락 직전으로 몰고 간 것은 아닌가?(129쪽 참조) 그나마 세계가 몰락하지 않은 이유는 30년 전에 이미 낡아빠진 퇴물 취급을 받던 정부의 개입 덕분이었다. 갑자기 정부는 '문제'가 아니라 '특급 소방수'가 되었다.

중도우파 내에서도 금융 위기는 충격파를 일으켰으며 신자유주의를 재검토하자는 움직임이 생겼다. 서구 세계의 주요 정치 지도자는 정부가 경제에 개입하는 것을 열렬히 지지하게 되었다. 불과 수개월 전 시장 규제 완화라는 공약을 내세우고 당선된 이들도 마찬가지였다. 미국, 독일, 프랑스 등 모든 정치 지도자가 경제 위기 이후 '자본주의를 개혁'해야 한다는 견해를 앞다투어 내놓았다.

전통적으로 좌파의 진유물이었던 주장을 유럽의 주요 중도우파가 하게 된 것이다. 하지만 그러한 목표를 이루려면 어떻게 해야 하는지 구체적으로 말하는 이는 아무도 없었다.

## 3. 중도좌파

20세기 초, 1917년 러시아혁명은 당시 '노동자당'이라고 불리던 당들 내에 커다란 딜레마를 남겼다. 혁명을 믿어야 할 것인가, 아니면 거리를 두어야 할 것인가? 유럽 곳곳에서 이 문제로 오랜 노동자 운동계에 크나큰 균열이 생겨났다. 1919년 초 독일에서는 집권 사회민주당이 스파르타쿠스단의 무장봉기를 강경 진압했다. 1920년 말 프랑스에서는 유명한 '투르 전당대회Tours Congress'를 계기로 당이 분리되었다. 소련의 노선을 따르는 이들은 공산당을 결성했고, 민주주의와 자유의 원칙에 충실한 이들은 사회주의자, 사회민주주의자, 노동주의자, 개혁주의자 등 나라마다 다른 명칭을 갖게 되었다. 그들의 목표는 한결같다. 자유주의에서 벗어나 좀 더 공정한 사회를 만드는 것이다. 하지만 폭력이나 독재는 절대로 허용할 수 없으며, 오직 점진적 개혁으로 목표를 이루어야 한다. 20세기 후반기에 중도좌파는 조금씩 모두 '지상 목표'를 포기하고 '시장경제', 다시 말해 자본주의 체제를 받아들인다. 하지만 이 체제를 개혁하여 좀 더 연대와 책임감이 있도록 만들겠다는 생각은 아무도 포기하지 않았다.

중도좌파는 오늘날 유럽이 있기까지 많은 공헌을 했다. 노동자를 보호하는 노동권, 질병·실업·노화 등에 대해 정부가 국민 각자에게 제공하는 사회 보호망 등 유럽인이 누리는 권리 대부분이 중도좌파의 투쟁 덕분이었다.

현재 중도좌파가 직면한 가장 커다란 문제는 이제 어떤 투쟁에 나설 것인가 하는 것이다. 이미 살펴보았듯 경쟁자인 중도우파는 1960~70년대에 이론적인 혁신을 일으켜서 20세기 말 정치사상계를 지배할 수 있었다. 중도좌파에게도 비슷한 혁신의 기미가 있기는 했다. 영국의 토니 블레어Tony Blair와 독일의 게르하르트 슈뢰더Gerhard Schröder가 집권했을 때, 중도좌파의 모든 사상적인 면을 완화해서 자유주의와 사회주의 사이의 '제3의 길'을 만들겠다고 주장했다. 하지만 비평론자는 '제3의 길'이 보수화하는 것을 가리는 미끼에 불과했다고 평가한다.

집권에 성공한 1990년대부터 중도좌파는 여성의 권리를 강화하고,

### 극단적 자유주의자?

자신을 '극단적 자유주의자ultraliberal'라고 표현하는 이는 없다. 이런 표현을 언론에서는 자주 듣지만, 실제로는 누군가 상대방을 비난할 때에만 사용한다. 경제적 자유주의를 지향하는 사람은 자신을 결코 '극단적'이라고 하지 않는다. 어떻게 '극단적'일 수가 있겠는가? 경제적 자유주의자는 자신이 어떤 '주의'를 신봉하는 것이 아니라 효율성을 지지한다고 생각한다. 시장의 법칙은 이론이 아니라 자연법칙이며, 무역과 금융을 순조롭게 돌아가게 하는 가장 좋은 해결책이다. 반대론자는 바로 이런 부분을 비판한다. 그들은 '극단적 자유주의자'가 지지하는 법칙은 전혀 자연스럽지 않다고 주장한다. 금융 이익을 보존하고 자신의 경제적 지배력을 확대하려고 소수 특권층이 만들어낸 이데올로기라는 것이다.

동성애자가 동거나 결혼을 할 수 있는 권리를 보장하는 등 굵직굵직한 사회 개혁을 시행했다. 하지만 전체 사회 시스템을 개혁하기에는 상황이 여의치 않았다. 고삐 풀린 '시장경제'의 파괴력에 맞서려는 좌파에게는 전통적인 무기인 '정부'가 있었다. 그러나 이미 파산 상태인 정부를 이용할 방법은 없었다. 경제 위기와 뒤이은 부채 위기로 큰 타격을 받은 상황에서 집권한 중도좌파는 예전에 자신이 만들어놓은 모든 것을 구하고자 최선을 다하는 데 만족해야 했다.

### 사회주의 인터내셔널

사회민주당, 사회당, 노동당. 중도좌파의 이름은 유럽 국가마다 다르다. 이 당들은 대부분 19세기 노동 운동에서 유래했고, 공통적인 역사를 가지고 있지만, 나라의 전통에 따라 다른 이름을 가지게 되었다. 제2차 세계대전 후 사회민주주의를 표방하는 각국의 정당이 모여 '사회주의 인터내셔널'이라는 국제조직을 만들었다. 유럽 각국의 중도좌파 정당을 알아보자.

프랑스, 벨기에, 포르투갈에서는 '사회당'이라고 한다. 스페인에서는 '사회노동당'이라고 하며, 그리스에는 '파속(Pasok, 범그리스 사회주의 운동)'이 있다.

독일, 오스트리아, 스칸디나비아 국가에서는 모두 '사회민주당'이라고 한다. 영국과 아일랜드에서는 '노동당'이다. 네덜란드의 주요 정당 중에도 '노동당Partij van de arbeid'이 있다.

동유럽에서는 다양한 이름으로 불리지만, 공통적인 특징은 '사회주의'라는 이름을 피한다는 것이다. 과거에 공산주의자가 그 단어를 왜곡해서 사용했기 때문이다.

## 4. 급진좌파

1990년대 초 공산주의가 무너지고, 공산주의를 실험한 국가들이 경제적·인적 재앙에 시달리자 자본주의가 희망으로 떠올랐다. 경쟁자가 없는 자본주의는 언제까지나 세상의 주인이 될 터였다.

하지만 섣부른 판단이었다. 공산주의는 20세기와 함께 사라졌지만, 자본주의에서 벗어나고자 하는 생각은 여전히 살아 있다. 이들은 '급진 좌파'라는 이름으로 불리며, 반세계화 좌파, 반자본주의 좌파, 혹은 반세계화 운동이라고도 한다.

반세계화 운동이 시작된 계기는 1999년 시애틀에서 있었던 세계무역기구WTO 회의 반대 시위였다. 반대론자가 보기에는 세계에 '자유무역'을 확산하고자 설립한 세계무역기구는 자본주의적 세계화의 상징이었다. 대규모 시위와 뒤이은 강경 진압은 언론의 집중 조명을 받았고, 전 세계에 반세계화 운동이 알려졌다.

반세계화주의자는 흔히 말하는 당이 따로 없다. 공산주의 시대처럼 중앙 조직, 일관된 노선, 당사 등을 갖춘 구조화한 조직이 없고 매우 다양한 소규모 단체들이 세계 구석구석에서 여러 가지 투쟁을 벌인다. 남아메리카의 소작농에게 도움을 주고, 소비사회에 반대하는 운동을 하고, 주식 거래에 세금을 부과하려고 싸운다. 매년 세계 각국의 유력 정치인과 경제인이 모이는 세계경제포럼Davos Economic Forum처럼, 반세계화주의도 1년에 한 번씩 모여서 세계사회포럼World Social Forum을 개최한다. 1회 포럼은 브라질의 포르투알레그리에서 열렸으며, 표어는 "또 다른 세계도 가능하다Another World is possible"이다. 하지만 이를 이루려고 어떻게 할 것인지에 관한 일관적인 프로그램은 아직 없다.

반세계화주의의 지도자, 혹은 동조자로 여겨지는 인물을 몇 명 살펴보자. 이들의 면면을 보면 반세계주의 운동이 얼마나 다양하게 전개되는지 알 수 있다.

## 분노한 사람들의 시위

스페인 젊은이들은 일자리를 갖거나 품위 있는 삶을 꿈꿀 희망을 송두리째 빼앗아가버린 경제 위기를 더는 참을 수 없었다. 2011년 5월, 그들은 마드리드의 '태양의 문Puerta del Sol' 광장에 몰려들어 정치인이 해결책을 찾을 때까지 점거 시위를 벌이기로 한다.

2010년 12월 말 튀니지에서 시작되어 결국 거물급 독재자 두 명(튀니지의 벤 알리Ben Ali, 이집트의 무바라크Muhammad Hosni Mubarak)을 끌어내린 아랍 혁명의 거대한 물결은 함께 행동하면 바꿀 수 있다는 것을 보여주었다.

프랑스의 전직 외교관 스테판 에셀(Stéphane Hessel)이 쓴 베스트셀러 『분노하라!*Indignez-vous!*』에서 착안해 시위에 나선 젊은이들은 '분노한 사람들(로스 인디그나도스, los indignados)'이라고 불렸다. 전 세계에서 비슷한 시위가 이어졌다. 2011년 9월 이스라엘인 50만 명이 텔아비브야파 시내에 운집하여 시위를 벌였다. 같은 기간 미국 젊은이들이 금융자본주의의 상징적 공간인 뉴욕 증권가 앞에서 진을 치고 시위를 벌였다. 그들의 시위는 "월가를 점령하라!Occupy Wall Street!"라는 이름이 붙었다. 이 시위는 금융계의 지나친 탐욕에 진절머리가 난 수많은 유명인과 여론의 지지를 받았다. 11월에 뉴욕 경찰은 시위대를 강제 해산했다.

조제 보베(José Bové, 1953~ ): 프랑스의 농부이자 농민 운동가로 1999년 프랑스 미요에 있던 맥도날드 매장을 부수면서 세상에 알려졌다. 시애틀 시위와 사회포럼에도 참석했고, 반세계화 운동의 주요 인사가 되었다. 2009년 유럽 선거에서 유럽의원으로 당선되었다.

예스맨(Yes Men): 두 명의 운동가이며 '속임수'라는 독창적이면서도 매우 효과적인 무기로 자본주의의 병폐를 비판한다. 예를 들어 그들은 세계무역기구 회의 참석자라고 속이고 투표권 경매 시스템을 제안했다. 기존의 민주적인 투표 시스템은 돈이 너무 많이 들기 때문이다.

나오미 클라인(Naomi Klein, 1970~ ): 캐나다의 여성 언론인이자 에세이 작가로 소비자에게 독재자처럼 군림하는 브랜드를 비판한 『노 로고*No Logo*』(2000)라는 책으로 세상에 알려졌다. 『쇼크 독트린*The Shock Doctrine*』(2007)에서 그녀는 자본주의가 사람을 충격에 빠뜨리고 더 가혹한 법칙을 강요하려고 위기를 일으키고 이용하는 방법에 대해 썼다.

**마르코스 부사령관**

마르코스 부사령관(Subcomandante Marcos, 1957~): 멕시코의 무장 혁명 단체 사파티스타 민족해방군Zapatista National Liberation Army의 대변인이다. 사파티스타 민족해방군은 멕시코에서 가장 낙후한 지역인 치아파스의 농민을 돕고자 투쟁한다.

## 젠더란 무엇인가

남성과 여성이 다르다는 사실은 누구나 안다. 하지만 그 다름은 어디에서 왔을까? 유전자와 염색체에 각인되어 있는가? 아니면 남녀가 아주 어릴 때부터 받은 교육이 문제일까? 교육을 통해 시대에 따라 달라지는 남성과 여성에 관한 편견에 순응하게 되기 때문이 아닐까?

자동차 운전을 예로 들어보자. 1950년대까지 자동차 운전대는 남성만 잡을 수 있었다. 여성은 천성적으로 침착하지 못하므로 괜히 나섰다가 사고만 낼 거라는 이유에서였다. 하지만 오늘날 여성도 누구나 차를 운전하게 되면서 결과는 전혀 다르게 나타났다. 통계상 여성이 남성보다 사고를 적게 낸다. 이게 무슨 의미일까? 여성의 '천성'이 바뀐 것일까, 아니면 사회가 남녀에게 부과한 역할이 바뀐 것일까?

이에 대해 시몬 드 보부아르Simone de Beauvoir는 이미 1949년에 유명한 저서 『제2의 성*Le Deuxième Sexe*』에서 "여성은 태어나는 것이 아니라 만들어지는 것이다"라고 썼다.

남성과 여성이 생리적으로 다르다는 사실은 아무도 부인하지 않는다. 그런 차이점이 생물학적 차이를 결정한다. 하지만 사회가 규정하는 남녀 간의 차이를 어떻게 부를까? 이를 설명하려고 페미니즘 지식인과 대학교수들은 30여 년 전에 '젠더gender'라는 새로운 개념을 만들었다. 대표적인 학자로 미국의 주디스 버틀러Judith Butler가 있다.

남녀가 각기 다른 성기를 갖고 태어나는 것은 생물학적인 차이다. 그런데 남자아이의 방을 파란색으로, 여자아이의 방을 분홍색으로 꾸미는 이유는 무엇일까. 수많은 대학교에서 이러한 문제를 역사, 사회, 경제 등 전 방위적으로 연구하는 '젠더학gender studies'을 정규 학과로 채택한다.

한편 이런 방식은 많은 나라에서 논란을 불러일으킨다. 특히 골수 보수층이나 종교적 가치에 집착하는 사람은 젠더 문제를 제기하는 것은 신이 인류에 정한 남성과 여성의 근본적인 차이를 뒤흔드는 행위라고 주장한다.

**주디스 버틀러**

# 9.

# 미술과 음악

살아 있을 때 큰 영광을 누렸더라도 죽고 난 다음 날
곧바로 역사의 뒤안길로 사라진 이도 있고,
지금은 대가로 추앙받지만 생전에는 동시대인에게
전혀 인정받지 못했던 이도 있다.
그러니 유명 미술가가 누구인지 꼽아보는 것은 그만두고
일단 다양한 오늘날 미술을 감상해보자.
눈과 마음을 활짝 열고 몇 가지 키워드만 알면 된다.

# 다르게 보기

"미술? 아무거나 되는 대로 얘기하고 싶은 거냐?"

오늘날 미술에 관해 이야기하자고 하면, 괴팍한 늙은 삼촌은 이렇게 말할 것이다.

"나는 아주 좋아!" 사촌 동생은 이렇게 대답한다.

"종류도 다양하고, 재미있고, 뭘 보게 될지 전혀 알 수 없고, 아이들도 좋아하잖아. 하지만 나한테 뭔지 설명해달라곤 하지 마. 뭐가 뭔지 하나도 모르겠으니까."

사람들은 오늘날 미술에 극과 극의 반응을 보인다. 전혀 새로운 일은 아니다. 인상주의자들이 첫 전시회를 했을 때, 피카소가 큐비즘을 처음으로 시도했을 때에도 사람들은 똑같은 반응을 보였다.

1세기 동안 미술은 많은 변화를 겪었다. 예전 미술가는 '이미지'를 만들어내는 사람이었다. 그런데 다양한 이미지가 쏟아지는 현대 사회에서(어디든 존재하는 화면, 다양한 브랜드의 로고, 자신의 얼굴 사진을 홈페이지나 소셜 네트워크 서비스에 내거는 인터넷 사용자 등) 미술가는 수많은 이미지를 소화하고, 변형하고, 새롭게 창조해서 다른 방식으로 보게 이끌어주는 역할을 한다.

미술가의 활동 영역 역시 그림이나 조각 정도에 그치지 않고 엄청나게 확대되었다. 시각 예술가visual artist라고 불리는 요즘 미술가의 작업 방식은 '절대적 자유'로 요약할 수 있겠다. 그들은 비판적, 시적, 사회적, 인류학적 접근을 선호하며, '학파'를 이루는 것이 아니라 '공동 작업'을 한다. '대여행grand tour' 시대에는 르네상스 시대의 대가들에게 배우려고 먼 곳에서 학생들이 이탈리아로 몰려들었다. 하지만 시각 예술가들은

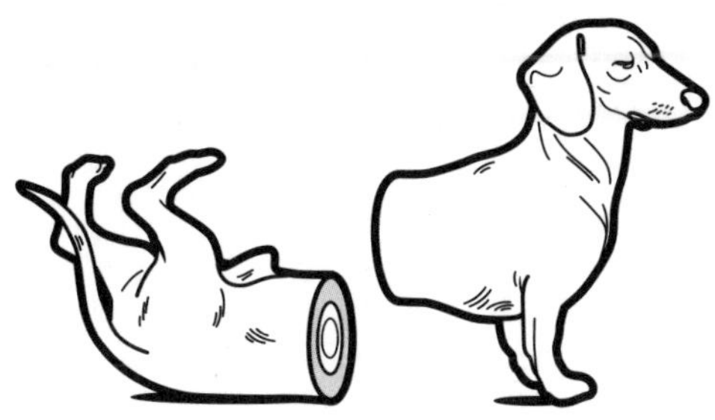

특정 지역이 아니라 전 지역을 여행하며 다양한 기법을 사용한다.

오래전부터 사진도 미술로 인정하며 비디오도 마찬가지다. 낙서, 벽화, 퍼포먼스 등 거리 미술street art도 1980년대 초부터 전시회 초대작이 되었다. 2008년 런던의 테이트모던 미술관에서 열린 《스트리트 아트》 전시회에서 미술관 건물 외벽에 거리 미술의 대가들이 그린 벽화가 전시되었다. 나중에 살펴보겠지만 요즘 같은 '비물질화dematerialization'의 시대에는 아이디어도 미술의 영역에 포함된다.

이처럼 미술의 영역이 확대되면서 미술계에는 진정한 천재부터 순수한 사기꾼, 계시를 받은 사람, 하찮은 작품을 마구 찍어내는 제작자 등 온갖 종류의 사람이 넘쳐나게 되었다. 따지고 보면 어느 시대라도 겪었던 일이다. 시간이 지나면 판가름이 날 것이다. 우리 시대를 대표하는 미술가로 남을 이름이 무엇일지 지금은 전혀 알 수 없다. 오늘날 매우 유명하고 인정받는 미술가가 몇 명 있지만 훗날에도 그럴까? 살아 있을 때 큰 영광을 누렸더라도 죽고 난 다음 날 곧바로 역사의 뒤안길로 사라진 이도 있고, 지금은 대가로 추앙받지만 생전에는 동시대인에게 전혀 인정받지 못했던 이도 있다. 그러니 유명 미술가가 누구인지 꼽아보는 것은 그만두고 일단 다양한 오늘날 미술을 감상해보자. 눈과 마음을 활짝 열고 몇 가지 키워드만 알면 된다.

## 대표적인 전시회

현대미술을 사랑하는 법을 배우고 싶다면 가장 좋은 방법은 작품이 전시되는 공간에 직접 가보는 것이다. 21세기 초반을 대표할 만한 전시회를 놓쳤더라도 전혀 상관없다. 지금부터 함께 가보자.

### 1. 날씨 프로젝트The Weather Project

**올라푸르 엘리아손**Olafur Eliasson, 2003년

런던의 테이트모던 미술관의 터빈 홀, 천장과 벽이 거울로 도배된 가운데 수백 개의 전구로 이루어진 거대한 오렌지빛 반구형 발광체가 설치되었다. 거울 때문에 둥글어 보이는 발광체와 기계에서 뿜어 나오는 안개로 전시장 안은 마치 태양이 저물어가는 순간 같다. 빽빽하게 들어찬 관람객은 저마다 일몰을 감상한다.

올라푸르 엘리아손은 1967년 덴마크에서 태어나* 아이슬란드에서 자랐다. 빛, 온도, 색깔, 냄새같이 단순한 요소로 무척 시적인 설치 작품을 만들어내기로 유명하다. 화학자, 엔지니어, 역사학자와 함께 무지개(《아름다움, 1993 : 당신의 무지개 파노라마(Beauty, 1993 ; Your rainbow panorama)》, 2006)와 도심 속 폭포(《폭포Waterfalls, NYC, 2008》)를 작업했다.

## 2. 큐브Cube

### 그레고르 슈나이더Gregor Schneider, 2007년

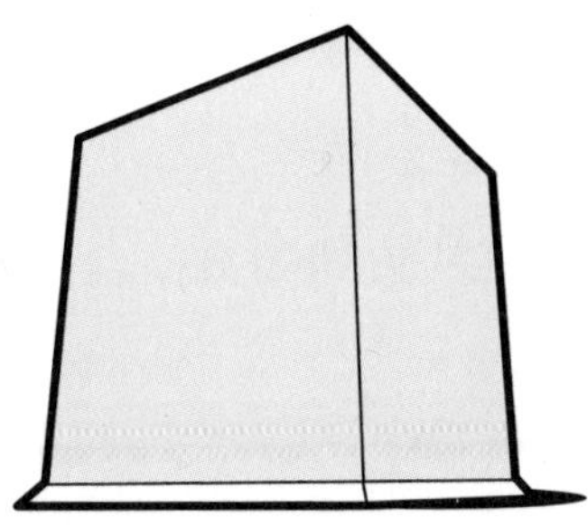

이 작품은 제50회 베네치아 비엔날레에서 베네치아의 산마르코 광장 한가운데에 전시할 예정이었지만, 시 당국에서 지나치게 정치적인 프로젝트라고 판단하여 전시를 금지했다. 다음으로 베를린에서 계획이 잡혔지만, 무함마드 만평 사건**이 터지면서 전시를 포기해야 했다. 결

* 원문에는 '아이슬란드 출신'이라고 되어있으나 아이슬란드계 덴마크인이다.(옮긴이 주)

** 2006년 2월 덴마크 『윌란스 포스텐』지를 통해 소개된 무함마드 만평에 분노한 시리아의 무슬림 수천 명이 다마스쿠스에 있는 덴마크 대사관 건물에 난입해 불을 질렀다.(옮긴이 주)

국, 함부르크에서 겨우 전시할 수 있었다. 〈큐브〉는 사우디아라비아 메카에 있는 신성한 검은 돌이 묻혀 있는 신전인 카바al-Kaaba와 비슷한 13미터 크기의 입방체 구조물이다. 표면은 검은색 벨벳으로 둘러싸여 도심의 빛을 흡수한다. 함부르크의 무슬림 공동체는 〈큐브〉의 전시를 무척 호의적으로 받아들이며, 비무슬림 시민과 대화의 소재로 삼았다.

독일의 예술가 그레고르 슈나이더는 관람객을 밀실 공포증에 시달릴 것 같은 자신의 공간, 어두운 구조물 속에 가둔다. 그 공간은 그가 어린 시절을 보낸 집이나 칸막이로 구분한 원시적 건축물을 투영한다. 관람객은 으스스한 기분을 느끼며 아무런 소리도 들리지 않는 공간을 넘나든다.

## 3. 잘 지내기를 바라요Prenez soin de vous

### 소피 칼Sophie Calle, 2007년

파리 리슐리외 국립도서관, 베네치아, 상파울루, 몬트리올, 탈린(에스토니아) 등에서 열린 소피 칼의 전시회에서 관람객은 기자, 변호사, 경찰관, 가사조정관, 회계사 등 다양한 여성 105명의 목소리를 들을 수 있다. 작가는 그녀들에게 이별 편지 한 통을 직업적인 관점으로 해석해달라고 요청했다. 그녀들은 각자 나름대로 분석, 조사를 하거나 1인 즉흥무를 하거나 노래를 부른다.

프랑스의 개념미술가 소피 칼은 사적인 영역을 강박적일 정도로 치밀한 방식으로 사람들에게 보여주는 작업으로 유명하다. 그녀는 자신과 다른 이들의 삶에서 흥미로운 이야깃거리를 끄집어내서 대중을 사로잡는다. 모르는 사람에게 자신을 미행하게 하기도 하고, 파리의 피갈

광장에서 옷을 하나씩 벗으며 스트립 댄서가 되기도 하고, 친구들을 사신의 침대에서 재우기도 하면서 이런 경험을 사진과 글로 남겨서 전시한다.

## 4. 모든 것All

### 마우리치오 카텔란Maurizio Cattelan, 2008년

베네치아의 푼타 델라 도가나(Punta della Dogana, '세관의 첨탑'이라는 뜻), 옛 창고를 프랑스의 사업가 프랑수아 피노Francois Pinault가 현대미술관으로 탈바꿈시켰다. 천장이 낮은 방에 하얀 카라라대리석으로 만든 아홉 개의 조각상이 바닥에 일렬로 놓여 있다. 조각상들은 마치 흰 천을 덮어 놓은 시신 같은데, 몇몇은 경련을 일으키는 것처럼 보이기도 한다. 그들이 누구인지 알 수 있는 자세한 설명은 전혀 없다. 너무나 사실적인 천의 주름 표현이 숨 막히게 아름답고 미니멀아트와 중세 묘지 조각은 놀라운 조화를 보여준다. 이탈리아의 조각가 겸 행위 예술가인 마우리치오 카텔란은 사실적이면서 충격과 자극을 주는 작품으로 유명하다. 박제된 동물, 목을 매단 밀랍 인형, 운석을 맞고 쓰러진 요한 바오로 2세Jean Paul II, 맨발로 관 속에 누워 있는 J. F. 케네디John Fitzgerald Kennedy 등이 그의 작품 세계를 이룬다.

## 5. 키스, 진보The Kiss, The Progress

### 티노 세갈Tino Sehgal, 2010년

뉴욕 구겐하임 미술관의 커다란 전시실이 그의 전시회를 위해 텅 비어 있다. 유명한 나선형 통로의 중앙에 키스하는 한 쌍의 남녀가 있다. 미술관의 층마다 다양한 사람들(남성, 여성, 어린이)이 관람객에게 악수를 청하며 진보progress에 관해 이야기하면서 함께 걷자고 제안한다.

영국에서 태어나 독일에서 자란 티노 세갈은 이러한 퍼포먼스를 "연출된 상황constructed situations"이라고 부른다. 그는 자신의 작품에 대한 일체의 기록(사진, 동영상, 문서 등)을 거부하는 것으로 유명하다. 오직 작품을 전시하는 기관과의 구두 계약과 관람객의 기억만이 작품의 영속성을 보장한다.

### 현대미술을 무엇이라고 불러야 할까

미술의 역사는 보통 시대와 사조를 기준으로 나눈다. 르네상스(14~16세기), 고전주의(17세기), 낭만주의(17세기 말~18세기), 인상주의(19세기 말), 추상미술(20세기 초), 그 다음으로 현대미술이 있다. 현대미술은 제2차 세계대전 이후 소비사회, 대량 생산, 광고가 등장하면서 시작되어 오늘날까지 이어진다. 이 시기가 언제까지 이어질지 알 수는 없다. 어쩌면 머지않아 미학적 혁명이 일어나 또 다른 창작 방식이 탄생하고 역사가들이 새로운 예술 운동의 이름을 붙일지도 모르지만, 어쨌거나 지금은 현대미술의 시대다.

## 사진

1960년대까지 사진은 현대미술의 영역에서 주로 예술적인 퍼포먼스나 행위를 증언하는 기록의 역할을 담당했다. 그러다 개인의 내밀한 고백을 전달하는 매개체가 된다. 낸 골딘Nan Goldin은 1981년부터 보스턴, 베를린, 런던을 배회하던 경험을 사진을 통해 이야기했다. 같은 시기 '시바크롬cibachrome'이라는 인화 기술을 이용해 여러 사진작가가 옛 거장들이 그린 역사화의 구도를 차용한 작품을 내놓았다. 제프 월Jeff Wall은 광고용 라이트박스를 사용해 19세기 거장들처럼 화면을 배치했다.

1990년대에 등장한 뒤셀도르프 학파는 허구를 거부하고 객관성을 최고의 가치로 두었다. 대표적인 작가 안드레아스 구르스키Andreas Gursky는 풍경, 건물, 기업, 슈퍼마켓 등을 고화질로 담은 초대형 사진 작품으로 유명하다.

오늘날 사진은 점점 더 많은 예술가에게 중요한 예술적 도구로 평가받는다. 자동초점 기능이 있는 고성능 카메라로 일반인도 예술가 못지않은 사진을 찍을 수 있게 되었다. 디지털 인화로 엄청나게 큰 확대 사진이 가능해졌다. 미국의 사진작가 라이언 맥긴리Ryan McGinley는 '쿨Cool'한 젊은 예술가의 대표주자다. '라이카LeicaR8s' 카메라를 들고 친구들과 함께 숲으로 산책하러 가서 찍은 맥긴리의 '쾌락주의적'인 사진 작품을 유명 미술관과 갤러리들은 앞다투어 전시한다.

## 누가 어떤 작업을 했나

특정한 색깔, 주제, 기법에 대한 강박적인 집착으로 쉽게 알아볼 수 있는 미술가가 여럿 있다. 그중 몇몇은 작업 방식이 아주 흡사해서 헷갈리는 이들도 있다.

아르망(Arman, 본명 Armand Pierre Fernandez, 1928~2005)은 바이올린, 깃발, 공공장소의 벽시계 등의 물건을 쌓아올리는 '집적accumulations' 방식으로, 세자르(César Baldaccini, 1921~1998)는 눌러서 한 덩어리로 만드는 '압착compressions' 방식으로 작품 활동을 했다. '프랑스의 오스카상'이라고 불리는 '세자르상'은 조각가 세자르의 이름을 따서 만들었고, 트로피는 그의 작품이다. 두 작가 모두 신사실주의자Nouveaux Réalistes다.

1960년대 말부터 일본의 온 가와라(On Kawara, 1932~2014)는 날마다 캔버스 중앙에 대문자로 날짜를 그려 넣었고, 폴란드의 로만 오팔카(Roman Opalka, 1931~2011)는 붓으로 무한대의 숫자를 적어나갔다. 두 사람이 만나서 지나간 시간에 대한 강박관념에 관해 이야기를 나눈 적이 있을까?

미술관에 온통 검게 칠한 캔버스 두 개가 나란히 걸렸다. 하나는 미국의 미니멀아트 미술가 애드 라인하르트(Ad Reinhardt, 1913~1967), 다른 하나는 현존하는 프랑스 최고의 거장 피에르 술라주(Pierre Soulages, 1919~ )의 작품이다. 라인하르트는 표면과 색깔의 뉘앙스(컬러 필드 페인팅, color field paintings)에 관심이 있고, 술라주는 '우트르누아르outrenoir', 다시 말해 관람객과 캔버스의 색채 사이의 깊이와 공간을 실험한다.

원색의 마릴린 먼로 얼굴들이 보여서 앤디 워홀(Andy Warhol,

1928~1987)의 실크스크린 작품이라고 생각했을지도 모른다. 하지만 작품 옆에 붙은 안내문을 보니 미국의 일레인 스투르트번트(Elaine Sturtevant, 1924~2014)가 '차용appropriations'한 작품이며, '모작à la manière de' 시리즈라고 쓰여 있다.

푸르스름한 형광등 불빛이 새어 나오는 방에는 미니멀아트 미술가 댄 플래빈(Dan Flavin, 1933~1996), 기하학적 추상미술가 프랑수아 모를레(François Morellet, 1926~ ), 혹은 설치미술가 제임스 터렐(James Turrell, 1943~ )의 작품이 있을 수도 있다. 모두 네온관을 이용해서 작품 활동을 한다. 아니면 설치미술가 클로드 레베크(Claude Lévêque, 1953~ )일 수도 있다. 그는 네온관을 이용해 자신의 어머니의 떨리는 글씨체를 재현했는데, 희끄무레한 불빛은 역설적으로 인간미를 느끼게 해준다.

* '우트르(outre)'는 '~를 넘어서, 저쪽에'라는, '누아르(noir)'는 '검은색'을 뜻하는 프랑스어다. 검은색만 사용하지만, 검은색 너머의 그 무엇을 기대하고 바라보게 한다는 의미다.(편집자 주)

# 몇 가지 용어

지금까지 살펴본 미술 작품을 이해하려면 알아야 할 중요한 용어가 있다. 도록을 읽거나 미술관 해설사나 '도슨트docent'의 설명을 듣다 보면 그런 용어와 자주 마주치게 되는데, 어떤 용어가 있는지 알아보자.

## 1. 레디메이드Ready-made

원래는 '이용할 수 있도록 미리 만들어진*'이라는 뜻이지만, 현대미술에서는 다르게 사용된다. 1914년, 마르셀 뒤샹(Marcel Duchamp, 1887~1968)이 실용적인 물건(삽, 술병용 선반, 자전거 바퀴)을 '예술적인 오브제'로 격상시키기로 한다. 뒤샹은 좋은 취향, 나쁜 취향이라는 개념은 이제 전혀 중요하지 않고 예술가가 '오브제'로 선택하는 것이 결정적으로 중요하다고 주장한다. 미술관에 술병용 선반이나 변기를 전시함으로써 뒤샹은 자신이 선택한 물건에 새로운 기능과 지위를 부여했다. 이는 미술계의 코페르니쿠스적 혁명이었다.

## 2. 설치Installation

설치미술의 시초는 독일 미술가 쿠르트 슈비터스(Kurt Schvitters, 1877~1948)와 그의 작품 〈메르츠바우Merzbau〉로 거슬러 올라간다. 〈메르츠바우〉는 슈비터스가 돌아다니면서 주운 나무 조각, 로프, 마분지 등의 재료로 만든 3차원의 건축적 구조물이다.

* 프랑스에서는 영어 표현을 사용하지만, 영어권 사람들은 '오브제 트루베(objet trouvé, 발견된 오브제)'라는 프랑스어 표현을 사용한다.

슈비터스 이후 설치미술은 발전하고 다양해졌지만, 여러 방식(회화, 조각, 데생, 비디오, 소리)과 매개체(오브제, 벽, 스크린)로 특정 장소에 맞게 현장에 전시하는 작품이라는 원칙은 여전하다. 관람객은 그저 조각 작품 주위를 한 바퀴 돌아보거나 그림 앞에 잠자코 서 있기보다는 그 장소를 자신의 것으로 만들 것을 권유받는다. 대표적인 설치미술가로는 일본의 야요이 쿠사마Yayoi Kusama, 독일의 토마스 히르슈호른Thomas Hirschhorn, 프랑스의 다니엘 뷔랑Daniel Buren 등이 있다.

## 3. 비물질화non-materialization

오늘날 미술은 그리 대단치 않아 보이기도 하고, 어떤 행위나 아이디어가 작품으로 평가되기도 한다. 비물질화는 1968년 완성된 작품 자체보다 아이디어가 더 가치 있음을 강조하는 개념미술concetual art이 등장하면서 이론화되었다. 이는 마르셀 뒤샹과 "재료는 나 자신만큼이나 무의미하다. 중요한 것은 형태를 부여하는 것이다"라고 선언한 쿠르트 슈비터스의 유산이다.

## 4. 수행적performative

요즘 미술관장이나 미술평론가들이 '수행적'이라는 용어를 많이 사용하여 전시회 카탈로그마다 등장한다. 이 용어는 언어학에서 왔다. 예를 들어 결혼식 때 주례가 "두 사람의 성혼을 선포합니다"라고 했을 때, 그의 말은 행위를 수반하는 '수행적 발화performative utterance'다. 이와 마찬가지로, 미술 작품이 현재사회에 대해 어떤 작용을 한다면 '수행적'이라고 평가한다.

'퍼포머티브perfomative와 '퍼포먼스(performance, 행위예술)'는 완전히 다른 개념이다. '행위예술'은 시작된 지 50년이 넘은 미술적 표현 방식이다. 프랑스의 이브 클랭Yves Klein은 자신이 2층에서 직접 떨어지는 모습을 담은 〈허공으로 도약Le saut dans le vide〉(퐁트네 오 로즈, 1960)이라는 사진으로 행위예술의 신기원을 이루었다. 가장 긴 행위예술은 2010년, 세르비아의 행위예술가 마리나 아브라모비치Marina Abramovic가 뉴욕현대미술관(MoMa)에서 716시간 동안 관람객을 대면했던 것이다. '해프닝(happening, 우발적으로 벌어지는 일)', '액션(action, 신체를 이용함)', '이벤트(event, 관중이 참여함)', '연출된 상황constructed situations' 등 행위예술의 종류는 다양하다. 최근에 인기를 끈 '플래시몹(flashmobs, 다수가 모여 특정 행동을 하고 순식간에 사라지는 것)'도 행위예술에서 착안한 것이다.

## 뉴벌레스크New burlesque

미국 캘리포니아 출신의 행위예술가 폴 매카시(Paul McCarthy, 1945~ )를 정신적 스승으로 삼는 사람들은 도무지 진지해질 수 없다. 전시회 장소가 어디든 케첩과 녹인 초콜릿을 끼얹는 매카시처럼, 요즘 젊은 미술가들은 미술계와 이제는 관습이 되어버린 급진성을 마음껏 조롱한다. 그들은 텔레비전, 인형극, 스탠드업 코미디를 뒤섞은 일관성 없는 코미디 뮤지컬, 벌레스크 쇼 같은 행위예술을 한다. 영국의 스파르타쿠스 체트윈드Spartacus Chetwynd, 미국의 트리카틴과 피치Trecartin & Fitch, 프랑스의 제렙Zerep, 오스트리아의 겔리틴Gelitin, 벨기에의 에릭 뒤익카에르Eric Duyckaerts 등이 매카시의 후계자로 꼽힌다.

폴 매카시

# 전시, 판매

## 1. 큐레이터

전시회가 성공하려면 큐레이터(curator, 학예사)가 중요하다. 이 직업은 1960년대에 생겼는데, 비엔날레와 각종 미술 관련 행사가 급증하면서 수요도 많이 늘어났다. 큐레이터의 국제조직으로 국제현대미술큐레이터협회IKT, International Association of Curators of Comtemporary Art가 있다.

큐레이터는 작가를 선정하고 그들의 작품을 대중에게 알린다. 세계화 시대에 수많은 미술가를 가려내는 기준이 되므로 미술계에서 큐레이터는 큰 영향력을 발휘한다. 각종 주제별 전시회나 공동 전시회를 기획하고, 현재의 창작 세계에 대한 반응과 생각을 나누고 실험한다.

근무 장소에 따라 독립 큐레이터와 미술관 큐레이터를 구분하기도 하지만, 둘 다 전시회를 기획하고 완성하는 일을 한다. 주로 소장품을 보존, 관리하는 업무를 하는 사람을 '컨서베이터(conservator, 문화재 보존원)'라고 부르기도 한다.

최고의 현대미술 전시회를 기획한 거장 큐레이터들이 있다. 하랄트 제만Harald Szeemann은 개념미술의 새로운 표현 방식을 거대한 작업실이라는 형태로 소개했다(〈태도가 형식이 될 때when attitudes become form〉, 베른, 1969). 장 위베르 마르탱Jean-Hubert Martin과 카트린 다비드Catherine David는 비서구권 미술을 다시 볼 수 있게 해주었다(〈지구의 마술사들(Magiciens de la terre)〉, 1989. 〈도쿠멘타 X(Documenta X)〉, 카셀, 1997). 한스 울리히 오브리스트Hans Ulrich Obrist는 현존하는 미술가들의 말을 수집하고 널리 전파한다(〈인터뷰 프로젝트(The Interview Project)〉 진행 중).

## 2. 비엔날레와 아트페어

현재 전 세계적으로 100개가 넘는 비엔날레biennale가 열리며, '도시 브랜딩(citybranding, 도시를 하나의 브랜드로 만드는 것)'의 일환으로 모든 대도시가 미술 관련 행사를 연다. 비엔날레는 도시를 언론에 알리고, 관광을 활성화하는 데 필수적인 과정이 되었다. 또한, 많은 미술가에게 국제적으로 이름을 얻을 기회이기도 하다. 유명한 비엔날레가 열리는 곳은 베네치아, 상파울루, 최근에는 요하네스버그, 다카르, 이스탄불 등이고, 2년마다 유럽 각 도시를 순회하면서 열리는 '마니페스타(manifesta, 유럽 현대미술 비엔날레)'도 있다.

아트페어art fair는 해마다 갤러리 운영자와 수집가들이 현대미술 작품을 거래하고자 만나는 행사다. 런던과 뉴욕의 프리즈Frieze 아트페어, 바젤 아트페어, 마이애미 아트페어, 파리의 피악Fiac 아트페어, 상하이

아트페어 등이 유명하다.

## 디지털 미술관

1947년 앙드레 말로André Malraux는 사진에서 '상상의 미술관'이 실현될 가능성을 보았다. 오늘날 구글은 이와 비슷한 생각을 압도적인 힘으로 실현해냈다. '구글 아트 프로젝트Google art project' 사이트에 접속하면 전 세계 3만 점이 넘는 예술 작품을 70억 화소에 이르는 고화질로 볼 수 있다. 구글 어스Google Earth로 들어가서 스페인 마드리드의 프라도미술관을 클릭하면 제롬 보슈Jérôme Bosch의 〈쾌락의 정원Jardin des délices〉 속 세세한 부분까지 보게 될 것이다.

## 3. 미술 시장

미술품은 재테크 수단이 되었다. 금이나 부동산처럼 미술품은 증권가나 금융계를 뒤흔드는 경제 위기에 안전한 가치를 지니고 있다. 투기의 대상이기도 하다. 회화나 조각 작품은 운반하기가 비교적 쉬워서 전 세계적으로 환율이나 세금이 가장 유리한 지역에서 거래할 수 있다. 오늘날 미술 애호가는 최근에 사들인 그림을 '투자'라고 이야기하며, 주변 사람들에게 자신이 선택한 그림의 전망을 구구절절 설명하지 않는다. 미술 시장은 창작을 활성화하려고 존재하는 것이 아니라 은행, 펀드, 부자의 투자 위험을 분산하고자 존재한다. 그림을 사는 사람 입장에서 이 분야의 특성을 알아보자.

미술 시장은 작품의 가격에 따라 저가(5,000유로 이하), 중가(5,000~50만 유

## 데미언 허스트

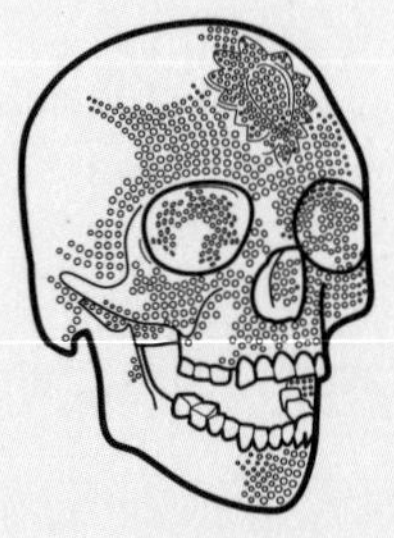

미국의 제프 쿤스Jeff Koons, 일본의 무라카미 다카시Murakami Takashi와 함께 영국의 데미언 허스트Damien Hirst는 우리 시대 언론이 가장 많이 언급하는 미술가다.

그는 1990년대 광고 재벌이자 미술품 수집가인 찰스 사치Charles Saatchi의 전폭적인 후원 덕분에 전 세계적으로 이름을 알릴 수 있었다. '영국 젊은 미술가Young Britsh Artist, YBA' 그룹의 일원인 데미언 허스트는 작품(포름알데히드 용액에 담근 동물의 사체, '스팟 페인팅spot paintings'이라고 부르는 알록달록한 원 그림) 제작을 직접 하지 않고 조수들에게 맡긴다. 2007년, 역사상 가장 비싼 작품인 〈신의 사랑을 위하여For the love of God〉을 내놓는다. 백금 해골에 다이아몬드 8,601개를 박았는데, 그중 이마에 있는 다이아몬드는 52.40캐럿에 달한다. 이듬해에 데미언 허스트는 갤러리 시스템에 반기를 들고 미술 시장에서 가격에 대한 주도권을 찾고자 자신의 작품 중 200여 점을 소더비 경매에서 팔아 치워 1억 파운드가 넘는 돈을 챙겼다.

로), 고가(천정부지로 오름) 시장으로 나뉜다.

작품이 시장에서 처음으로 거래되는 시장을 1차 시장이라고 하는데, 대부분 갤러리나 화상, 작가가 거래한다. 1차 시장을 거친 '중고 미술품'은 경매로 거래되는데, 이를 2차 시장이라고 한다. 세계 미술품 경매 시장은 소더비사Sotheby's와 크리스티사Christie's가 양분하고 있다. 크리스티사는 2006년 인상주의와 현대미술 작가가 포함된 올트먼Altman 컬렉션을 4억 9,000만 달러가 넘는 가격에 팔았다.

현재 미술계의 큰손은 중국이다. 중국은 고전 회화와 조각품 시장을 지배하며 해마다 나오는 현대미술 작품을 반 가까이 사들인다. 아마도 10년 후면 인도나 브라질이 그 자리를 이어받을지도 모른다.

## 오늘날 음악

19세기 말 축음기가 발명되면서 음악 애호가라면 누구라도 베토벤의 5번 교향곡을 작곡가 자신보다 더 많이 들을 수 있게 되었다. 오늘날 음악 애호가는 어떤가? 주머니에 든 라이터만 한 기기로 언제 어디서나 전 시대의 모든 음악을 들을 수 있다. 기차, 지하철, 사무실, 심지어 수영장 안에서까지 방수 이어폰을 끼고 들을 수 있어서 음악이 귀에 직접 이식된 듯한 느낌마저 든다.

이렇게 풍부한 음악은 다양한 스타일과 분파로 표현된다. 음악의 스타일은 예전부터 있었지만, 지금은 훨씬 난해하다. 굳이 알아야 할까? 여러 분파가 '전기 음향학electroacoustic'에 미친 영향에 대한 분석을 소개해야 할까? 그라인드코어grindcore의 하위 그룹인 디지그라인드digigrind

의 미묘하게 다른 점을 구체적으로 이야기할 수 있어야 할까? 그라인드코어는 크러스트 펑크crust pink에서 나왔고, 크러스트 펑크는 데스 메탈death metat 계열이다.

왜 시시콜콜 따지는 것이 피곤하게 느껴질까? 이 시대의 가장 큰 규칙이 절충주의이기 때문이다. 기술 덕분에 가능해졌다. 저마다 컴퓨터나 휴대전화에 좋아하는 음악 목록을 마음껏 저장할 수 있고, 여러 스타일을 오가며 가볍게 즐길 수 있게 되었다. 각자 취향에 맞는 음악을 듣도록 내버려두고, 우리는 음악을 듣는 새로운 방식과 떠오르는 기술에 대해 알아보자.

## 1. 곡과 음악

오래전 우리는 음악 작품 전체를 들었지만, 요즘에는 '곡'을 듣는다. 휴대전화 벨소리, 광고 음악, 텔레비전 시리즈나 라디오의 타이틀 음악 등 새롭고 다양한 형태의 곡이 끊임없이 쏟아져 나온다. 우리는 출처가 불분명한 짤막짤막한 곡에 일상적으로 노출돼 있다. 다양한 버전의 곡을 컴퓨터 파일로 전환하여 쉽게 주고받는다.

이처럼 우리는 '곡'의 시대를 산다. 영어로 '곡, 선율'을 뜻하는 '튠tune'이라는 말은 2001년 '아이튠즈iTunes' 서비스가 시작되면서 널리 사용되기 시작했다. '아이튠즈'는 컴퓨터나 스마트폰, 태블릿에서 음악, 동영상, 사진 파일을 재생하고 전송할 수 있는 전용 프로그램이다.

21세기의 '튠'은 20세기의 '튜브(tube, 히트곡)'와 비슷한 말이기도 하다. 히트곡을 결정짓는 요소는 몇 가지 음, 소절, 현란한 리듬, 거기에 다운로드와 재생 횟수가 더해진다. 수많은 신곡이 쏟아지는 가운데, 음악 장르마다 청자를 사로잡기 위한 나름의 전술을 개발하고 있다. 그중 몇 가지를 알아보자.

훅hook은 대중음악에서 많이 사용하는데, 쉽게 기억할 수 있는 음, 리듬, 멜로디를 반복해서 흥겨움을 주는 기법이다. 곡이 진행되는 동안 반복되어 귀를 사로잡는 소절을 '톱라인top-line'이라고도 한다. 세계적인 음악 프로듀서들은 히트곡을 만들려고 수많은 스태프의 도움을 받는다. 그중에서 '톱라이너top-liners'는 중독성 있는 멜로디를 만든다. 미국의 에스터 딘Ester Dean과 칼 슈스터Karl Schuster*는 톱라이너로서 브리트니 스피어스Britney Spears가 2000년대 초에 가장 많은 앨범을 파는 여성 가수가 될 수 있도록 도움을 주었다.

루프loop는 반복되는 소리의 샘플링(sampling, 컴퓨터에서 사용하려고 자연음을 디지털 신호로 변화하는 과정)이며, 전자음악에서 많이 사용된다. 어떤 음이라도 사용할 수 있으므로 루프의 종류는 무궁무진하다. 루프를 어떻게 사용하느냐에 따라 곡의 빠르기(흔히 '비피엠bpm, beats per minute'으로 표시)가 결정된다. 다양한 소리를 즉석에서 녹음해서 끊임없이 반복 재생하여 반주에 사용하는 '루프 스테이션loop station'이라는 음향 장비도 있다.

리프riff('리듬적 음형rhythmic figure'에서 나온 말, 혹은 '후렴refrain'의 준말)는 한 악기가 반복적으로 연주하는 짧은 악절이다. 리프는 곡에 활기와 짜임새를 더해주며, 록 음악에서는 기타 리프를 많이 사용한다. 같은 기법을 재즈에서는 '뱀프vamp'라고 하고, 클래식에서는 '오스티나토ostinato'라고 한다.

---

* '쉘백(Shellback)'이라는 이름으로 활동하는 음악 프로듀서.(옮긴이 주)

징글jingle은 원래 '짤랑거리는 소리'를 뜻하는 말로 귀에 쏙쏙 들어오는 짧은 노래나 곡을 말한다. 라디오나 텔레비전 방송국 이름 소개할 때나 광고에 주로 많이 사용한다. 맥도널드, 인텔 등의 회사 로고음도 징글의 일종이다. 컴퓨터를 켤 때 나오는 시작음도 마찬가지인데, 윈도95 시작음은 영국의 유명 음악가 브라이언 이노Brian Eno가 작곡했다. 호사가들은 이노가 윈도의 시작음을 맥 컴퓨터로 만들었다고 입방아를 찧기도 한다.

테마음악(theme, 주제음악)은 영화나 드라마의 주제를 상징적으로 표현하는 음악이다. 오리지널사운드트랙OST, original sound track이라고도 한다. 오케스트라 연주곡, 교향악, 오페라에서 근원을 찾을 수 있으며, 주제 악절을 쉽게 알아들을 수 있다. 테마음악은 영화나 텔레비전 시리즈를 빛나게 해주기도 하지만, 그 자체로도 하나의 훌륭한 작품이다. 17~18세기 초의 오페라에서 아리아의 도입 부분이나 중간 부분에서 반복되는 짧은 기악곡인 '리토르넬로ritornello'와 비슷하기도 하다.

인도에서는 테마음악을 '필미filmi'라고 부른다. '필미'는 단순한 배경 음악이 아니라 영화의 이야기가 진행되는 도중에 춤을 곁들여 막간극처럼 삽입한다. 영화 상영이 끝나면 라디오에서 방송되어 히트곡이 되기도 한다.

## 2. 히트곡을 직접 만들어보자

빵과 요구르트도 직접 만들 수 있는데 히트곡은 왜 안 되겠는가? 쉬운 악기 하나 혹은 작곡 프로그램만 있으면 대형 기획사나 음반 회사와 경

## 오토튠

오토튠auto tune은 음정 실수를 바로잡아 주는 기술이다. 노래를 부를 때 음정을 이탈하면 오토튠 프로그램이 자동으로 음을 높이거나 낮추어서 정확한 음으로 맞춰준다. 힙합 가수가 많이 사용하며, 라이rai* 가수도 특유의 기계적인 음색을 내려고 오토튠을 사용한다. 녹음 스튜디오, 콘서트, 텔레비전 콘테스트 등에서 '음이탈'을 막으려고 사용하기도 한다. 사진을 포토샵으로 매끈하게 보정하는 것처럼, 마돈나와 브리트니 스피어스의 목소리도 오토튠으로 보정한다.

쟁할 수 있다. 음악도 '자가 제작DIY, Do it yourself'이 가능한 시대가 된 것이다. 목공, 화장품, 도예 등 다양한 영역에서처럼 적은 예산으로 취미로 새로운 음악을 만들어서 나눌 수 있게 되었다.

이러한 현상은 점점 더 많은 음악가의 독립 의지, 실험에 대한 갈망에 불을 붙였다. 영국의 록 밴드 라디오헤드는 2004년 대형 기획사EMI를 떠나 인터넷으로 신곡을 발표하고 음반을 판매했다. 미국의 인디 듀오 폼플라무스Pomplamoose는 유튜브에 노래하고 연주하는 영상을 올려서 유명해졌다.

* 프랑스 태생 알제리인을 통해 서양 음악화한 아랍 음악의 하나.(옮긴이 주)

# 우쿨렐레

악기를 배워보는 것은 어떨까? 하와이에서 온 작은 기타 모양의 우쿨렐레는 악기 초보자가 배우기에 좋다. 요즘 많은 가수가 연주하고, 비싸지도 않고, 휴대가 간편하며, 최신형 스마트폰만큼이나 배우기 쉬운 우쿨렐레는 21세기의 인기 악기가 될 모든 조건을 갖췄다. 음악을 처음 배우는 어린이에게 우쿨렐레를 권하는 교사가 많다. 리코더 대신 우쿨렐레를 배우는 학교도 있으며, 초보자가 쳐도 귀가 괴롭지 않다. 얼른 시작해보자. 우선 그림을 보며 부위별 명칭을 익혀보자.

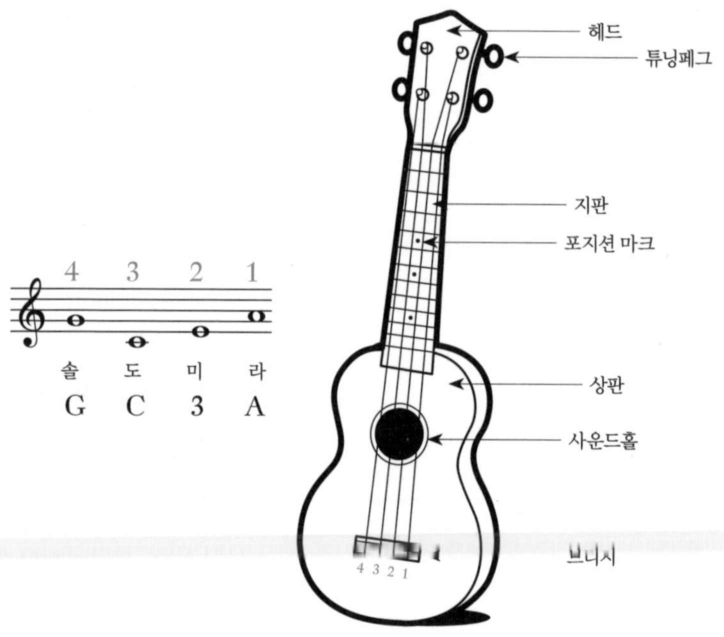

처음으로 할 일은 조율(튜닝, tuning)을 하는 것이다. 전자조율기를 사용하면 간단한데, 헤드에 장착하고 버튼을 누르면 각각의 줄이 어떤 소리를 내야 할지 표시해준다. 줄을 하나씩 튕기면서 어떤 소리인지 확인하며, 튜닝페그를 돌려서 조율기에 표시된 음과 일치할 때까지 음을 맞춰준다.

그 다음으로 우쿨렐레의 넥neck*을 왼손으로 잡고 오른쪽 가슴에 안듯이 댄다. 오른손 검지로 줄을 부드럽게 쓸어내린다. 왼쪽 손가락으로 지판을 짚으며 코드를 잡는다. 다음의 일곱 가지 코드를 알면 대부분 노래를 칠 수 있다.

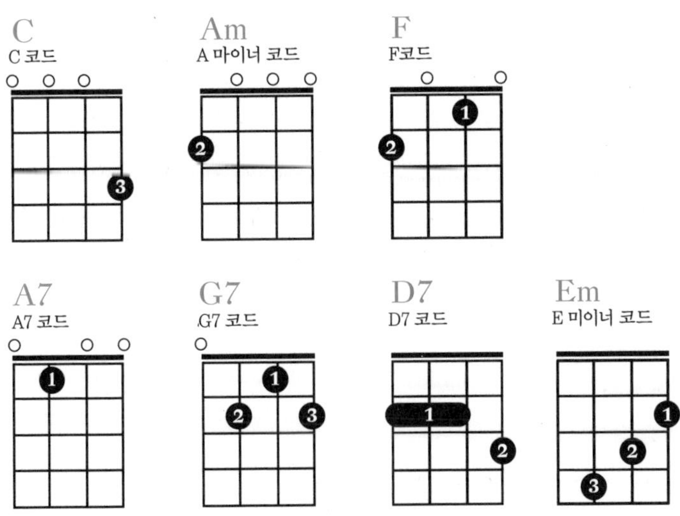


* 우쿨렐레의 몸통에 연결되어 줄이 달린 기다란 부분.(옮긴이 주)

21세기 최고의 우쿨렐레 히트곡은 〈오버 더 레인보우Over the Rainbow〉다. 영화 《오즈의 마법사》에서 주디 갈랜드가 불러서 유명해진 이 곡은 하와이 가수 이즈Israel Ka'ano'i Kamakawiwo'ole 덕분에 제2의 전성기를 맞았다. 허스키하면서도 부드러운 목소리로 하와이인의 사랑을 한 몸에 받았던 이즈는 1997년 사망했지만, 우쿨렐레를 치며 부른 〈오버 더 레인보우〉로 사후에 세계적인 스타가 되었다.

이웃 사람들에게 미리 양해를 구하고 노래를 연습해보자.

C Em
*Somewhere over the rainbow*

F C
*Way up high,*

F C
*There's a land that I heard of*

G Am F
*Once in a lullaby.*

C Em
*Somewhere over the rainbow*

F C
*Skies are blue,*

F C
*And the dreams that you dare to dream*

G Am F
*Really do come true.*

## 안티포크

노래를 썩 잘 부르지는 못하지만 함께하는 즐거움, 자조, 편견을 거부하고 싶은 마음 등을 드러내놓고 이야기하고 싶다면 안티포크anti-folk 음악을 하는 사람들처럼 '오픈 마이크(open mic, 누구나 마이크를 잡고 노래할 수 있는 시간)' 밤 공연을 해라. 안티포크는 음악 장르가 아니라 인디 신indie scene*이다. 굳이 분류하자면 1980년대 펑크의 먼 분파로 기타와 우쿨렐레로 즉흥연주를 하는 음악가와 그런 음악을 듣는 사람이다.

대표적인 안티포크 음악가로는 벡Beck과 몰디 피치스Moldy Peaches가 있다. 뉴욕의 사이드워크sidewalk 카페를 중심으로 활동하다가 음악 동호회를 통해서 미국과 유럽으로 퍼져나갔다.

## 리믹스

디제이가 된 기분을 느껴보고 싶거나 취미로 음악을 해보고 싶은가? 인터넷을 뒤져서 음악 샘플을 찾아 다음 작품의 소재로 삼고 싶은가? 그렇다면 반드시 지켜야 할 규칙이 있다. 2001년 전 세계의 창작자가 '크리에이티브 커먼즈 라이선스CCL, Creative Commons License'**를 통해서

---

* 영화나 음반을 제작할 때 소규모 예산의 독립 프로덕션으로 활동하는 것을 '인디'라고 하는데, 음악에서 '인디 신'은 그런 방식으로 활동하는 음악가, 레이블, 유통망, 라이브클럽에 이들을 다루는 매체까지 두루 포함한 것을 말한다.(편집자 주)

** http://creativecommons.or.kr/xe/main

저작물을 배포하기 시작한다. 이는 창작자가 정해둔 일정한 조건을 지키면 그 저작물을 얼마든지 이용할 수 있다는 내용을 표시해둔 약속기호다. 저작물에 부착되는 CCL 기호와 문자표기는 다음과 같다.

BY (by : 저작자 표시)

SA (share alike : 카피레프트*, 동일 조건 변경 허락)

NC (non commercial : 비영리)

ND (no derives : 변경 금지)

## 3. 소리의 간략한 역사

소리는 공기 분자의 진동이 전달되는 파동이며, 인간이 들을 수 있는 가청 주파수는 20헤르츠(Hz)~20킬로헤르츠(kHz)다.

소리를 모으고 전파하는 아주 간단한 방법이 있다. 요구르트 용기 두 개를 실로 연결한다. 그런 다음 한쪽 용기에 입을 대고 소리를 내면, 진동이 실을 타고 다른 쪽으로 전달된다. 용기를 귀에 대고 있으면 수화기처럼 소리가 들린다.

아날로그 시스템은 이처럼 공기의 진동을 붙잡아서 재생하는 방식으로 작동한다. 축음기는 여기에서 한발 더 나아가 소리를 저장하고 언제든 꺼내서 들을 수 있는 기기다. 밀랍을 입힌 원통이나 둥글넓적한

---

* copyleft. 지적 창작물에 대한 사용, 수정, 재생산의 권리를 모든 사람이 공유할 수 있도록 하는 일, 또는 그런 운동. 1984년 미국의 리처드 스톨먼(Richard Stallman)이 소프트웨어의 상업화에 반대해 프로그램을 자유롭게 사용하자는 운동을 펼치면서 시작되었다.(편집자 주)

비닐판에 음성의 진동에 반응하는 바늘로 홈을 파서 소리를 녹음한다. 홈은 주파수의 변화에 따라 깊기도 하고 얕기도 하다. 재생 바늘이 이 홈을 지나가면 축음기 내부의 진동막이 떨리면서 소리가 재생된다.

아날로그 녹음기의 원리도 마찬가지다. 마이크 안에 있는 전자석이 소리의 진동으로 떨리면, 다른 전자석이 이 진동을 재생하고 내부에 있는 진동막으로 소리를 전달한다.

이제 디지털 시스템을 알아보자. 마이크가 소리를 이진법 숫자가 연속되는 디지털 신호로 변환해서 CD 같은 매체에 저장한다. 이렇게 저장된 디지털 신호는 재생 장치를 거쳐 다시 소리로 변환된다. 이런 방식은 많은 장점이 있다. 재생 과정에서 데이터가 손상되지 않으며, 시간이 지나도 그대로다. 또한, 복사를 여러 번 해도 음질이 손상되지 않는다. 하지만 부피가 크다는 단점이 있다.

따라서 CD에 담긴 디지털 정보를 휴대용 재생기나 인터넷으로 모두 옮기려면 데이터 압축 프로그램을 이용해서 파일 크기를 줄여야 한다.

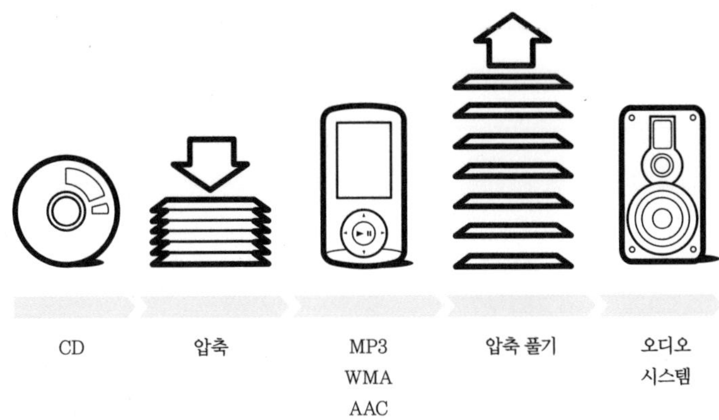

정보의 코드화는 순식간에 일어나는데, 이때 변환된 정보의 양이 음질을 결정한다. 초창기에는 소리가 약간 부자연스러웠다. 깊이가 없고, 너무 기계적이고, 저음과 고음을 제대로 재현하지 못했다. 하지만 오늘날 사용되는 기술 표준으로는 압축 전후 데이터 사이에 차이가 거의 없다.

컴퓨터에서 소리를 저장하기 위한 파일 형식을 오디오 파일 포맷이라고 한다. 현재 널리 사용되는 오디오 파일 포맷에 대해 알아보자.

엠피스리MP3 동영상을 압축하는 '엠피이지MPEG' 기술에서 오디오 부분만 따로 떼어낸 압축 포맷이다. 독일에서 개발했고 1995년 'mp3'라는 확장자명을 처음으로 채택했다. 이 기술로 파일 용량을 기존의 12분의 1로 줄이고, 'ID3 태그'라는 형식으로 곡의 출처, 음악가 이름, 수록 앨범, 음악 장르 같은 정보를 담을 수 있게 되었다.

더블유엠에이WMA 마이크로소프트 사에서 개발한 오디오 포맷이며, 디지털 녹음의 시대에 저작물을 불법 복제로부터 보호하는 기능이 있다. 이를 '독점적 포맷proprietary format'이라고 하며, 내려받기가 거의 불가능하다. WMA는 현재 오디오 스트리밍 표준 중 하나다.

에이에이시AAC 고급 오디오 부호화Advanced Audio Coding이라는 뜻이다. 엠피스리보다 효율적이면서 음질도 좋아서 점점 더 많이 사용되고 있다. 확장자명 'mp4' 혹은 'm4a'가 붙은 파일이 에이에이시 포맷이다.

# 용어

오래전부터 음악 용어는 이탈리아어가 대부분이라서 뜻이 헷갈릴 때가 많았다. 악보에 쓰인 '피아노piano'라는 말은 건반악기인 피아노로 연주하라는 뜻이 아니라 여리게 치라는 뜻이다. 오늘날 대중음악 용어 대부분이 영어인데, 뜻이 헷갈리기는 마찬가지다. 많이 사용하는 몇 가지 용어를 알아보자.

부틀렉bootleg: 해적판, 콘서트 실황을 팬들이 허가 없이 비공식이 녹음한 앨범. 해당 음악가의 유일한 흔적일 때도 가끔 있다. 1920년대 금주법이 시행되던 미국에서 부츠 속에 몰래 술병을 숨기던 '부트레거 bootleger'라는 단어에서 나온 말이다.

커버cover: 기존에 있던 음악을 다시 불러서 녹음하는 것을 말한다. 모방일 수도 있고 단순한 재편곡일 수도 있으며, 음악가에 대한 존경의 표시일 수도 있다. 상업적으로 사용하기 전에 원곡의 구조를 존중하고 저작권자에게 허락을 구하면 법적으로 전혀 문제가 될 것이 없다. 레너드 코헨의 〈할렐루야Hallelujah〉의 커버 버전은 300개 정도 된다.

라스트 에프엠last.fm: 사용자에게 맞는 음악을 추천해주는(추천 가수, 추천 앨범 등) 웹라디오다. 해당 사용자가 고른 음악 목록과 2,000만 명의 다른 사용자의 통계를 분석하는 프로그램 덕분에 가능하다.

매시업mashup: 2010년대의 메들리 혹은 '잡탕'. 서로 다른 두 곡('버수스 versus'라고 함) 혹은 여러 곡을 조합해서 새로운 곡을 만드는 혼합 음악 장르다. 2011년 프랑스 낭트 출신의 10대 음악가 마데온Madeon이 서른아홉 개 곡을 매시업해서 만든 〈팝 컬처Pop culture〉라는 곡으로 전 세계적 성공을 거두었다.

피투피P2P, Peer-to-peer: 피어투피어는 1999년부터 시작된 파일 공유 시스템이다. 이를 이용해 인터넷 사용자들이 엠피스리 음악 파일을 직접 교환할 수 있게 되었다. 서버 없이 탈중심화한 시스템이어서 서버 부하 없이 파일을 내려받을 수 있지만, 대부분 저작권 침해에 해당하므로 문제가 된다.

플러그plug: 전자악기의 플러그.

언플러그드unpugged: 어쿠스틱acoustic

플러그인plug-in: 새로운 기능을 추가하고자 꽂아 넣는 확장 소프트웨어. 라디오를 듣거나 동영상을 재생하기 위한 '오디오스크로블러audioscrobbler'나 '자바java'가 플러그인 소프트웨어다.

팟캐스트podcast: 애플의 휴대용 엠피스리 플레이어인 아이팟iPod과 '방송broadcast'의 합성어다. 팟캐스트는 인터넷망을 통해 오디오 파일, 혹은 비디오 파일의 형태로 라디오나 뉴스, 드라마 등의 다양한 콘텐츠를 제공하는 서비스다. 사용자는 컴퓨터로 파일을 내려받아서 엠피스리 플레이어나 스마트폰으로 옮길 수 있다.

사운드클라우드soundcloud: 음악가가 자신이 작곡한 곡을 배포하고, 사용자가 구체적으로 의견을 달 수 있는 온라인 음악 배급 플랫폼이다.

2008년 베를린에서 서비스가 시작되었고, 현재 가입자 수는 300만 명이 넘는다.*

버수스versus, vs: '매시업' 참조

## 2000년대를 대표하는 음반

2000년대를 대표하는 다양한 장르의 앨범을 알아보자. 음악에 입문하고 싶다면 이 중에서 하나를 골라서 들어볼 것.

**2000~2010년 사이 장르별 대표 앨범**

| 장르 | 아티스트 | 앨범 | 연도 |
|---|---|---|---|
| 댄스 | 데이비드 게타David Guetta | 원 러브*One Love* | 2009년 |
| 포크 | 본 아이버Bon Iver | 포 엠마, 포에버 어고 *For Emma, Forever Ago* | 2008년 |
| 팝 | 미카Mika | 라이프 인 카툰 모션 *Life in Cartoon Motion* | 2007년 |
| 알앤비 | 비욘세Beyonce | 데인저러슬리 인 러브 *Dangerously In Love* | 2003년 |
| 록 | 화이트 스트라입스The White Stripes | 엘리펀트*Elephant* | 2003년 |
| 소울 | 에이미 와인하우스Amy Winehouse | 백 투 블랙*Back To Black* | 2006년 |

* 2014년 기사에 따르면 "가입자 수가 2억 5000만 명이 넘는다"라고 한다. http://www.etoday.co.kr/news/section/newsview.php?idxno=917325(옮긴이 주)

## 라이브 공연

1969년 전설적인 우드스톡 록페스티벌Woodstock Festival, 1992년 에이즈 퇴치 재단의 기금 마련을 위한 웸블리Wembley 콘서트 이후로 커다란 반향을 불러일으킨 공연은 어떤 것이 있을까?

클래식: 2006년, 뉴욕 메트로폴리탄 오페라 극장에서 공연하는 모차르트의 〈마술 피리〉를 전 세계 영화관에서 위성 생중계하기 시작했다. 오페라 생중계는 커다란 성공을 거두었고, 오늘날에도 50개가 넘는 나라에서 이어진다.

록: 2006년 2월, 브라질 리우의 코파카바나 해변에서 무려 150만 명이 넘는 관중이 롤링스톤스The Rolling Stones의 콘서트에 모였다.

재즈: 재즈 음악가에게 꿈의 무대인 몽트뢰Montreux 재즈 페스티벌에서 2008년 재단을 만들어서 떠오르는 예술가를 지원하고 모든 음악 장르에 무대를 무료로 개방하기로 했다.

힙합: 2009년 시카고에서 블랙 아이드 피스Black Eyed Peas의 팬 2만여 명이 모여 역사상 가장 대규모의 플래시몹을 시도했다. 오프라 윈프리 쇼에 출연한 블랙 아이드 피스의 〈아이 갓 어 필링I gotta feeling〉 노래에 맞춰서 관중들이 일사불란한 안무를 소화한 것이다. 이 영상은 유튜브를 통해 수백만 인터넷 사용자의 눈을 사로잡았다.

전자 음악: 체크 텍Czech Tek, 풀 문 파티Fool moon party, 러브 퍼레이드 Love Parade 등 많은 전자 음악electronic music 축제 가운데 투머로우랜드 Tomorrowland 페스티벌이 2012년 댄스뮤직어워드에서 최고의 음악 이벤트로 선정되었다. 투머로우 페스티벌은 매년 벨기에의 작은 마을 붐에서 열린다.

# 10.

# 새로운 일상

각종 '기적의' 제품과 뭐든 척척 해내는 가전제품에 힘입어 20세기 후반의 소비사회는 소비자를 힘든 가사에서 완전히 해방해주었다고 큰소리쳤다.
하지만 사람들은 여전히 일상에서 마주치는 수많은 문제로 불안해한다.
교육과정에서 너무 빨리 퇴장해버린 '가사' 과목을 다시 배워보는 것은 어떨까. 여기서는 남녀 모두 함께 참여할 수 있고, 내용도 요즘에 맞춰 다시 구성했으니 안심하시길.

# 일상 생존 안내서

1960년대까지 프랑스 중학교에는 젊은이가 살아가는 데 있어서 '진짜 중요한 일'을 가르치는 수업이 있었다. 여학생은 채소 절임을 만들거나 단추 다는 법을, 남학생은 보일러의 화구를 교체하거나 채소밭을 가꾸는 법을 배웠다. 하지만 이제 시대는 변했고 중요한 문제도 바뀌었다.

이 시대의 남녀는 저녁이면 모든 것이 갖추어진 주방에 앉는다. 주위에는 온갖 첨단 기기가 있지만, 거의 사용하지 않는다. 조리 식품으로 식사하고, 개수대 수도꼭지에서 물이 한 방울씩 떨어지는 것을 바라만 본다. 고치는 법을 모르기 때문이다. 그들은 이런 삶의 방식이 초래할 결과에 수많은 질문을 던진다. 온갖 첨가물로 뒤범벅이 된 조리 식품이 정말 건강에 좋을까? 물을 계속 낭비하다 보면 지구에 재앙이 닥치지 않을까? 각종 '기적의' 제품과 뭐든 척척 해내는 가전제품에 힘입어 20세기 후반의 소비사회는 소비자를 힘든 가사에서 완전히 해방해 주었다고 큰소리쳤다. 하지만 사람들은 여전히 일상에서 마주치는 수많은 문제로 불안해한다.

교육과정에서 너무 빨리 퇴장해버린 '가사' 과목을 다시 배워보는 것은 어떨까. 여기서는 남녀 모두 함께 참여할 수 있고, 내용도 요즘에 맞춰 다시 구성했으니 안심하시길.

## 영양

"생선을 먹어. 생선만큼 좋은 게 없지."

"생선은 무슨! 중금속에 얼마나 오염됐는데!"

"딸기를 먹어봐. 건강에 엄청나게 좋을 거야."

"껍질이 없는 과일이잖아. 농약에 찌들어 있을 거야."

먹는 일은 즐거워야 한다. 하지만 불안감이 팽배한 우리 사회에서는 무엇을 먹으려고 하면 곧바로 식욕이 떨어지는 말을 듣기 일쑤다. 매일같이 건강과 영원한 젊음을 보장해주는 '기적의 식단' 혹은 '획기적인 제품'이 나왔다는 '믿을 만한 연구 결과'가 쏟아져 나오고, 또 매일같이 어제의 '만병통치약'이 어쩌면 독일 수도 있다는 '새로운 연구 결과'가 쏟아져 나온다.

이런 상황에서 누구를 믿어야 할까? 모든 '진짜' 전문가가 동의하는 가장 단순한 원칙은 결국 언제나 똑같다. 무엇이든 가리지 말고 조금씩 먹어야 한다는 것이다. 균형 잡힌 영양 섭취의 비밀은 다양하고, 건강하고, 맛있고, 출처를 확실히 아는 식품을 선택하는 것이다. 이에 대해 반대 의견을 말하는 이는 상업적 이익을 취하려고 하는 사람이거나 사기꾼이다.

## 1. 오늘날 영양학

마트 장바구니 안을 한 번 들여다보자. 시리얼 한 통, 과일 절임 몇 병, 타라마 소스* 한 병, 즉석 고형 수프 등이 있다. 제품의 표면에 영양 성분 표시가 되어 있다. 모든 식품은 단백질, 지질, 탄수화물, 비타민, 미네랄, 무기질(미세 영양소) 등의 다양한 영양소를 함유한다.

에너지 함량이 표기되지 않더라도(의무 표기가 아님) 성분 목록은 반드시 표기되어 있다. 가장 많이 든 성분부터 적은 것까지 차례로 쓰여 있어서 참조하기에 좋은 자료다. 타라마 소스의 주성분이 유채 기름인 것은 지질이 무척 풍부하다는 사실을 알려준다.

영양 필요량(하루 권장 영양 섭취량, RDA, Recommanded Dietary Allowance)도 가끔 식품 포장지에 표기되어 있다. 이는 매일 섭취해야 하는 평균 열량 수치를 나타내며 연령, 성별, 체형, 기후 등에 따라 달라진다. 활동에 따라서도 달라지는지는 아직 증명된 바 없다. 어떤 운동선수는 때때로 휴식기에도 시합 기간과 똑같이 먹거나 오히려 더 많이 먹기도 한다. 성인의 1일 권장 열량은 약 2,500킬로칼로리이며 구성 비율은 다음과 같다.

**단백질**(10~15퍼센트)**

소고기 스테이크 혹은 두부, 취향대로 고르시길. 단백질은 인체에서 수많은 기능을 담당하는데, 특히 성장과 세포 재생에 필요하다.

단백질은 동물성 식품(단백질이 가장 풍부한 식품은 구운 나방이, 비둘기고기, 파마산 치즈)이나 식물성 식품(콩가루, 밀싹, 해바라기씨)을 통해서 섭취할 수 있다. 채식주의자는 단백질 섭취를 늘리려면 곡식을 먹을 때 각종 콩을 곁들여야 한다는 사실을 잘 안다. 마그레브 지역에서처럼 밀가루에 병아리콩을, 라틴아메리카에서처럼 쌀과 강낭콩을 함께 먹는 것이다. 건강하고 자연스러우며 식단을 다양화할 수 있는 방법이다.

전 세계적으로 늘어나는 단백질 수요를 해결하고, 공장식 축산이 환경에 미치는 악영향을 줄이고자 네덜란드 연구자들은 소의 줄기세포로 시험관 고기를 생산하는 연구를 진행 중이다. 21세기의 새로운 단백질 공급원으로 곤충이 꼽힌다. 수가 많고, 저렴하고, 단백질이 풍부하기 때문이다.

수컷 귀뚜라미

---

* 생선 알과 올리브유, 레몬 등으로 만든다.(옮긴이 주)

** 이 비율은 라벨에 표기된 하루 권장 영양 섭취량을 계산할 때 기본 자료로 사용한다. 어디까지나 평균이며, 남녀 사이에 필요량이 꽤 차이가 있다. 프랑스에서는 국립식품안전원(ANSES, Agence nationale de sécurité sanitaire)에서 정한다. 단백질 혹은 탄수화물 100그램은 400킬로칼로리, 지질 100그램은 900킬로칼로리다.

**탄수화물**(50~55퍼센트)

탄수화물은 에너지원이며, 단당류(글루코스, 프럭토스…)와 다당류(전분) 등으로 분류한다. 예전에는 흡수 속도에 따라 당의 종류를 구분했지만, 요즘 영양학자는 혈당지수(GI, Glycemic index)에 따른 구분법을 선호한다. 혈당지수란 어떤 식품이 혈당을 빨리 올리느냐를 나타내는 지수다. 렌틸콩, 강낭콩, 퀴노아는 혈당지수가 낮아서 포만감을 오래 지속하며 그만큼 에너지도 공급해준다.

근육운동을 할 때 당이 연료 역할을 하므로 80퍼센트 이상이 탄수화물인 코코아를 먹으면 도움이 된다. 95퍼센트가 탄수화물인 머랭* 도 매우 효과적이지만, 운동선수는 머랭보다 대추야자를 더 선호한다. 팝콘은 건자두만큼이나 식이섬유가 풍부하다. 모르는 사람이 많지만, 식이섬유도 탄수화물의 일종이다. 체내에서 소화되지 않는 식이섬유는 다당류이며 음식물이 장내에서 원활하게 통과할 수 있게 도와준다.

단당류는 당뇨병과 비만을 부추기므로(330쪽 참조) 탄수화물을 지나치게 많이 섭취하면 독이 된다.

**지질**(35~40퍼센트)

지질은 모든 기름과 지방을 말하며, 다양한 종류가 있다. 가장 나쁜 종류인 트랜스지방부터 알아보자. 대부분 공장에서 액체 상태 식물성 기름의 보존성을 높이고자 고체 상태로 가공하는 과정에서 수소를 첨가하면서 생성된다. 트랜스지방은 심혈관 질환의 발생 위험을 급격히 높

---

* 달걀흰자에 설탕과 약간의 향료를 넣어 거품 낸 뒤에 낮은 온도의 오븐에서 구운 것.(옮긴이 주)

## 오메가

오메가3와 6는 필수지방산EFA, Essential Fatty Acid이다. 인간과 동물의 세포 대사에 필요한데, 체내에서 합성할 수 없으므로 음식물을 통해서 섭취해야 한다. 식품의 산업화와 공장식 축산 때문에 요즘 사람들은 오메가6(해바라기유, 팜유, 옥수수 사료로 키운 가축의 지방)의 소비 비율이 점점 더 높아지는 나쁜 식습관을 갖게 되었다. 오메가6 과다 섭취는 오메가3의 흡수를 방해하고 결핍 현상을 일으킬 위험이 있다.

반대로 오메가3(아마인유·유채씨유·호두유 등 일부 식물성 지방, 연어·정어리·고등어 등의 동물성 지방)를 지나치게 많이 섭취하면 과체중이 될 수 있다. 우리 세포는 둘 중 하나가 아니라 둘 다 필요하므로 오메가3와 6의 상호작용이 원활하게 이루어지는 것이 좋다.

이는 세계적 재앙이다. 따라서 캐나다, 덴마크, 미국의 캘리포니아 주에서는 사용을 금지했다. 공장에서 생산된 빵·과자류, 감자칩, 빵에 발라먹는 스프레드 등에 '부분 경화유'가 들어 있다고 표시되었다면 눈길도 주지 않는 것이 좋다.

포화지방(돼지기름, 버터, 팜유, 코코넛유)도 혈중 콜레스테롤 농도를 높이므로 너무 많이 섭취하지 말아야 한다. 그럼 남은 것은 무엇일까? 유채씨유, 올리브유, 옥수수유, 호두유, 아보카도유 등 식물성 기름이 있으며, 그 외에도 구성 성분의 차이에 따라 다양한 지질을 선택해서 섭취하면 된다. 지질은 세포를 구성하고 에너지를 저장하므로 우리 몸에 필요한 영양소임을 잊지 말자.

## 음식의 요소

음식을 먹을 때 열량 필요량만 따질 수는 없다. 열량 말고도 다른 영양학적 접근 방식이 있다. 중국에서는 음식을 통한 섭생이 전통 의학 요법의 하나이며, 영양 필요량뿐만 아니라 음식의 색, 풍미, 농도, 원산지 등 질적인 모든 면까지 고려한다. 영양 균형을 이루거나 회복하려면 생각해야 할 다양한 기준 중에 몇 가지를 알아보겠다.

음식의 음과 양: 중국인은 음식도 음(陰)과 양(陽), 냉(冷)과 온(溫)으로 나눌 수 있다고 생각한다. 쌀은 신진대사를 활발하게 해주지만, 바나나와 사과는 느리게 한다. 그러므로 아침에는 쌀 푸딩을 먹으면 활기를 찾는데 도움이 된다. 마찬가지로 하루가 끝날 무렵 사과 하나를 먹으면 긴장을 풀고 편히 쉬는 데 도움이 된다.

맛과 색깔: 그릇에 담긴 음식의 색깔이 조화를 이루면 심리적 만족감이 들어서 입맛이 돋고 소화도 잘된다. 음식의 예쁜 색깔이 마치 소화작용을 촉진하는 신호와 같은 것이다.

먹는 방식: 중국인은 입맛을 '커우간(口疳)'이라고 한다. 음식에 따라 씹고, 삼키고, 소화하는 방식이 달라진다. 감자가 퓨레보다 소화가 잘되는데, 이는 다시 말해 우리가 음식을 씹을 때 침샘에서 다당류를 분해

하는 효소(아밀라아제)가 분비되어 소화를 돕기 때문이다. 그러니 음식을 잘 씹어야 한다.

## 상추, 토마토, 양파?

매일 점심 때 중국 음식을 먹을지, 샌드위치를 먹을지, 파스타를 먹을지 선택해야 한다. 이 음식의 열량은 얼마나 될까? 테라스 자리에 앉아서 샐러드를 먹는 것이 좋을까, 드라이브인 패스트푸드점에서 더블 햄버거를 사 먹는 것이 좋을까? 피자에 감자튀김을 추가해서 주문하면 어떨까? 식당에서 제공하는 평균 크기의 음식을 영양으로 평가해보자.

물론 열량이 영양의 전부는 아니다. 균형 잡힌 식사는 채소나 과일(식이섬유, 비타민, 미네랄 공급원), 고기 또는 생선에 채소를 곁들인 요리(단백질, 지질, 소화가 천천히 되는 복합탄수화물 공급원)로 이루어져 있다. 만약에 생선 초밥을 먹는다면 양배추 샐러드(식이섬유 보충)를 곁들이고, 역시 피자와 식이섬유 공급원인 그린샐러드를 함께 먹으면 피자가 더 잘 소화될 것이다. 중국에서는 흰 쌀밥만 먹기보다 쌀밥과 각종 채소를 곁들여서 먹는 것을 더 선호한다. 그런 면에서 곡물과 채소, 고기를 함께 먹는 쿠스쿠스는 균형 잡힌 요리의 본보기다. 음료로는 탄산음료 대신 유제품을 택하거나 물을 마시는 것이 더 좋다. 전문가들은 물을 하루에 1.5리터씩 마시라고 권한다.

* 100그램당 G=탄수화물(Glucides), P=단백질(Protides), L=지질(Lipides)

## 2. 하루에 채소와 과일 다섯 가지?

"하루에 다섯 가지Five a day"는 1990년대 미국에서 시작된 건강 캠페인이며, 세계보건기구WHO, World Health Organization의 후원으로 2003년부터 영국, 독일, 프랑스 등 여러 나라로 퍼져나갔다. 과일과 채소는 식이섬유, 비타민, 미네랄의 천연 공급원이며 항산화 물질도 풍부하다. 식물성 식품을 매일 꾸준히 적어도 다섯 가지를 먹으면(과일 주스 한 잔, 사과 한 개, 녹색 채소 10그램, 생 채소 샐러드 한 그릇, 과일 설탕 절임(콩포트, compote)만 먹어도 가짓수를 금방 채운다). 암, 녹내장, 고혈압, 심장 질환 발병 위험을 줄일 수 있다. 이 캠페인은 전 세계에 커다란 반향을 불러일으켰지만, 실효성에 의문을 던지는 이들도 많다. 그중 몇 가지 질문에 대해 알아보겠다.

- 왜 여덟 가지가 아니라 다섯 가지인가

  물론 이왕이면 여덟 가지가 더 좋다. 과일과 채소의 하루 권장량이 750그램이니 그것에 맞게 다양한 종류를 적당히 먹으면 된다.

- 이런 방법으로 암 발병률이 낮아졌다는 증거가 있는가

  '기적의 해결책'은 아니지만, 고무적인 연구 결과도 있다. 문제는 암의 발병 원인이 복합적이라는 것이다.

- 항산화 물질을 많이 섭취하는 것보다 간접흡연이나 트랜스지방 섭취를 피하는 것이 더 효과적이지 않을까

  두 가지 방법 중 전자는 '더하기', 후자는 '빼기' 식으로 접근 방식이 다를 뿐, 서로 배타적인 것이 아니다. 그러니 둘 중 하나를 택하기보다 같이 하는 것이 좋다.

- 과일을 많이 먹으면 농약 잔류물을 더 많이 먹게 되지 않을까

꼬투리를 잡으려면 한도 끝도 없다. 이 캠페인의 목적은 사람들에게 균형 잡힌 식생활을 해야 건강해진다는 사실을 널리 알리는 것이다. 그래서 미국에서는 캠페인 포스터의 구호를 "과일과 채소, 더 중요하다Fruits and Veggies : More Matters"라고 바꾸었다. 건강을 위해 아주 중요한 문제이니 이제 메시지의 핵심을 보라는 것이다.

## 항산화 물질

과일과 채소에는 항산화 물질이 풍부하게 들어 있다. 그런데 항산화 물질이 정확히 무엇일까? 요즘 들어 많이 사용되고는 있지만, 역시 알쏭달쏭한 개념인 활성산소oxygen free radical에 대해 먼저 알아보자.

활성산소는 우리가 호흡한 산소가 신체 내에서 여러 물질과 접촉하고 산화하면서 생성된다. 불안정한 상태인 활성산소는 세포를 손상하는데, 이를 세포 산화라고 한다. 정상적으로 일어나는 현상이지만, 활성산소가 과도하게 많아지면 면역력이 저하되며, 이를 '산화 스트레스'라고 한다. 산화 스트레스는 퇴행성 질환, 암, 알츠하이머병의 원인이 되기도 한다. 항산화 물질이 포함된 균형 잡힌 식생활을 하면 병의 진행을 막을 수 있다.

가장 유명한 항산화 물질은 다음과 같다.

- 비타민C(쐐기풀, 파슬리, 키위에 다량 함유)
- 비타민E(밀씨눈유, 아르간유, 해바라기씨유)

- 셀레늄(갑각류, 호두, 헤이즐넛)
- 프로비타민A(참나물과 당근에 풍부한 베타카로틴)
- 폴리페놀(딸기, 포도주, 녹차)

항산화 물질이 풍부한 아침 식단

- 갓 짠 오렌지·당근 주스
- 통곡물 시리얼과 견과류, 다크초콜릿 가루, 탈지유
- 녹차 한 잔

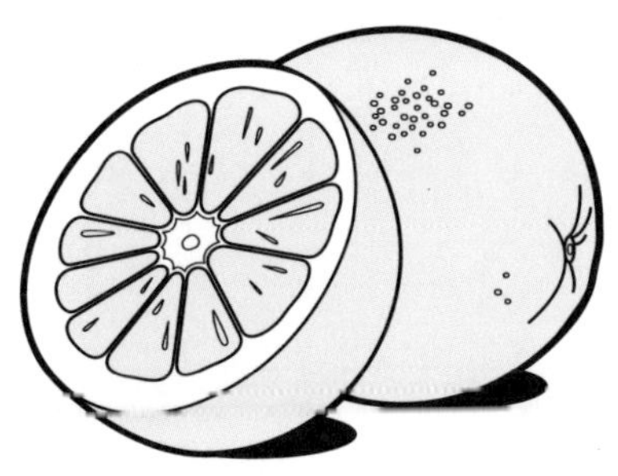

## 식품첨가물

식품첨가물로 온갖 맛과 색깔을 낼 수 있다. 대두 레시틴(E322)은 유화제, 포도주에 넣는 아황산염(E228), 햄이나 소시지류에 넣는 아질산염(E250)은 보존제다. 글루탐산나트륨(E621)은 향미증진제, 인산염(E452)은 안정제. 뷰틸하이드록시아니솔(BHA, E320)는 산화방지제다. 글리세롤(E422)은 건조방지제, 아스파탐(E951)과 소르비톨(E420)은 감미료다.

섭취하는 사람의 나이와 첨가물의 양에 주의해야 한다. 사탕에 사용되는 색소 중 어떤 것들은 어린이에게 주의력 결핍 및 과잉 행동 장애ADHD, Attention Deficit Hyperactivity Disorder 발생 위험을 높인다. 껌 속에 든 비에이치에이BHA는 내분비계 교란 물질이며, 아스파탐은 발암물질로 의심된다. 이러한 식품첨가물을 피하려면 공장 생산 식품의 소비를 가능한 한 줄여야 한다.

## 3. 식품 안전

광우병, 조류독감, 이물질 섞인 우유 등 공중 보건을 위협하는 사건이 연달아 일어나는데도, 농식품 산업계는 식품이 이토록 안전할 때는 없었다고 주장한다. 동시에 제품에 '무지엠오(無GMO)', '비스페놀에이(BPA, Bisphenol-A) 무첨가' 등의 표시를 강화한다. 위험한 물질이 들어있지 않은 한 음식은 안전하다. 하지만 이미 팽배한 불안감을 달래는 데는 그다지 도움이 되지 않는다. 업계에서 특히 '무검출'을 강조하는 첨가물은 어떤 것이 있는지, 건강에 어떤 악영향을 미치는지 알아보자.*

---

* 출처 : 『건강하게 먹기, 6,000만 명의 소비자*Manger sain, 60 millions de consommateurs*』157호, 프랑스 국립소비자원, 2001년 11월.

| 무검출 | 농약 | 유전자조작 작물GMO |
|---|---|---|
| **무슨 뜻일까** **어떻게 사용할까** | 살진균제, 살충제, 제초제 등을 일반적으로 가리키는 말. | 생명 기술의 발달로 유전자를 조작해서 만들어낸 작물이다. 생산성을 높이고, 질병과 해충에 강하게 하며, 완전히 새로운 특성을 나타내게도 한다.(유전자를 조작한 담뱃잎에서 거미줄 단백질이 나오게 할 수도 있다.) |
| **주로 어디에 있을까** | 어디에나 있지만 주로 과일과 채소의 표면에 있다. | 2010년 지엠오 경작지는 10억 헥타르에 달했다. 지엠오는 눈부시게 발전하고 있다. 그중에서도 특히 곡물(옥수수, 대두, 유채)은 유전자가 가장 많이 조작되고, 특허도 많이 받았다. 이는 위험한 상업적 전략이며, 정작 농민은 농산물 생산의 질적·양적 측면에서 별로 이득을 얻지 못하고 있다. |
| **섭취하면 어떻게 될까** | 섭취하는 양에 따라 달라지기는 하지만, 농약은 성장 장애, 신경 문제, 기형 등을 일으킬 수 있다. | 공식적으로 지엠오는 어떤 위험도 없다. 하지만 통제할 수 없는 잡종을 양산해내고 자연을 오염한다. |
| **피하는 방법** | 채소와 과일을 잘 씻고 껍질을 벗겨서 먹거나 친환경 농산물을 먹는다. | 친환경 농산물을 선택하거나, 비아 캄페시나Via Campesina 같은 국제농민단체를 후원한다. |

| 무검출 | 프탈레이트phthalate | 비스페놀에이bisphenol A |
|---|---|---|
| **무슨 뜻일까 어떻게 사용할까** | 플라스틱 소재(PVC)를 부드럽게 만드는 데 필요한 가소제로 사용하는 화학첨가물이다. | 비피에이는 투명한 폴리카보네이트와 에폭시수지를 만드는 데 사용되는 화학첨가물이다. |
| **주로 어디에 있을까** | 포장재(비닐랩, 페트병 등)나 모든 플라스틱 제품(창문, 배관), 지우개, 세제, 페인트 등에 있다. | 플라스틱 식기, 생수병, 통조림과 음료 캔의 안쪽에서 검출될 수 있다. |
| **섭취하면 어떻게 될까** | 입을 통해 프탈레이트를 장기간 접촉하면 호흡기·신장·심장 질환, 암의 발병 위험이 커진다. | 비피에이는 내분비계 교란 물질이다. 다시 말해 호르몬 기능을 교란해서 각종 암, 비만, 집중력 장애, 불임을 일으킬 수 있다. |
| **피하는 방법** | 플라스틱 용기보다 유리 용기를 사용하는 것이 좋다. 지우개를 씹지 않도록 한다. | 플라스틱 용기에 열을 가하거나 세척력이 강한 세제로 씻는 것을 피한다. |

| 무검출 | 글루텐gluten | 알레르겐allergen |
| --- | --- | --- |
| **무슨 뜻일까 어떻게 사용할까** | 곡류에 함유된 몇 가지 단백질의 혼합물, 끈적끈적하고 잘 늘어나는 덩어리인 글루텐은 밀가루를 가공하고 조리하는 데 기본이 되는 성분이다. | 유럽연합 지침서에 따르면 2003년부터 알레르기 유발 물질이 들어 있는 식품은 반드시 표기해야 한다. |
| **주로 어디에 있을까** | 빵, 파스타, 비스킷 등 밀가루나 곡류로 만든 식품에 주로 많이 들었다. | 글루텐도 알레르겐의 일종이며, 그 밖에도 갑각류, 달걀류, 어류, 땅콩, 대두, (유당을 포함한) 우유, 견과류(아몬드, 호두, 피스타치오), 셀러리, 겨자, 참깨, 황산염 등이 있다. |
| **섭취하면 어떻게 될까** | 알레르기 반응이 일어나는데, 글루텐 불내증이 있는 사람(유럽에서는 100명 중 1명)만 주의하면 된다.* | 두드러기, 호흡 곤란 등 면역 불균형으로 일어나는 과민 반응이 나타난다. |
| **피하는 방법** | '글루텐 프리' 제품을 골라서 먹으면 된다. | 알레르기 위험을 줄이려면 첨가물이 지나치게 많이 들어간 공장 제조 식품(사탕, 탄산음료, 소스 등)을 제한하는 것이 좋다. |

## 4. 다이어트

21세기의 커다란 문제 중 하나가 과체중이다. 봄마다 “수영복을 사려면 살을 좀 빼야겠다”라고 다짐하는 정도의 군살이 아니다. 우리 시대의 비만은 ‘전염병’이라 할 만큼 심각하고 비용이 많이 드는 공중 보건 문제다. 지난 30년 동안 전 세계적으로 비만 인구가 거의 두 배가 되었다. 2011년 유럽 평균치는 15.5퍼센트였으며, 영국, 아일랜드, 몰타, 룩셈부르크에서는 성인 다섯 명 중 한 명 이상이 비만이다.

세계보건기구WHO에 따르면 비만은 “일상적인 에너지 소비량보다 영양을 과다 섭취해서” 발생한다. 또한, 일상적인 정크푸드 섭취와 운동 부족도 원인이 된다. 신체 내에 지방이 비정상적으로 많이 축적되는 비만은 당뇨병, 고혈압, 뇌졸중 등 심각한 질환을 일으킬 수도 있다. 비만은 부유한 나라만의 전유물이 아니며 개발도상국, 저개발국 할 것 없이 전 세계에 퍼지고 있다.

비만의 주요 원인을 비난하는 목소리가 높아지고 있다. 특히 세계보건기구는 패스트푸드 회사의 마케팅 때문에 어린이들이 탄산음료를 과다 섭취하게 되었다고 지적한다. 하버드 경제연구소는 농식품 산업계가 부추긴 군것질 습관이 비만의 직접적 원인이라고 지목한다. 식사 시간 이외에 열량을 섭취하는 것이 비만의 결정적 원인 중 하나라는 것이다.

* 한국을 비롯한 아시아에서는 거의 없다.(옮긴이 주)

### 탄산음료

레모네이드, 사과, 박하, 차 추출물 등, 갖가지 맛의 탄산음료가 있다. 에너지 음료라고 부르는 종류도 있다. 최근에 나온 '스마트 드링크smart drink' 중에는 브라질의 아마존 분지가 원산지인 과라나가 함유된 것도 있다. 원기를 회복해주는 효과가 있는 자양강장 음료의 오랜 전통인 슈웹스(1783년)와 콜라(코카콜라, 1886년)의 후예인 셈이다. '라이트light' 혹은 '다이어트'가 붙은 탄산음료는 설탕이나 과당 대신 인공감미료를 첨가해 열량이 낮다. 하지만 오히려 더 위험한데, 단맛만 느끼게 하고 실제로는 열량이 적으므로 식욕을 자극해서 당분을 과잉 섭취할 수 있기 때문이다.

## 여러 가지 다이어트법

프랑스에서는 2000년 이래 성인 평균 체중이 3킬로그램 늘었고 30퍼센트는 과체중 상태이다. 이런 현상은 각종 다이어트 열풍을 불러왔다. 기적의 다이어트법이 정말 있을까?

피에르 뒤캉Pierre Dukan 박사

→ 단백질 위주 식단, 식이섬유를 보충하기 위해 귀리겨를 함께 섭취할 것.

↗ 육류를 마음껏 먹을 수 있다.

↘ 힘들고 입 냄새가 심하게 난다.

자크 프리케르Jacques Fricker 박사

→ 단백질 위주 식단, 전분질 식품과 당분은 금지, 채소와 유제품을 섭취할 것.

↗ 처음에는 효과적이다. 좌절감도 들지 않고 배가 고프지도 않다.

↘ 힘들고 영양 결핍과 변비로 고생할 수도 있다.

미셸 몽티냐크Michel Montignac

→ 지질과 탄수화물을 '분리'하고, 양질의 당분과 지방을 섭취할 것.

↗ 다이어트 효과가 빨리 나타나며, 음식량 제한이 없다.

→ 견과류를 넣은 초콜릿은 영원히 안녕(탄수화물과 지방이 합쳐진 식품이기 때문이다).

웨이트 워처스(Weight Watchers, 1960년 진 니데치(Jean Nidetch)가 설립)

→ 음식을 가리지 않고 모두 먹되 소식할 것. 다이어트 하는 사람들끼리 서로 동기를 부여하기 위해 그룹을 만들어서 모일 것.

↗ 운동에도 초점을 맞추며 균형을 추구한다.

↘ 살이 조금밖에 안 빠지고 개별적인 후속 관리가 없다.

이렇게 음식 섭취를 제한하는 다이어트법을 장기적으로 하면 효과가 거의 없다. 프랑스 국립식품안전원에 따르면 95퍼센트가 다이어트 후에 다시 살이 쪘다고 한다.

뒤캉의 단백질 위주 식단은 처음에는 효과가 뛰어나지만, 신진대사에 문제가 생길 수도 있다. 또한, 공식적인 의학 설명 없이 다이어트 코치가 만든 인터넷에서 떠돌아다니는 다이어트법을 따라 하다가 몸에 문제가 생길 수도 있다. 몸의 산성화, 염증, 배란 문제뿐만 아니라 정신적인 혼란을 겪을 수 있다. 살을 빼겠다고 몸을 망치는 것은 어리석은 짓이다.

## 5. 전자레인지

주로 냉동식품을 해동하거나 데우는 데에만 사용했지만, 전자레인지로 맛있는 요리를 만들 수도 있다. 전자레인지의 원리는 식품 속에 있는 물 분자를 강하게 진동시켜서 온도를 높이는 것이다. 이런 원리로 맛이 변질하지 않으면서 빠르게 찜 요리를 할 수 있다.

전자레인지를 이용하는 유용한 정보 세 가지 :

- 껍질을 벗긴 감자 500그램을 빨리 익히려면, 감자를 담은 그릇에 물을 3큰술 넣은 나음, 랩으로 덮고 구멍을 몇 개 뚫어서 전자레인지에 넣고 강한 출력으로 5분 돌린다. 아티초크artichoke도 같은 방법으로 익히면 된다.
- 토마토나 복숭아 등 과일의 껍질을 벗길 때 표면에 십자 모양으로 칼집을 넣은 뒤 전자레인지에 넣고 강한 출력으로 30초 돌리면 잘 벗겨진다.
- 레몬이나 귤 같은 과일 껍질을 그냥 버리지 말 것. 찻잔에 담고 물을 채워 전자레인지에 1분 돌린다. 그런 다음 전자레인지 안쪽 벽을 닦으면 깨끗이 청소가 된다. 레몬의 구연산 성분이 녹아든 수증기가 세제의 역할을 하기 때문이다.

전자레인지로 꽤 그럴듯한 프랑스식 코스 요리도 만들 수 있다.

- 앙트레(entrée, 전채 요리)로 '푸아그라 오 포르토 블랑(foie gras au porto blanc, 화이트 포르토와인 소스의 푸아그라)'를 만들어보자. 손질한 푸아그라를 한 시간 동안 포르토와인에 푹 담가둔다. 꺼내서 물기를 빼고, 소금·후추 간을 하고, 유리로 만든 단지 안에 넣는다. 뚜껑을 닫고 전자레인지에 넣어서 약한 출력으로 2분 돌린다. 단지를 꺼내서 오목한 접시에 담는다. 푸아그라에 랩을 씌우고 무거운 물건으로 눌러서 남은 기름을 뺀다. 그런 다음 냉장고에 넣어서 하룻밤을 둔다.
- 메인 요리는 '에글르팽(morceau d'églefin, 북해산 대구의 일종)'이다. 접시에 얇게 포를 뜬 생선살에 올리브유와 각종 향신료를 뿌려서 놓고, 다른 접시로 덮어서 그대로 전자레인지에 2분 돌린다. 그러면 생선살이 자체의 수증기로 익어서 풍미도 좋고 맛있다.
- 디저트로 '일 플로탕트île flottante*'를 준비한다. 슈거파우더 10그램을 달걀흰자에 넣고 거품기로 구름처럼 폭신해질 때까지 거품을 낸다. 전자레인지에 넣고 중간 출력으로 1분을 돌린다. 그렇게 만든 머랭을 소스 앙글레즈anglaise 위에 얹는다. 마지막으로 설탕 100그램에 물 2큰술을 넣고, 전자레인지에서 강한 출력으로 5분 돌려서 만든 캐러멜 소스를 얹어준다.

---

* 커스터드 크림 위에 머랭과 캐러멜을 올린 프랑스 디저트. '떠 다니는 섬'이라는 뜻. (편집자 주)

## 6. 미식

1세기 전, 유명한 미식가 퀴르농스키Curnonsky*는 '파테 엉 크루트Pâté en croûte**' 같은 든든한 전채 요리, 채소 그라탱이나 골수 소스를 곁들인 주 요리, 앙트르메entremets***, 각종 치즈, 디저트로 구성된 코스 요리를 배불리 먹었다. 타르트 타탕Tarte Tatin****과 작은 단지에 담은 크림도 빼놓을 수 없었다. 오늘날 미식을 추구하는 레스토랑의 메뉴판을 보면 전채 요리와 디저트 중에 선택하도록 되어 있고, 지역에서 생산한 질 좋은 농산물, 고급 허브, 채소 요리는 주로 생략하거나 살짝만 곁들인다.

농산물의 원산지를 표기하지 않는 레스토랑은 없다. 오늘날의 미식은 농산물의 이력, 출처를 무척 중요시한다. 다양한 문화의 세례도 꾸준히 받는다. 북유럽 사람이 즐겨 먹는 지의류(地衣類)나 야생 열매를 사용하고, 대도시 노점에서 파는 '길거리 음식street food'에서 영감을 받은 요리를 선보인다. 옛 요리를 재발견하기도 한다. 밭에서 키운 옛 채소, 퓌레와 햄을 이런저런 방식으로 다르게 만들어본다거나 디저트에 사탕을 넣는 '복고'풍 요리의 유행하고, 오트퀴진(haute cuisine, 최고급 요리)에서는 깜부기불이나 숯불을 사용해 겉을 '그을리는brûlé' 방식을 다시 쓰기도 한다.

---

* 미슐랭 가이드의 창시자.(옮긴이 주)

** 돼지고기 파테를 파이 반죽으로 감싸서 오븐에 구운 요리.(옮긴이 주)

*** 주 요리와 디저트 사이에 먹는 가벼운 요리.(옮긴이 주)

**** 프랑스 상트르(Centre) 지방의 애플 타르트. 퀴르농스키의 책에 실리고 파리의 레스토랑 '맥심(Maxim)'의 메뉴로 선보이면서 본격적으로 유명해지기 시작했다.(옮긴이 주)

21세기 미식의 혁신적인 흐름은 분자 요리molecular cuisine로 꽃을 활짝 피운다. 분자 요리사들은 재료나 질감을 분자 단위까지 과학적으로 분석해서* 변화시키거나 음식을 담는 새로운 방법을 시도해본다. 카탈루냐 출신의 요리사 페란 아드리아Ferran Adrià가 분자 요리의 대가로 손꼽힌다. 그는 구형화에서 베이컨 거품까지 다양한 요리 기법을 개발했다.

분자 요리의 기본적인 기법 몇 가지를 알아보자.

거품화emulsification: 유명 레스토랑의 접시 위를 장식하는 여러 가지 풍미가 나는 거품은 향이 나는 액체(즙 짜기, 우려내기, 달이기 등의 방법으로 얻는다)에 레시틴lecithin을 넣고 섞어서 만든다. 섞을 때는 공기가 최대한 많이 들어가도록 수동 혼합기hand blender를 약간 기울인다. 만들기는 매우 쉽지만 주의해야 할 점이 있다. 거품을 만들자마자 음식에 얹어서 내어가야 한다. 그렇지 않으면 고양이 구토물이라고 생각할 수도 있으니까.

저온 조리low temperature**: 부드럽고, 육즙이 많고, 맛있는 송아지 갈비나 생선 스테이크를 먹고 싶다면 저온 조리만큼 좋은 방법이 없다. 저온 조리는 재료가 함유한 수분이 증발하지 않도록 천천히 익히는 방법이다. 연어를 조리하는 데 가장 좋은 온도는 45도다. 연어를 요리용 비닐 팩에 넣고 45도로 맞춰둔 오븐에서 1시간쯤 있다가 꺼내거나 방수

* 영국의 물리학자 니콜라스 커티(Nicholas Kurti)와 프랑스의 화학자 에르베 티스(Hervé This)가 시도한 요리에 대한 물리화학적 접근.

** '수비드(sous-vide)'라고 부르기도 한다.(옮긴이 주)

팩에 넣고 식기세척기에서 조리해도 된다. 55도부터 소의 근육 속 세포를 결합하게 하는 콜라겐이 녹기 시작하고, 60도부터 단백질이 파괴된다. 요리사는 전문가용 중심온도계를 사용해 온도를 정확히 맞춰서 육즙과 풍미의 손실 없이 최적의 조리(레어, 미디엄레어, 미디엄, 웰던)를 할 수 있다. 미디엄레어로 익힌 등심 스테이크를 하려면 57도로 맞춘 오븐에서 1시간 30분 동안 익히면 된다. 그런 다음 꺼내서 그릴이나 프라이팬에 몇 초 동안 더 익혀서 보기 좋은 색을 내고 풍미를 더한다.

구형화spherification: 여러 가지 액체를 젤리화gelification하여 크기에 따라 '캐비어caviar' 혹은 '라비올레ravioles'라고 부르는 둥근 모양으로 만드는 요리 기법이다. 젤리화를 위해 천연 농화제인 한천을 사용하는데, 알긴산나트륨***이 효과가 훨씬 좋다. 알긴산나트륨을 섞은 주스를 칼슘 용액 속에 방울방울 넣으면 캐비어 모양의 작은 구슬이 되고, 입에 넣으면 톡톡 터지는 느낌이 든다. 만드는 방법이 쉬우니 한 번 시도해 봐도 좋겠다.

*** 전문 요리 재료 상점이나 인터넷에서 구할 수 있다.

## 식초 구슬을 곁들인 굴

**굴:** 1인당 6~12개

**에샬로트échalote 식초*:** 5센티리터

**생수(칼슘 함량이 낮은 물로 준비):** 10센티리터

**수돗물:** 30센티리터

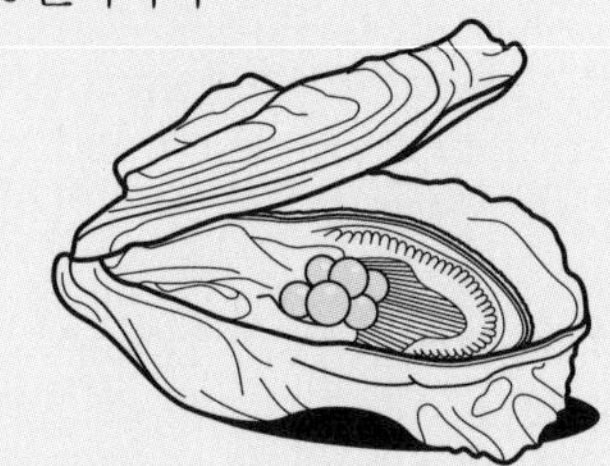

**설탕:** 2센티리터

**알긴산나트륨:** 1.7그램

**유산염 칼슘:** 3그램

**하루 전:** 생수와 설탕, 알긴산나트륨을 수동 혼합기로 덩어리지지 않게 잘 섞고 1시간 정도 그대로 둔다. 그런 다음 식초를 넣고 휘젓는다.

**당일:** 굴 껍데기를 벌리고 물기를 제거한다. 커다란 그릇에 수돗물을 담고 칼슘을 넣어서 휘젓는다. 전날 준비해둔 식초를 주사기나 피펫pipette에 담아서 칼슘 용액에 한 방울씩 넣는다. 알긴산나트륨을 섞은 식초가 칼슘과 만나서 구형화를 시작한다. 만들어진 식초 구슬을 30초 정도 두었다가 조심스럽게 젓고, 차 거르는 망을 이용해서 구슬을 꺼내서 깨끗한 물로 헹군다.

굴 위에 식초 구슬 몇 개를 얹고 나머지는 조그만 잔에 담아서 곁들인다. 오래 두지 말고 빨리 먹을 것.

---

* 에샬로트는 보라색을 띤 작고 길쭉한 양파의 일종이다.(옮긴이 주)

# 생태학

수돗물을 함부로 낭비하지 말라! 쓰레기 종류마다 색깔을 달리하면 헷갈릴 일이 없지! 매 순간 생태발자국을 생각하라!

이쯤 되면 질문을 던지지 않을 수 없다. 일상을 살아가면서 매 순간 할 일과 하지 말아야 할 일을 따지고 강요한다면, 생태학적 신념이라는 것은 21세기의 새로운 종교가 아닌가?

- 환경회의론자는 바로 그런 이유로 환경주의를 반대한다고 목소리를 높인다. 환경주의가 주장하는 모든 것은 사람들이 원하는 것을 못하도록 하고, 죄책감을 주려는 것이 목적인 꽉 막힌 종교적 교리에 지나지 않는다는 것이다.
- 그렇다면 사소한 이기심을 채우고자 낭비를 계속해서 재앙을 앞당길 것인가? 생태 운동가들은 반문한다. 생태학은 종교가 아니다. 죽은 후의 천국을 약속하지 않고 이 세상에서 지옥을 피하는 방법을 찾기 때문이다.

## 1. 친환경 농산물

가게에서 흔히 파는 토마토 중에는 유전자조작 농산물이 많다. 이런 토마토는 4,000킬로미터나 떨어진 곳에서 다국적기업이 특허를 내고 온실 속에서 갖가지 화학비료, 살충제, 살진균제, 항생제를 퍼부으며 양액 재배*한 작물에서 자란다. 친환경 토마토는 유전자조작이나 농약 없이 키운 토마토다.

20세기 후반기에 집약 농업과 화학비료의 대안으로 본격적으로 발달하기 시작한 친환경 농업의 역사는 100년이 넘었고 원칙은 한결같다. 환경을 보호하며 토양, 작물, 동물의 자연적인 균형을 보존하는 것이다. 토양이 자연적으로 비옥해지도록 보살피고 생물다양성을 보호하여 농산물의 품질을 높인다. 이와 더불어 농민의 자율성을 지키고 혁신적 기술을 개발한다.

친환경 농산물을 생산하는 농민은 화학비료를 쓰는 대신 토질을 비옥하게 만들고자 정기적으로 작물을 바꿔 심고(순환 경작), 유기물질(퇴비, 두엄)을 재활용하고, '생물학적 방제biological control'를 활용한다.

축산 분야도 원칙은 똑같다. 공장형 양계장과 친환경 양계장에서 자란 닭의 차이는 유전자조작 토마토와 친환경 토마토의 차이와 같다. 친환경 축산은 동물 복지를 존중하는 것부터 시작한다. 최소한의 공간을 확보하고, 적절한 먹이(가능하다면 한 농장에서 나오는 친환경 사료)를 공급하고, 매번 항생제 가루를 사료에 섞어 먹이지 말고 필요한 경우에 약초와 천연 물질을 이용한 치료를 제공하는 것이다.

친환경 농산물은 21세기 들어 유일하게 지속적인 성장세를 보이는 농식품 분야다. 오늘날 '친환경'은 각종 가정용 세제, 의류, 가구, 화장품까지 영역을 넓혀가고 있다.

프랑스

일본

유럽

네덜란드

유기농 인증 표시

---

* 작물의 생육에 필요한 양분을 수용액으로 만들어 공급하며 재배하는 방법.(옮긴이 주)

## '바이오' 관련 용어

요즘은 어디에나 '바이오bio'가 붙고, 새로운 용어도 많이 생겼다. 몇 가지를 알아보자.

생분해성biodegradable: 생분해성 제품은 미생물에 의해 자연적으로 분해되는 제품이라는 뜻이다. 플라스틱병은 수백 년이 지나야 자연에 완전히 흡수될 수 있다. 최근까지 플라스틱은 자연 분해될 수 없다고 여겨졌는데, 미국의 대학생 연구팀이 아마존 열대우림에서 플라스틱을 섭취하는 균류를 발견했다. 페스탈로티옵시스 미크로스포라pestalotiopsis microspora라는 이 균류는 산소가 없는 혐기 상태에서도 플라스틱(폴리우레탄)을 먹이로 삼아서 생존할 수 있어서, 날이 갈수록 심각해지는 플라스틱 쓰레기의 해결책으로 떠오르고 있다.

생물다양성biodiversity: 전 세계 과학자는 지금까지 약 200만 종의 동식물을 설명하고 이름을 붙였다(2011년 1만 8,000종이 새롭게 이름을 올렸다). 과학자들은 현재 1,000만 종이 넘는 생물이 있으며, 그중 대다수가 미생물이라고 추정한다. 생물다양성이란 지구 상에 존재하는 이 방대한 생물과 그들의 유전자, 환경을 구성하는 복잡하고 다양한 생태계 등을 의미한다. 세계자연보전연맹IUCN, International Union for Conservation of Nature은 생물다양성을 연구하고 멸종 위기에 있는 생물종을 조사한다. 2011년, 이 단체는 포유류의 4분의 1이 멸종 위기에 있다고 추정했다. 현재 우리는 지구의 긴 역사 중 여섯 번째 대량 멸종의 시기를 살며, 이는 기후 온난화, 농경지 확장, 삼림 벌채, 공격적인 외래종 유입(꿀벌을 몰살시키는 등검은말벌) 등으로 더욱 심화하고 있다. 이 모든 원인이 수많은 생물종의 생존 환경을 약화하고 생물다양성을 무너뜨린다.

바이오다이내믹농법(biodynamic, 생명역동농법): 인간과 동물에게 건강한 먹을거리를 공급하려면 토양과 작물을 어떻게 관리해야 할까. '바이오다이내믹 와인'은 친환경보다 한 걸음 더 나아가 달의 주기와 행성의 운동(여기에서 '다이내믹(dynamic, 동역학)'이라는 용어가 유래했다)에 맞춘 정확한 시간에 천연 동식물과 미네랄 성분으로 만든 거름을 준 포도밭에서 자란 포도로 만든 포도주다. 바이오다이내믹 제품에는 '데메테르(Demeter, 그리스 신화에서 땅의 여신)' 인증이 붙는다.

바이오매스biomass, 바이오에너지bioenergy: 나무, 진흙, 곡식, 바닷말 등의 유기물질 전체에서 얻을 수 있는 재생 가능 에너지를 말한다. 화석연료(석탄과 석유)를 대체할 자원으로 꼽히며, 산업계에서 이 분야에 특히 관심이 많다.

유기농 인증: 프랑스 유기농 인증 표시는 'AB'이고, 미국은 'USDA Organic'이며, 일본은 'JAS'다. 2010년부터 유럽연합 인증 표시인 별로 이루어진 잎사귀 마크를 받으려면 제품의 95퍼센트 이상이 유기농 원료여야 한다. 인증 표시는 의무적으로 해야 한다. 유럽연합 유기농 규칙을 준수했음을 알리고, 제품의 원산지 표시(EU 역내 혹은 EU 역외 지역)와 인증 기관(규칙을 지켰는지 검증하고, 농업과 유통 과정을 감시하는 기관)의 코드를 명시할 수 있기 때문이다.

생물학적 방제biological control: 해충이나 잡초를 화학제품이 아니라 천적을 이용해서 퇴치하는 방식이다. 예를 들어, 옥수수 이화명나방 애벌레를 퇴치하려고 명충알벌trichogramma*을 대거 들여보내서 이화명나방 알 무더기 속에 알을 낳게 한다. 그러면 명충알벌의 애벌레가 기생하면서 이화명나방의 애벌레를 죽인다.

## 숫자로 보는 유기농

오늘날 전 세계적으로 유기농 경작지는 3,750만 헥타르에 이르며, 2000년 대비 3.5배 더 확대되었다.

1. 오스트레일리아 1,200만 헥타르
2. 아르헨티나 420만 헥타르
3. 스페인 165만 헥타르
4. 이탈리아 110만 헥타르
5. 독일 99만 헥타르
6. 프랑스 84만 헥타르
7. 영국 72만 헥타르

160개국 200만 명의 농민이 유기농 인증을 받았다(2000년에는 86개국 25만 명의 농민이었다). 유기농으로 올리는 매출액이 600억 달러에 달한다.

* 나비목 해충의 알에 기생하는 알기생벌.(옮긴이 주)

## 2. 지속 가능성

여러분의 휴대전화가 1년이 넘은 유행이 지난 모델이라고 하자. 그래서 친구들이 휴대전화를 웃음거리로 삼고, 통신회사에서 '제공'하는 새로운 서비스를 사용하지 못한다. 기본적인 기능은 아주 잘 되어도 휴대전화를 보면 갑자기 마뜩잖은 기분이 든다. 과다한 기능을 갖춘 신제품이 쏟아져 나올 때마다 얼른 바꾸라는 유혹에 어떻게 대처해야 할까?

'환경 지킴이'가 되어 친구들과 통신회사에 비웃음을 돌려주자. 그리고 '#' 키가 안 눌러질 때까지 기다렸다가 구형 휴대전화를 최신 모델로 바꾸면 된다. 쓰던 전화는 버리지 말고, 인터넷으로 중고 거래나 기부를 할 수 있는 사이트를 찾아본다. 그러면 구형 휴대전화는 '재사용'되거나 '재활용'될 수 있다.

재사용할 경우 '#' 키를 고쳐서 휴대전화가 없어서 사용하지 못하는 사람이 많은 저개발국에 보낸다. 구닥다리 전화기가 제2의 삶을 맞게 되는 셈이다.

'#'키가 완전히 고장 나서 전화기를 아예 쓸 수 없을 때, 완전히 분해해서 재활용한다. 전자 부품은 그대로 다시 사용하고, 플라스틱은 녹여서 재사용하고, 구리, 은, 니켈, 배터리에서 나오는 리튬은 다시 수거, 처리하여 사용한다. 금속은 계속해서 다시 사용할 수 있다.

### 지속 가능성이란

휴대전화 재활용의 예는 현대 사회가 직면한 어려운 문제를 보여준다. 소비 세계가 이렇게 복잡해진 이유가 뭘까?

생산 시스템 자체에 책임이 있다. 20세기 기술자는 제품의 수명을 줄이는 방법을 알아냈다. 기업가의 요구로 기술자는 취약하고, 잘 닳고, 쓰고 버리면 되는 물건을 고안해냈다. 1920년대에 나타난 이런 현상을 '고의적 진부화planned obsolescence'라고 부른다. 목적은 소비를 촉진해서 공장을 돌아가게 하는 것이며, 현대 경제 발전에 큰 몫을 담당했다. 또한, 그 뒤를 이은 마케팅과 더불어 선진국에서 과소비가 만연하고 에너지 자원, 원료 등을 낭비하게 하는 데 일조했다.

오늘날에도 여전히 얼마 못 쓰고 버리는 제품이 시장에 넘쳐나고, '신상품'이 중요한 광고 문구로 사용된다. 특히 전자, 정보, 가전, 의류 분야에서 이런 현상이 더욱 두드러진다. 소비자는 예나 지금이나 이런 시스템의 공범이자 희생자다. 또한, '지속 가능한 개발'을 시도하면서 시스템에서 빠져나갈 탈출구를 찾기도 한다.

1990년대에 등장한 개념인 지속 가능한 개발은 '탈성장(degrowth, 소비재 생산이 감소하는 방향으로 가야 한다)'을 주장하는 급진적 생태주의자의 입장과 기술 진보가 환경 문제를 반드시 해결하리라 믿는 사람의 방임적인 태도 사이의 타협점이다. 지속 가능한 개발은 "자신의 욕구를 충족할 미래 세대의 능력에 손상을 주지 않으면서 현세대의 욕구를 충족하는" 개발이다. 이는 1992년 제1차 리우 지구환경 정상회의(UN 환경개발회의)를 준비하기 위한 위원회를 이끌던 당시 노르웨이의 여성 총리 그로 할렘 브룬틀란Gro Harlem Brundtland이 내놓은 공식적인 정의다.

생산하거나 소비하기 전에 신중하게 생각하고, 가능하다면 자신의 행동이 환경, 건강, 사회 등에 미칠 나쁜 영향을 줄이도록 노력한다. 지속 가능한 개발은 모든 이에게 받아들여져야 하며, 가장 가난한 국가를 지원하는 데도 일조할 수 있을 것이다.

## 생태발자국이란

어떤 사람을 예로 들어보자. 도시가스로 난방을 하는 아파트에 산다. 매일 샤워하고 일주일에 한 번 탕욕을 한다. 가전제품을 대기 상태로 해놓고 깜빡할 때가 많다. 자동차는 최신형 소형 5도어 모델이다. 다리 운동 삼아 자전거도 탄다. 종이를 낭비하지 않으려고 애쓴다. 일주일에 쓰레기봉투 두 개를 버리고 분리수거도 잘한다. 육류와 생선을 매일 한 번씩 먹으며 수돗물을 마신다. 이 사람의 생태발자국은 얼마나 될까?

어림잡아* 5글로벌 헥타르hag다. 유럽연합 수치와 같으며, 세계 평균(2.6hag)의 거의 두 배나 된다.

생태발자국ecological footprint 혹은 생태용량biocapacity은 '글로벌 헥타르'로 표시되며, 한 개인이 자원(물, 가스, 음식 등)을 소비하거나 폐기물(자동차 배기가스, 쓰레기통 등)을 처리할 때 필요한 비용을 토지(숲, 경작지, 목축지, 어장 등) 면적으로 환산한 것이다. 생태발자국으로 인간의 활동이 환경에 미치는 영향을 계산할 수 있다. 예를 들어, 고기 한 접시를 생산하려면 채소 한 접시보다 일곱 배 더 많은 경작지가 필요하다.

오늘날 평균 생태발자국은 지구가 감당할 수 있는 용량을 20퍼센트 초과했다. 개인, 가족, 대도시 혹은 한 나라의 생태용량을 계산해서 비

* ONG Global Footprint Network의 온라인 프로그램을 이용해서 계산했다. http://www.footprintnetwork.org/en/index.php/GFN/page/calculators/ WWF를 이용한 계산에서도 4.9글로벌 헥타르로 비슷한 결과가 나왔다. http://www.footprint-wwf.be.

교하고 목표를 정할 수 있는데, 안정점에 도달하려면 1인당 1.8글로벌 헥타르로 맞춰야 한다. 탈성장을 지지하는 사람은 이러한 지표를 소비재 생산을 감소해야 하는 근거로 삼는다. 생태발자국을 '탄소성적표지'와 혼동하지 말 것. '탄소성적표지carbon labelling'는 제품 생산과정에서 발생한 탄소의 총량(탄소발자국, 214쪽 참조)을 제품에 라벨 형태로 표기하는 제도를 말한다.

### 위장환경주의

오염 물질을 배출하는 기업이 홍보에 엄청난 돈을 들여서 친환경적인 이미지를 갖추려는 것을 '위장환경주의(그린워싱, greenwashing)'라고 한다. 점점 더 많은 기업이 친환경 활동과 제품을 내놓았다며 '지속 가능한 석유 산업', '녹색 4륜 구동차' 등을 자랑하는데, 이런 것은 말장난일 뿐이지 실제로는 환경에 악영향을 미친다.

## 3. 폐기물 재활용

요즘 대형 슈퍼마켓이나 마트에서는 플라스틱 비닐봉지를 제공하지 않는다. 플라스틱 비닐을 많이 사용하면 환경에 나쁜 영향(토양오염, 해양오염, 시각적인 불쾌감)을 미치고, 처리 비용도 많이 들기(비닐은 재활용하기 어렵다) 때문이다. 이런 이유로 선진국 대부분이 플라스틱 비닐봉지 사용을 줄이거나 금지하는 조치를 속속 취하고 있다.

프랑스에서는 대형 유통 매장에서 제공하는 플라스틱 비닐봉지의 양이 20년 동안 75퍼센트 감소했고, 10년 동안 그 수는 10배 감소했다. 2014년부터 플라스틱 비닐봉지에 높은 세금을 부과하므로 사용을 더 줄일 수 있을 것으로 보인다.*

이와 함께 폐기물을 재활용하는 정책을 활발하게 추진한다. 폐기물 재활용은 고갈하는 자연 자원을 상쇄할 효과적인 방법으로 꼽힌다.

폐기물 재활용을 잘하려면,

- 생활 쓰레기 배출량을 줄인다.
- 재사용을 장려한다.
- 최종 폐기물(재활용할 수 없는 폐기물)을 안전한 장소에 둔다.

분리수거는 재질별로 폐기물을 구분해서 수집하는 것을 말한다. 재활용 분리수거 지침은 지역마다 다르다. 분리수거함이 종류별로 구부되어 있는데, 프랑스에서는 잘못 버려지는 생활 쓰레기가 전체의 30퍼센트에 달한다. 따라서 분리 배출을 할 때는 다음 사항을 잘 기억하자.

- 플라스틱병이나 용기(세제나 기름이 들어 있던 병도 마찬가지다)는 재활용할 수 있다. 헹구거나 상표를 제거할 필요 없고, 마개를 그대로 둬도 된다.
- 에어로졸aerosol이 들어 있던 알루미늄이나 철제 캔은 통조림 캔과 함께 재활용할 수 있다(역시 헹굴 필요는 없다).

* 프랑스에서는 2014년 1월 1일부터 봉지당 6센트의 세금을 부과하고 있으며, 2016년부터 일회용 플라스틱 비닐봉지 사용을 금지하기로 했다.(옮긴이 주)

- 우유, 수프, 소스 팩은 재활용할 수 있다.
- 깨진 머그잔이나 접시는 유리가 아니라 일반 쓰레기로 분류한다.
- 젖은 솜이나 휴지는 재활용되지 않지만, 퇴비로 활용할 수도 있다(음식물 찌꺼기와 식물성 쓰레기를 섞어서 퇴비로 만들어 친환경적으로 재활용하는 방법).

## 지렁이 분변토를 직접 만들어보자.

지렁이 분변토vermicompost를 만들면 조그만 공간에서 음식물 쓰레기의 40퍼센트를 제거할 수 있고, 베란다 텃밭을 가꾸는 사람이라면 3개월마다 영양이 풍부한 흙을 얻을 수 있다. 상자 하나를 얻거나 사서 뚜껑에 구멍 몇 개를 뚫고 발을 네 개 달아서 공기가 잘 통하는 데 둔다. 흙을 채운 다음 지렁이 250그램(인터넷이나 농장을 통해서 구입)을 넣는다. 과일이나 채소 껍질, 커피 찌꺼기, 음식 찌꺼기 등을 놓아둔다. 처음부터 음식물 쓰레기를 너무 많이 넣지 말고(몇 백 그램이면 충분하다) 지렁이가 조용히 먹이를 먹을 수 있도록 뚜껑을 너무 자주 열지는 말자.

먹이에 개미 떼나 초파리 같은 날벌레가 꼬여 들겠지만, 상자를 잘 덮어두고 식초를 섞은 물을 담은 받침 그릇을 괴어두면 곧 괜찮아질 것

## 뫼비우스

뫼비우스는 1858년 '뫼비우스의 띠'를 발견한 독일의 수학자 이름이다. '뫼비우스의 띠'는 안과 밖의 구별이 없는 단일한 곡면이며, 시작과 끝이 없는 무한한 연속성을 의미한다. 뫼비우스의 띠에서 착안한 재활용 마크는 한 번 사용한 것을 계속 재사용한다는 의미다. 때때로 중간 부분에 백분율이 표기되어 있는데, 이는 제품 속 재활용한 원료의 함량이다. 위의 표기는 재활용할 수 있으며, 재생지가 50퍼센트 포함되어 있음을 의미한다.

거의 모든 포장재에 있는 화살표 두 개가 포개진 초록색 마크와 혼동하지 말 것. 이 마크는 오로지 생산자가 가정용 포장재 재활용 프로그램에 분담금을 내고 있다는 것만을 의미한다.

화살표로 만든 삼각형에 숫자가 쓰여 있는 표시는 플라스틱 종류를 분류한 것이다. 1은 폴리에틸렌테레프탈레이트PET, polyethylene terephthalate, 2는 고밀도폴리에틸렌HDPE, high density polyethylene, 3은 폴리염화비닐PVC, polyvinyl chloride이다. 이런 식으로 7까지 있다.

이다. 먹이가 풍부하고 따뜻한 상자 속에서 지렁이는 무럭무럭 자라고 번식하는데, 개체 수는 스스로 알아서 조절한다. 그렇게 6개월쯤 지나면 10센티미터쯤 되는 지렁이 수백 마리를 얻을 수 있으며, 매일 음식물 쓰레기 1킬로그램 이상을 먹으며 배설해서 분변토를 만들어낸다. 머리카락이나 털, 손발톱 등도 지렁이가 좋아하는 먹이다.

## 4. 유통 경로 단축

동네에 벽돌 공장이 있는데 왜 지구 반대편에서 가져오는 재료로 집을 지을까? 바로 옆에 있는 레스토랑에서 맛있는 등심 스테이크를 파는데 왜 굳이 먼 시내까지 나가는 것일까? 동네 꽃집의 장미꽃이 아니라 콜롬비아산 장미꽃을 사는 이유는 무엇일까? 더 나은 양봉업자에게 통신판매로 꿀을 살 수 있는데, 품질이 의심스러운 벨라루스산 꿀을 살 이유가 있을까? 걸어서 시장에 가기보다 차를 타고 대형 마트에 가는 이유는 무엇일까? 이 모든 질문에 대한 대답은 각자 주머니 사정에 따라 달라지겠지만, 무엇보다 상식의 차이이기도 하다. 책임감 있는 시민은 자기 다리로 걷고, 자기 머리로 생각할 줄 안다. 운송에는 에너지가 많이 들고 중개인이 끼어 있을수록 비용이 많이 든다. 환경 부담을 비롯한 비용을 줄이려면 유통 경로를 단축하는 것이 좋으며, 이는 농업 분야에서 가장 많이 적용할 수 있다.

농장이나 시장, 회원제 직거래로 운영되는 농장에 직접 가서 신선한 채소, 유제품, 꿀, 과일 주스 등으로 장바구니를 채우면 실질적인 대안으로서의 생태운동에 참여하는 것이다. 2010년 농업 분야의 통계에 따르면, 프랑스 농민 다섯 명 중 한 명꼴인 10만여 개의 농가가 직거래에 동참하고 있다. 이는 작은 경제 혁명이다. 직거래에 대한 희망으로 농민은 좀 더 힘을 내고, 소비자는 공정 무역에 관심을 높일 수 있게 되었다. 자국의 농민은 물론, 과테말라 커피 재배자와 연대하여 유전자조작 작물과 합성 제품을 거부하고, 적절한 노동 조건을 주장하고, 포장재·폐기물·운송에 관한 좀 더 포괄적인 정책을 요구하는 것은 무척 의미 있는 일이다.

## 새로운 협동조합

이 분야의 선구자라 할 수 있는 일본의 '테이케이(提携, 제휴)', 프랑스의 '아맙(Amap, Association pour le maintien de l'agriculture paysanne, 농업과 농민을 지키는 연대)', 미국과 영국의 '시에스에이(CSA, Community Supported Agriculture, 지역사회 지원 농업)'은 소비자가 생산물에 대한 위험과 이익을 농민과 나누기로 한 농업 직거래 운동이다. 소비자는 협회에 가입하여 수확물의 값을 미리 치른다. 그리고 정해진 날에 바구니를 들고 농민과 직접 만나 농산물을 받고 시스템을 개선하기 위한 의견을 비롯한 여러 가지 이야기를 나눈다.

생산자는 다양한 농산물로 바구니를 채우려고 시도한다. 겨울에 끼니마다 식탁에 무를 올리는 일이 없도록 발아 곡물, 호박 절임 같은 보존식품 등을 넣기도 하고, 소비자에게 자신의 농법을 설명하기도 한다. 생산자와 소비자는 직거래를 통해 좀 더 친밀하고 건설적인 관계를 맺는다. 이렇게 세계 곳곳에서 농산물 직거래 운동을 하는 단체가 모인 국제조직이 '국제 도농시민연대 네트워크URGENCI'다.

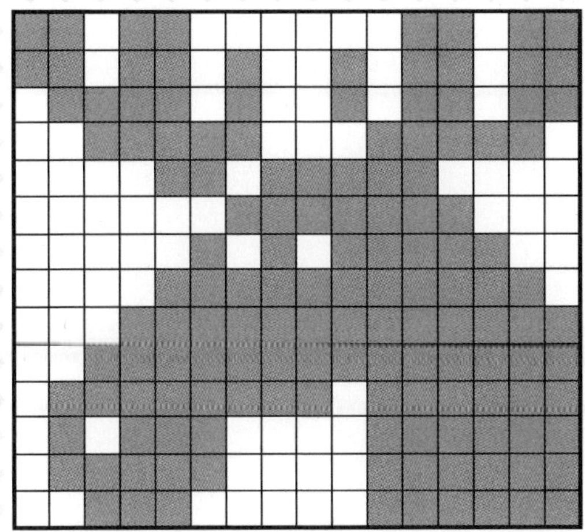

# 복습하기

책을 다 읽었으면 이제 무엇을 배웠는지 알아볼 시간이다. 난이도별로 3단계 퀴즈를 내 보았다. 퀴즈를 풀면서 기억력을 테스트해보시길.

# 초급 퀴즈

노로고(No Logo)는

- ○ 의류 브랜드
- ○ 나오미 클라인의 경제학 에세이
- ○ '분노한 사람들'의 구호

답은 273쪽에

기가(giga)는

- ○ 80억 비트
- ○ 멋진 남자
- ○ 아케이드 게임

답은 102쪽에

€ 는

- ○ 수학 기호
- ○ 화폐 기호
- ○ 음악 기호

답은 110쪽에

플래시몹(flashmob)은

- ○ 전기 차량
- ○ 자발적 퍼포먼스
- ○ 새로 나온 바코드

답은 290쪽에

힉스(Higgs)는

- ○ 쿼크
- ○ 렙톤
- ○ 보손

답은 146쪽에

1나노미터는

- ○ 10억 분의 1미터
- ○ 10억 미터
- ○ 약 1미터

답은 159쪽에

GMO는

- ○ 영어로 '오 마이 갓(Oh My God!)'을 거꾸로 한 것
- ○ 유전자조작 생물체
- ○ 구호단체

답은 154쪽에

녹색 금은

- ○ 파충류
- ○ 삼림 자원 전체
- ○ 유럽의 정당

답은 212쪽에

구형화(spherification)는

- ○ 분자 요리 기법
- ○ 미래의 교통수단
- ○ 안티에이징 요법

답은 337쪽에

브라질의 별칭은

- ○ 세계의 사무실
- ○ 세계의 농장
- ○ 세계의 공장

답은 239쪽에

# 중급 퀴즈

RIP는 무엇의 줄임말

- ○ Rest in Peace
- ○ Requiescat in pace
- ○ Repose en paix

답은 77쪽에

딜리(Dili)는

- ○ 동티모르의 수도
- ○ 대한민국의 화폐 단위
- ○ 교통 회사

답은 226쪽에

연성 권력(soft power)은

- ○ 정밀 타격
- ○ 비디오 게임기
- ○ 문화

답은 235쪽에

G20은

- ○ 19개 회원국
- ○ 20개 회원국
- ○ 21개 회원국

답은 220쪽에

유통 경로 단축은

- ○ 비디오웹
- ○ 농산물 직거래를 위한 대책
- ○ 운동 경기

답은 351쪽에

오메가3는

- ○ 트랜스지방산
- ○ 필수지방산
- ○ 어유

답은 319쪽에

매시업(mashup)은

- ○ 음악이나 이미지를 섞은 것
- ○ 텔레비전 시리즈
- ○ 노벨상

답은 307쪽에

HDI는

- ○ 헬리콥터 종류
- ○ 국제 구호단체
- ○ 인간개발지수

답은 227쪽

트랜스(trans)는

- ○ 세련되고 멋을 잘 부리는 사람
- ○ 공장 가공 과정에서 생기는 나쁜 지방
- ○ 컨테이너

답은 318쪽에

빅뱅(big bang)은

- ○ 130억 년도 더 전에 있었다.
- ○ 40억 년 전에 있었다.
- ○ 착각이다.

답은 139쪽에

## 전문가급 퀴즈 (함정을 주의할 것)

후토시키(futoshiki)는
- ○ 숫자 퍼즐 게임
- ○ 플라스틱을 먹는 곰팡이
- ○ 송나라 황제

답은 104쪽에

위안은
- ○ 중국의 화폐 단위
- ○ 일본의 화폐 단위
- ○ 몽골 제국의 왕조

답은 118쪽과 119쪽에

BHA는
- ○ 행동하는 지식인
- ○ 내분비계 교란 물질
- ○ 항산화 물질

답은 326쪽에

루카는
- ○ 영화《매트릭스》에 나오는 주인공
- ○ 공통 조상
- ○ 복제 양

답은 152쪽에

가이아 가설은
- ○ '거리 미술가'들의 모임
- ○ 지구가 생물과 같다는 이론
- ○ 수사물 시리즈

답은 215쪽에

명충알벌은
- ○ 생물학적 방제에 사용하는 작은 알기생벌
- ○ 세 점 사이의 관계를 연구하는 수학 이론(그래프 이론)
- ○ 운율이 없는 세 줄로 이루어진 시

답은 343쪽에

Hag는
- ○ '해시택(hashtag)'의 줄임말
- ○ '글로벌 헥타르(global hectare)'의 줄임말
- ○ 사귀기 쉬운 사람

답은 346쪽에

표현형(phenotype)은
- ○ SNS 서비스에 사용하는 프로필 사진
- ○ 한 생물이 겉으로 드러내는 여러 가지 특성
- ○ 합성유화제

답은 151쪽에

REAch가 의미하는 것은
- ○ 휴게실
- ○ 화학 물질의 등록, 평가, 신고, 허가 및 사용 제한
- ○ 컴퓨터에 접속하기

답은 254쪽에

# 참고 자료

각각의 주제에 대해 가장 명확하고 쉽게 쓰였다고 보이는 책을 소개해둔다. 이 중 몇 권은 아직 영어 번역본이 없다.

새로운 고전Nouvelles references

Alain Carraze, *Les Series tele : l'histoire, les succes, les coulisses*, Hachette pratique, 2007

Laurent Aknin, *Mythes et ideologie du cinema americain*, Vendemiaire, 2012

Jurgen Muller, *Films des annees 2000*, Taschen, 2011

계산Calcul

Stanislas Dehaene, *La Bosse des maths : quinze ans apres*, Odile Jacob, 2010

Alex Bellos, *Alex au pays des chiffres : une plongee dans l'univers des mathematiques*, Robert Laffont, 2011

Denis Guedj, *Le Theoreme du perroquet*, ≪Points≫, Seuil, 2000

Tom Korner, *The Pleasures of Counting*, Cambridge University Press, 1996

경제Economie

Christophe Degryse, *L'Economie en cent et quelques mots d'actualite*, De Boeck, 1999

Raphael Didier, *Comprendre la dette*, Ellipses, 2011

Randy Charles Epping, *The 21st century economy –a beginner's guide*, Vintage Original, 2009

과학Sciences

Trinh Xuan Thuan, *Le Destin de l'Univers : le big bang, et apres*, Gallimard, coll. ≪Decouvertes≫, 2008

Marshal Brain, *The Science Book : Everything You Need to Know About the World and How It Works*, National Geographic, 2011

*Sciences et Avenir*, magazine numerique, sciencesetavenir.nouvelobs.com

역사Histoire

Frederic Delouche (dir.), *Histoire de l'Europe par douze historiens europeens*, Hachette Education, 1992

*L'Histoire du monde*, ≪Bibliotheque historique≫, 5 volumes, Larousse

Adam Hart-Davis, *Voir l'histoire, comprendre le monde*, coll. ≪Geo histoires≫, 2011

Christian Grataloup, *Faut-il penser autrement l'histoire du monde ?*, Armand Colin, 2011

John Hirst, *The shortest History of Europe*, Old Street Publishing, 2010

### 지리와 환경Geographie

Nicole Demoutiez et Herve Macquart, *Les Grandes questions de l'environnement, L'Etudiant*, coll. ≪les guides de L'Etudiant≫ n°20, 15/01/2009

*L'Atlas des mondialisations et L'Atlas des Civilisations*, coedites par Le Monde et La Vie

Yves Lacoste, *Geopolitique : la longue histoire d'aujourd'hui*, Larousse, 2009

Jean-Christophe Victor, *Le Dessous des cartes*, Tallandier/ Arte editions, 2011

Pascal Boniface, *La Geopolitique : les relations internationales*, Eyrolles, 2011

### 유럽의 정치Instruction civique

Camille Hubac, *L'Union europeenne : des cles pour comprendre*, Argos, 2012

Jean-Jacques Raynal, *Histoire des grands courants de la pensee politique*, Hachette superieur, 2007

Alex Warleigh, *European union : The Basics*, Routledge, 2004

Andrew Heywood, *Global Politics*, Palgrave Foundation, 2011

### 미술과 음악Arts

Yves Michaux, *L'Art a l'etat gazeux*, Fayard, coll. ≪Pluriel≫, 2010

Marie Bonnet et Fabrice Bousteau (dir.), *Qu'est-ce que l'art aujourd'hui ?*, Beaux Arts editions, 2009

Boris Groys, *Art Power*, The MIT Press, 2008

Un site : www.exponaute.com (Agenda des expos en France)

### 새로운 살림법Nouveaux arts menagers

Anne-Lucie Raoult-Wack, *Dis-moi ce que tu manges*, Gallimard, coll. ≪Decouvertes ≫, 2001

*Manger sain*, magazine numerique, www.60millions-mag.com

Dominique Bourg, Gilles-Laurent Rayssac, *Le Developpement durable : Maintenant ou jamais*, Gallimard, coll. ≪Decouvertes≫, 2006

*La Revue durable*, revue franco-suisse independante, www.larevuedurable.com

# 찾아보기

ㅁ



ㅂ



ㅅ

## ㅇ



## ㅈ

〈호스피스(L'Hospice)〉, 질 바르비에(Gilles Barbier)

이 도서의 국립중앙도서관 출판시도서목록(CIP)은 서지정보유통지원시스템 홈페이지(http://seoji.nl.go.kr)와 국가자료공동목록시스템(http://www.nl.go.kr/kolisnet)에서 이용하실 수 있습니다. (CIP제어번호 : CIP2015016591)

**옮김** 이희정
서울여자대학교 불어불문학과와 한국외국어대학교 통번역대학원 한불과를 졸업하고 다양한 장르의 프랑스책을 번역하고 있다. 옮긴 책으로는 『아더와 미니모이』,『생생 탐험 신기한 동식물을 찾아서』,『어린이 아틀라스』,『독소』,『차이나프리카』,『우리는 왜 먹고, 사랑하고, 가족을 이루는가?』,『책방 주인』등이 있다.

## 21세기 지구에 등장한 새로운 지식

**초판 1쇄 발행** 2015년 7월 6일

**지음** 프랑수와 레나르, 뱅상 브로크비엘
**옮김** 이희정
**펴냄** 윤미정

**편집** 박이랑
**홍보 마케팅** 하현주
**디자인** IP-3.fr
**한국어판 디자인** 땡스북스 스튜디오

**펴낸곳** 푸른지식 | **출판등록** 제2011-000056호 2010년 3월 10일
**주소** 서울특별시 마포구 월드컵북로 16길 41 2층
**전화** 02)312-2656 | **팩스** 02)312-2654
**이메일** dreams@greenknowledge.co.kr
**블로그** www.gkbooks.kr

ISBN 978-89-98282-25-7 03000



잘못된 책은 바꾸어 드립니다.
책값은 뒤표지에 있습니다.